Forum Wissenschaft • Studien Bd. 41

Von der Landesplanung zur Territorialplanung

Zur Entwicklung der räumlichen Planung
in der SBZ/ DDR von 1945 bis Anfang der 60er Jahre

D1732563

Eine Veröffentlichung aus dem
„Studienarchiv Umweltgeschichte"
Ein gemeinsames Projekt von:
Institut für Umweltgeschichte und Regionalentwicklung e.V.
Bund für Umwelt und Natur e.V.
Schwedter Straße 37–40 • 10435 Berlin • Tel./Fax (0 30) 4 48 15 90

UMWELT
STIFTUNG

Gefördert durch die

Deutsche Bundesstiftung Umwelt

49007 Osnabrück - Postfach 17 05

Zum Autor:

Hermann Behrens, geb. 1955, wuchs auf einem Bauernhof in Ihlbrock (Niedersachsen auf. Er studierte Landschaftsplanung an der Technischen Universität Berlin und war dort mehrere Jahre als wissenschaftlicher Mitarbeiter von Prof. Dr. Karl-Hermann Hübler. Nach der Promotion arbeitete er in der noch existierenden DDR als Fachreferent beim Bund für Natur und Umwelt, der ehemaligen „Gesellschaft für Natur und Umwelt im Kulturbund der DDR". 1991–1994 Lehrer und Projektentwickler beim Berufsfortbildungswerk des DGB und wissenschaftlicher Mitarbeiter von „tamen – Entwicklungsbüro Arbeit und Umwelt GmbH" in Berlin. Von März 1995 bis März 1997 Leiter des Projektes „Studienarchiv Umweltgeschichte" im Institut für Umweltgeschichte und Regionalentwicklung e.V. (IUGR) Berlin. Seit April 1997 Lehrstuhl für das Fachgebiet Landschaftplanung/ Planung im ländlichen Raum an der Fachhochschule Neubrandenburg/ Mecklenburg-Vorpommern. Ehrenamtlicher Geschäftsführer des IUGR e.V.

BdWi-Verlag

Von der Landesplanung
zur Territorialplanung
Umweltgeschichte und
Umweltzukunft V

Hermann Behrens

Forum Wissenschaft
Studien 41

Umweltgeschichte und Umweltzukunft V. – Marburg : BdWi-Verl.
  (Forum Wissenschaft : Studien ; …)
Hermann Behrens
Von der Landesplanung zur Territorialplanung / Hermann Behrens /
(hrsg. vom Institut für Umweltgeschichte und Regionalentwicklung)
– 1. Aufl. – Marburg : BdWi-Verl., 1997
  (Umweltgeschichte und Umweltzukunft ; 5)
  (Forum Wissenschaft : Studien ; Bd. 41)
  ISBN 3-924684-76-6

UMWELT
STIFTUNG
Gefördert durch die
Deutsche Bundesstiftung Umwelt
49007 Osnabrück · Postfach 17 05

Herausgegeben vom Institut für Umweltgeschichte und Regionalentwicklung (IUGR)

Verlag: BdWi-Verlag – Verlag des Bundes demokratischer
Wissenschaftlerinnen und Wissenschaftler
Postfach 543   D – 35017 Marburg
Tel. (06421) 2 13 95   Fax 2 46 54   [V.-Nr. 11351]

© BdWi-Verlag Marburg, 1. Aufl. – August 1997
Alle Rechte vorbehalten

Satz: Werner Krämer-Kranz / Manuela Kupfer
Druck: Difo-Druck, Bamberg

Preis: 28,00 DM / 204,00 ÖS / 26,80 SFR
ISBN 3-924684-76-6

Inhaltsverzeichnis

1 Einleitung 15

2 Geschichte und Aufarbeitung 21

3 Zur Entwicklung von Struktur und Aufgaben der Landesplanung bis zur Auflösung der Länderstruktur 1952 31

   3.1 Versuche der Begründung einer zonalen Landesplanung über
   die DWK 35

      3.1.1 Die DWK und die Einrichtung eines Referates für Lan-
      desplanung und Städtebau 35

      3.1.2 Die Situation der Landesplanung in den Ländern der
      SBZ und Versuche der Begründung einer zonalen Lan-
      desplanung 39

         3.1.2.1 Landesplaner auf dem Gebiet der späteren
         SBZ zu Zeiten des „Dritten Reiches" 39

         3.1.2.2 Landesplaner in der SBZ 47

         3.1.2.3 Die Situation der Landesplanung in den Län-
         dern 53

         3.1.2.4 Die (Versuche der) Wiederbelebung von Lan-
         desplanungsgemeinschaften in Sachsen und
         Brandenburg 63

         3.1.2.5 Zu Aufgaben und Leistungen der Landespla-
         nung bis 1949 69

   3.2 Landesplanung 1949–1952 74

      3.2.1 Die „doppelte" Landesplanung 1949–1951 74

      3.2.2 Zu Aufgaben und Leistungen der Landesplanung bis
      1952 83

4 Zur weiteren Entwicklung der räumlichen Planung in der DDR bis Anfang der 60er Jahre **91**

4.1 Von der „antifaschistisch-demokratischen Ordnung" zum „Aufbau des Sozialismus": Mentale Folgen eines Leitbildwechsels 91

4.2 Das „Verwaltungsvakuum" in der räumlichen Planung von 1952 bis zum IV. Parteitag und die konzeptionelle Entwicklung einer eigenständigen Territorialplanung 99

4.2.1 Das „Verwaltungsvakuum" 99

4.2.2 Der Begründungszusammenhang einer eigenständigen Territorialplanung in der DDR 101

4.2.2.1 Zur Entwicklung der räumlichen Planung in anderen sozialistischen Ländern 103

4.2.2.2 Zur Entwicklung der wissenschaftlichen Diskussion über räumliche Planung in der DDR bis Mitte der 50er Jahre 112

4.3 Die Rekonstruktion der räumlichen Planung nach dem IV. Parteitag der SED 1954 139

4.4 Fachliche Querbezüge der räumlichen Planung am Beispiel der „Landschaftsdiagnose der DDR" 145

4.4.1 Die „Landschaftsdiagnose der DDR" 145

4.4.2 Die Bedeutung der „Landschaftsdiagnose" für die räumliche Planung 156

5 Zum Umgang mit dem „Erbe": Leitbilder ohne Übergang in der SBZ/DDR? **163**

5.1 Zur Quellenlage in der DDR 163

5.2 Zum Umgang mit dem „Erbe" in Veröffentlichungen 171

5.3 Zum Umgang mit dem „Erbe" in unveröffentlichten Dokumenten 174

5.4 Frühe Auseinandersetzungen mit Grundkonzeptionen der räumlichen Planung: Beispiel Zentrale-Orte-Modell 182

5.5 Kontinuität und Wandel: Eine vorläufige Bewertung 197

6 Zusammenfassung 203

7 Literatur, Quellen, Personenregister 211

8 Anhang 223

Abkürzungen

BA	Bundesarchiv
BfT	Büro für Territorialplanung
BP	Bezirksplaner
BPK	Bezirksplankommission
Bs	Bezirksstelle (der Landesplanungsgemeinschaft)
DAF	Deutsche Arbeitsfront
DAL	Deutsche Akademie der Landwirtschaftswissenschaften
DBA	Deutsche Bauakademie
DASRL	Deutsche Akademie für Städtebau, Reichs- und Landesplanung
DWK	Deutsche Wirtschaftskommission
FNP	Flächennutzungsplan
HA	Hauptabteilung
Hgs	Hauptgeschäftsstelle (der Landesplanungsgemeinschaft)
HV	Hauptverwaltung
KPK	Kreisplankommission
KWU	Kommunale Wirtschaftsunternehmen
LPG	Landesplanungsgemeinschaft
MAS	Maschinen-Ausleih-Stationen
MdI	Ministerium des Innern
MfA	Ministerium für Aufbau
MfPl	Ministerium für Planung
MTS	Maschinen-Traktoren-Stationen
NSBDT	Nationalsozialistischer Bund Deutscher Techniker
NSDStB	Nationalsozialistischer StudentenBund
NSRB	Nationalsozialistischer Rechtswahrerbund
NSV	Nationalsozialistische Volkswohlfahrt

RAG	Reichsarbeitsgemeinschaft für Raumforschung
RfR	Reichsstelle für Raumordnung
RLB	Reichs Landbund
RS	Rückseite (Quellenbezeichnung im Bundesarchiv)
SA	Sturmabteilung
SS	Sturmstandarte
StUG	Studienarchiv Umweltgeschichte (Studienarchiv und Bibliothek des Instituts für Umweltgeschichte und Regionalentwicklung e.V. in Berlin)
SPK	Staatliche Plankommission
ZV	Zentralverwaltungen

Übersichten

Übersicht 1 Leiter und stellvertretende Leiter der
Landesplanungsgemeinschaften . . . . S. 40

Übersicht 2 Bezirksplaner in den Landesplanungsgemeinschaften . . . S. 42

Übersicht 3 Leiter der Arbeitsgemeinschaften der Reichsarbeitsgemeinschaft für Raumforschung (RAG) an den
Hochschulen . . . . S. 43

Übersicht 4 Mitglieder der Deutschen Akademie für Städtebau,
Reichs- und Landesplanung in Sachsen . . . . S. 44

Übersicht 5 Mitgliedschaften und Eintrittsdaten von Beschäftigten der Landesplanungsgemeinschaften in NSDAP,
SA und SS . . . . S. 45

Übersicht 6 Leiter und Stellvertreter der Landesplanungsstellen in
den Ländern der SBZ . . . . S. 53

Übersicht 7 Kartographische Unterlagen zur Landesplanung in
Sachsen aus den Jahren 1945-1949 . . . . S. 73

Übersicht 8 Kartographische Unterlagen zur Landesplanung in
Sachsen aus den Jahren 1950-1952 . . . . S. 87

Übersicht 9 Themen in Arbeitsbesprechungen im Institut für
Landesplanung, Städtebau und Siedlungswesen des
Ministeriums für Aufbau (1950) und im Institut für
Städtebau der Deutschen Bauakademie (1951/1952) . . . S. 88

Übersicht 10 Forschungen zur ökonomischen Geographie und
Territorialplanung an der Hochschule für Ökonomie
(50er Jahre) . . . . S. 125

Übersicht 11 Forschungen zu Städtebau und Landesplanung in
der Deutschen Bauakademie (50er Jahre) . . . . S. 134

Übersicht 12 Siedlungskategorien in der Territorialplanung der
DDR (Kind 1995) . . . . S. 183

Übersicht 13 Gliederungsmerkmale für die Klassifizierung von
Gemeinden (Lehmann 1953) . . . . S. 196

Übersicht 14 Die Siedlungstypen (Klassifizierungsvorschlag
Lehmann) . . . . S. 198

Abbildungen

Abbildung 1   Zerstörte Brücken in der sowj. Besatzungszone . . . . . . S. 32

Abbildung 2   Bodenreform-Bauprogramm 1949 der sowj. Besatzungszone/ Baueinheiten-Bauarbeiter . . . . S. 34

Abbildung 3   Institutionen der Landesplanung bis Mitte der 50er Jahre in der DDR . . . . S. 146

Abbildung 4   Die drei großen Stromsysteme im Plan zur „Umgestaltung der Natur" in der Sowjetunion . . . . S. 151

Abbildung 5   Kartenbeispiel der „Landschaftsdiagnose" . . . . S. 154

Abbildung 6   Institutionen der Grünplanung/ Landschaftsplanung Anfang der 50er Jahre in der DDR . . . . S. 162

Abbildung 7   Landesplanungsgebiete in der Mark Brandenburg 1936 (1:1.000.000) . . . . S. 170

Abbildung 8   Ideenskizze der Siedlungsentwicklung in der Umgebung von Berlin/ Schema eines Gesamtsiedlungsplanes von Martin Pfannschmidt (1932) . . . . S. 176

Abbildung 9   Das System der zentralen Orte in Mitteldeutschland 1946 . . . . S. 192

Abbildung 10   Die Verwaltungsbezirke in der DDR . . . . S. 194

Anhang

GBl. der DDR Nr. 104: Gesetz über den Aufbau der Städte in der Deutschen Demokratischen Republik und der Hauptstadt Deutschlands, Berlin (Aufbaugesetz) vom 6. September 1950

Ministerialblatt der DDR, Nr. 25: Bekanntmachung der Grundsätze des Städtebaues vom 15. September 1950

Danksagung

Ich danke den Beschäftigten im Bundesarchiv, Abteilungen Potsdam, insbesondere Frau Haker, den Beschäftigten im Studienarchiv Umweltgeschichte in Berlin, Frau Annerose Sohler, Frau Carla Tammer und Frau Regine Auster und den Beschäftigten in der Bibliothek der Fachhochschule für Technik und Wirtschaft, Berlin für Ihre Hilfe bei der Recherche.

Ferner danke ich Frau Dr. Ruth Hoffmann, Erna und Kurt Kretschmann, Herrn Gerhard Schürer und insbesondere Herrn Prof. Dr. Gerhard Kehrer, die mir wertvolle Hinweise zur Entwicklung der Landesplanung und der Territorialplanung und zu einzelnen Personen gaben.

Und schließlich danke ich Prof. Dr. Karl-Hermann Hübler, der mich zu dieser Arbeit anregte.

1 Einleitung

Sieben Jahre sind nunmehr seit der Vereinigung der beiden deutschen Staaten vergangen. Im Rückblick sind sieben Jahre eine sehr kurze Zeit, in der dennoch entscheidende Weichen für eine Neuorientierung von Wirtschaft und Gesellschaft gestellt worden sind. Eine Neuorientierung *weg* vom Staatssozialismus mit einer in strenger Hierarchie organisierten zentralstaatlichen Planung und Leitung unter Führung der SED und mit überwiegend staatlichem Eigentum an Produktionsmitteln, ergänzt um genossenschaftliches Eigentum, *hin* (oder auch zurück) zu einem marktwirtschaftlichen (kapitalistischen) System auf der Grundlage des Privateigentums an Produktionsmitteln, einer parlamentarischen Demokratie und einem föderalistischen Staatsaufbau. Die Installierung der alten neuen Produktionsweise wurde in den neuen Bundesländern folglich begleitet von einer grundlegenden, z.T. restaurativen Veränderung der Eigentums- und Rechtsgrundlage.

Wohl alle ehemaligen DDR-Bürger und Bürgerinnen sind betroffen von diesem Wandel. Für manche von ihnen war es der zweite grundlegende Verwandlungsprozeß einer ganzen Gesellschaft. Und der erste Verwandlungsprozeß dauerte unwesentlich länger als der jetzige: Innerhalb von wenigen Jahren vollzog sich der Wandel vom kapitalistisch verfaßten deutschen Faschismus („Drittes Reich") hin zum ersten „sozialistischen Versuch" auf deutschem Boden, der 1949 „Deutsche Demokratische Republik" heißen sollte. Auch damals vollzogen sich die wesentlichen und ebenso tiefgreifenden Veränderungen in Wirtschaft und Gesellschaft in nicht viel mehr als sieben Jahren, zwischen 1945, dem Sieg der Alliierten über den Hitlerfaschismus, über 1949, dem Jahr der Währungsunion und der Gründung der BRD und der DDR, bis hin zum Jahr 1952, der territorialen und politisch-administrativen Neugliederung der DDR in Verbindung mit dem Wechsel des gesellschaftspolitischen Leitbildes von der „antifaschistisch-demokratischen Ordnung" zum „Aufbau des Sozialismus".

Im vorliegenden Beitrag wird ein winziger thematischer Ausschnitt dieser Zeit dargestellt, nämlich die Entwicklung der räumlichen Planung in der Sowjetischen Besatzungszone (SBZ) und später der frühen DDR von den ersten Wiederanfängen als Landesplanung nach dem Ende des Krieges bis zur Territorialplanung Anfang der 60er Jahre.

Es liegen zwar einige Arbeiten vor, in denen die Entwicklung der räumlichen Planung in der DDR analysiert wird.[1] Dabei fällt jedoch generell auf, daß der

---

1   vgl. Lehmann, Hanns: Städtebau und Gebietsplanung. Über die räumlichen Aufgaben der Planung in Siedlung und Wirtschaft. – Herausgegeben von der Deutschen Bauakademie. – Berlin

Zeitraum 1945–1949 (Gründungsprozeß der DDR) und dann bis 1952 (Gebiets-
und Verwaltungreform in der DDR, Auflösung der 5 Länder und hernach Gliederung in 14 territoriale bzw. nach Einbeziehung Ost-Berlins 15 Bezirke)[2] stets
relativ kurz und als irrelevant abgehandelt wird und nicht nachvollziehbar ist, ob
es Auseinandersetzungen vor Institutionalisierung der Territorialplanung in der
DDR gab und wenn ja, welchen Umfang und welche Qualität sie hatten und wer
daran beteiligt war. Ungeklärt bleibt so auch, wer als Planer damals in der
Landesplanung und hernach in der Territorialplanung tätig war und woher die
Planer kamen.

Das Thema ist aus mehreren Gründen aktuell:

1. Zur **Selbstverständigung**: Raumordnung und Landesplanung nehmen heute in
   den neuen Bundesländern einen wichtigen Stellenwert ein. Zahlreiche Fachleute aus der ehemaligen DDR (Territorialplaner) arbeiten in den neu geschaffenen
   Einrichtungen. Sie müssen die Übernahme des Rechts- und Verwaltungssys-
   tems und auch des Planungsselbstverständnisses der alten Bundesländer bewältigen. Dieses Planungsselbstverständnis hatte in den alten Bundesländern seine
   Wurzeln z.T. erklärtermaßen in der Zeit des „Dritten Reiches ". Insofern ist es
   aus Sicht von Planern in den neuen Bundesländern aus Gründen der Selbstverständigung und der Wiedergewinnung von Selbstbewußtsein wichtig, die Kon-
   stitutionsbedingungen räumlicher Planung in der SBZ/ DDR, ihren Ursachen-,
   Entstehungs-, Begründungs- und Praxiszusammenhang zu vermitteln und vergleichend zu analysieren, kurz: die Wege, die die räumliche Planung in der SBZ

1955; Lehmann, Helmut: Deutsche Demokratische Republik. Territorialplanung. In: ARL
(Hg.): Handwörterbuch der Raumforschung und Raumordnung, I A–H, 2.Aufl. – Hannover
1970, S.462-478; ders.: Grundlagen und Begriffe des räumlichen Denkens in Mitteldeutschland.
In: Informationen zur Raumentwicklung (IzR), 1963, 13, S. 319-342; ders.: Die räumliche
Ordnung der DDR. In: Zwischen Rostock und Saarbrücken. Städtebau und Raumordnung in
beiden deutschen Staaten. – 1973, S.37-63; Rytlewski, Ralf: Planung. In: DDR-Handbuch, hrsg.
vom Bundesmin. für innerdt. Beziehungen, Band 2 M-Z, 3.Aufl. – Köln 1985, S.986-1003;
Werner, Frank: Die Raumordnungspolitik der DDR. – [Veröff. der ARL, Beiträge, Band 82]. –
Hannover 1985; Wurms, C.: Raumordnung und Territorialplanung in der DDR. – [Dortmun-
der Beiträge zur Raumplanung, Bd.2]. – Dortmund 1976

2   Wismut/ Uranbergbau wurde lt. mdl. Auskunft des ehemaligen Vorsitzenden der Staatlichen
    Plankommission (SPK) der DDR, Gerhard Schürer, politisch wie ein (16.) Bezirk behandelt
    (Gespräch Behrens-Schürer am 22.7.1996 in Berlin); Prof.Dr. Gerhard Kehrer, ehemals Hoch-
    schule für Ökonomie „Bruno Leuschner" (Berlin-Karlshorst) hielt diese Wertung für nicht
    zutreffend. Die Sonderstellung der „wandernden" Wismut AG (bis 1953 Sowjetische Aktienge-
    sellschaft – SAG, ab 1.1.1954 Sowjetisch-Deutsche AG – SDAG) war zwar gegeben, jedoch mit
    der politischen Stellung der Bezirke nicht vergleichbar (Gespräch Behrens-Kehrer vom 13.1.1997
    in Berlin, vgl. Tonbandprotokoll StUG). Kehrer kennzeichnete die Sonderstellung als „Staat im
    Staate".

und dann in der DDR gegangen ist, noch einmal kritisch zu reflektieren. In welcher Tradition sahen sich die Raumplaner in der SBZ, welche Haltungen nahmen sie zum „Erbe" des Fachgebietes ein, welche Folgen hatte dies für die Entwicklung der Profession in der DDR? Wie begann die Territorialplanung der DDR? Welche Entwicklung nahm sie? Welchen Stellenwert hatte sie und welche Erfolge und Mißerfolge sind zu verzeichnen? Diese Fragen zu beantworten, sollte im gemeinsamen Interesse derer liegen, die entweder in der Territorialplanung der DDR oder in der Raumordnung und Landesplanung der Bundesrepublik „groß geworden" sind.

2. Zur Analyse des **Ursachen- und Entstehungszusammenhangs räumlicher Disparitäten** in den neuen Bundesländern: Viele der heutigen Anpassungsprobleme der raumstrukturellen Entwicklung zwischen den alten und den neuen Bundesländern können „durch eine gezielte Aufbereitung der bisher geübten Raumplanung und Raumforschung in den postsozialistischen Ländern Europas in ihren historischen Ursachen nachgewiesen und verständlich gemacht werden. Dadurch wird eine unabdingbare Voraussetzung für eine konstruktive Lösung der rezenten und perspektivischen räumlichen Entwicklungsprobleme geschaffen."[3] Aufbereitet werden müßte auch die Geschichte der Raumnutzung in der DDR bzw. auf dem Gebiet der neuen Bundesländer.

3. Für die Erforschung von **Gemeinsamkeiten und Unterschieden der Raumordnung in verschiedenen Gesellschaftssystemen**: Wenn davon ausgegangen werden kann, daß heute allgemein die Notwendigkeit räumlicher Planung unabhängig von der Art des Gesellschaftssystems und unabhängig vom Entwicklungsstand heutiger Gesellschaftsformen anerkannt ist, so verweist das auf allgemeingültige Problemzusammenhänge für die räumliche Planung, denn Unterschiede im Entwicklungsniveau von Regionen, Raumnutzungskonflikte usw. tragen ubiquitären Charakter und sind ubiquitär zu regeln. Der Beitrag der Raumordnung und Landesplanung zur Lösung von Raumnutzungsproblemen ist allerdings abhängig davon, welche Stellung sie im jeweiligen Gesellschaftssystem erhalten, welche Leitbilder sie entwickeln und welche Instrumente sie zur Verfügung haben: Die Territorialplanung war in der DDR auf allen Ebenen der staatlichen Leitung und Planung in die zentrale Volkswirtschaftsplanung integriert. In der Gesellschaft der DDR dominierte schließlich das staatliche Eigentum an Produktionsmitteln, ergänzt durch genossenschaftliches

---

3   Casper, D./ Kehrer, G./ Menge, W./ Scherf, K/ Winkel, R.: Raumplanung und Raumforschung in der DDR – Gegensätze und Unterschiede, Analogien und Gemeinsamkeiten zur Raumplanung und Raumforschung in der BRD. Thesen zur Arbeitstagung der Fachgruppe Geographie und Raumplanung der Gesellschaft für Deutschlandforschung e.V. am 7.11.1996 in Berlin, S. 2 (im folgenden Casper u.a.)

Eigentum. Investitions- und Standortentscheidungen waren prinzipiell steuer-
bar. Die räumliche Entwicklung war entsprechend prinzipiell prognostizierbar.
Die Territorialplanung erhielt schrittweise eine umfassende Aufgabenstellung,
nämlich die „direkte staatliche Planung der territorialen Entwicklung des
gesellschaftlichen Reproduktionsprozesses mit der Aufgabenstellung, eine optimale territoriale Organisation aller Bereiche der Gesellschaft herbeizuführen,
insbesondere durch Planung der Standortverteilung der Produktivkräfte."[4] Die
Mittel der räumlichen Planung waren unter den Bedingungen in der DDR
vorrangig administrativer Art.[5] Raumordnung und Landesplanung in der BRD
agier(t)en demgegenüber innerhalb eines marktwirtschaftlichen Systems, in
dem das Privateigentum an Produktionsmitteln vorherrscht und Investitions-
und Standortentscheidungen lediglich durch infrastrukturelle Vorleistungen
angeregt werden können. Eine Steuerung im eigentlichen Sinne ist nicht
möglich. Die Aufgabenstellung für die Raumordnung und Landesplanung ist
enger als sie es für die Territorialplanung in der DDR war, d.h. die prinzipiell
ähnlichen Raumordnungsziele werden in erster Linie „über Flächennutzungs-,
Siedlungs- und Infrastrukturplanung bei indirekter Beeinflussung der regionalen Wirtschaftsentwicklung in Form der Schaffung von Anreizen zur Kapital-
verwertung durch entsprechende Gestaltung der Standortbedingungen"[6] ver-
folgt. Die räumliche Planung ist relativ eigenständig bei – entsprechend dem
föderativen Staatsaufbau – relativ starker Stellung der Landesplanung. Was ist
aus dem nunmehr abgeschlossenenen Kapitel „Territorialplanung in der DDR"
in diesem Zusammenhang zu lernen?

Bei der Bearbeitung dieses Themas muß jede Antwort unzulänglich bleiben, die
den gesellschaftlichen Transformationsprozeß, d.h. die politischen, ökonomischen
und sozialen wie auch die „mentalen" Ausgangsbedingungen jener Zeit außer acht
läßt.

Die folgenden Ausführungen sollen einen kleinen Beitrag zur „Aufarbeitung"
leisten, indem sie vorrangig auf der Grundlage des Studiums unveröffentlichter
Dokumente in einschlägigen Archiven Indizien für die Entwicklung der Landesplanung in der SBZ/ DDR bis 1952 und hernach für die Entwicklung der zunächst
als Regionalplanung beginnenden Territorialplanung zusammentragen. Indizien,
mehr nicht, denn diese Unterlagen allein spiegeln nur ein unvollständiges Bild vom
wirklichen Leben wider, von den Mühen des Anfangs oder Neubeginns in den
ersten Jahren nach den katastrophalen Folgen, die der vom faschistischen Deutsch-

---

4   Casper u.a., S. 10
5   vgl. Casper u.a., a.a.O.
6   Casper u.a., S. 10

land entfesselte II.Weltkrieg schließlich für den Verursacher selbst haben sollte, und dies besonders in der Sowjetischen Besatzungszone. Die Akten geben vor allem dort, wo es um die Wertung von Personen geht, oft mehr Fragen als Antworten her. Daher wurde versucht, das Bild durch Interviews mit noch lebenden Zeitzeugen zu vervollständigen. Auf Wertungen von Personen wird generell verzichtet. Die Abhandlung stellt einen Versuch dar, das damalige „Klima" nachzuzeichnen, in dem die Akteure handelten und diskutierten.

2   Geschichte und Aufarbeitung

Nach 1945 lag das Schwergewicht der Raumordnung in *allen* Besatzungszonen auf der Landesebene. Das mag an dem Zeitgeist gelegen haben: Nicht nur in der SBZ, sondern auch in den Westzonen stellten sich einer flächendeckenden, zentral betriebenen Raumordnung „zunächst Widerstände entgegen, verursacht durch die Meinung, die Raumordnung sei eine Erfindung des totalitären Regimes […].“[1]

Das war sie natürlich nicht,[2] aber Grund zu einer kritischen Reflexion der Entwicklung von Strukturen, Zielen, Grundkonzeptionen und Aufgaben der Raumordnung und Landesplanung gab es nach der Niederlage des Faschismus aufgrund der Verstrickung von Raumplanern und Landesplanern in den faschistischen Macht- und Unterdrückungsapparat und aufgrund des z.T. engen Zusammenhangs zwischen Eroberungs- und Vernichtungspolitik und Entwicklung von Raumordnungs-Konzepten, -Leitbildern und -Plänen genug. Denen, die tatsächlich verstrickt und Mittäter waren, mögen die unhinterfragten Widerstände folglich durchaus gelegen gekommen sein. Gelegen mußte diesen auch an einer restaurativen Politik gewesen sein, durch die sie die Gelegenheit erhielten, wieder Funktionen in den neuen Strukturen in Politik, Wirtschaft und Wissenschaft zu bekommen. Einigen der belasteten Planer gelang, wie mittlerweile hinreichend dargestellt ist, in den „alten“ Bundesländern eine gelungene „Wiederauferstehung“.[3]

Eine *kritische* Reflexion der Geschichte von Raumordnung und Landesplanung bis 1945 unternahmen einzelne Forscher aus den „alten“ Bundesländern seit Ende der 70er, Anfang der 80er Jahre. Der erste, der Auszüge aus der Studie des ehemaligen Leiters und Reichsobmannes der Reicharbeitsgemeinschaft für Raumforschung und SS-Oberführers Konrad Meyer: „Generalplan Ost. Rechtliche, wirtschaftliche und räumliche Grundlagen des Ostaufbaues“ veröffentlichte, war wohl der Historiker Reinhard Opitz.[4] Die Umsetzung des „Generalplan Ost“ hätte die Vernichtung, Vertreibung und „Umsiedlung“ von ca. 50 Millionen Menschen in bzw. aus den „eingegliederten Ostgebieten“ und nochmals von 16–20 Millionen

---

1   Ernst, Werner/ Hoppe, Werner: Das öffentliche Bau- und Bodenrecht, Raumplanungsrecht. – 2.Auflage, München 1981, S. 9; vgl. auch Richter, Gerhard: Entwicklung der Landesplanung und Raumordnung in Sachsen. Von ihren Anfängen bis zur Auflösung der Länderstruktur im Jahr 1952. – [IÖR-Schriften: Heft 07]. – Dresden 1994, S. 44

2   vgl. zur frühen Entwicklung z.B. Ernst / Hoppe, S. 6ff.; Richter, a.a.O; Bundesarchiv, Abteilungen Potsdam: Findbuch 51.01, Reichsstelle für Raumordnung.

3   vgl. die Literaturnachweise in FN 5 und 6

4   vgl. Opitz, Reinhard: Europastrategien des deutschen Kapitals 1900–1945. – Köln 1977, Dok. 137, S. 898

Polen bedeutet. Die Verstrickung von Raumordnern und Landesplanern in die
faschistischen Planungen zur „Neuordnung" (Ost)Europas durch Vernichtung,
„Eindeutschung", Umsiedlung, „Umvolkung" wurde letztlich erst in den vergangenen Jahren intensiver behandelt, insbesondere weiter am Beispiel des „Generalplan Ost",[5] aber indirekt auch im Zusammenhang mit der Aufarbeitung der
Geschichte angrenzender, für die Landesplanung wichtiger Fachgebiete, z.B. der
Landespflege;[6] dabei ist noch ungeklärt, wie weit Fachvertreter für den Faschismus
funktionalisiert wurden oder sich aktiv und den Faschismus bejahend einbrachten.
Es überwiegen noch die Auffassungen, daß die Raumordnung und Landesplanung
„nach ihrer Einbeziehung in die Kriegsvorbereitungen und nach ihrem teilweisen
Mißbrauch für eine Raumordnung im Sinne des Nationalsozialismus"[7] letzten
Endes „wohl weitaus unpolitischer (war), als meist angenommen wird",[8] wenngleich diese Auffassungen dann bisher nicht belegt werden. Die neueren Arbeiten
zum „Generalplan Ost" zeigen, daß allein für diesen ein systematischer Forschungs-
zusammenhang genutzt wurde, in den auch Arbeiten eingebunden waren, die für
sich genommen keinen Hinweis auf einen übergreifenden oder hintergründigen
politischen Zusammenhang aufwiesen; diese Arbeiten zeigen auch, daß der „Mißbrauch" nicht erst 1939 mit dem Überfall auf Polen begann, sondern bereits früher.
Letztlich bleibt gegenwärtig noch offen, ob und inwieweit Raumordnung und

5   vgl. Madajczyk, Czeslaw unter Mitarb. von Stanislaw Biernacki (Hg.): Vom Generalplan Ost
     zum Generalsiedlungsplan: Dokumente. – [Einzelveröff. d. Hist. Komm. zu Berlin, Bd. 80]. –
     München, New Providence, London, Paris 1994; Rössler, Mechthild/ Schleiermacher, Sabine
     (Hg.): Der „Generalplan Ost": Hauptlinien der nationalsozialistischen Planungs- und Vernich-
     tungspolitik. – [Schriften der Hamburger Stiftung für Sozialgeschichte des 20. Jahrhunderts]. –
     Berlin 1993; Wasser, Bruno: Himmlers Raumplanung im Osten: der Generalplan Ost in Polen
     1940–1944. – Basel 1993; Hofmann, Werner: Raumplaner im NS-Staat. In: Forum Wissen-
     schaft 2/93. – Hrsg. vom BdWi. – Marburg 1993, S. 12–18
6   Eine Pionierarbeit für die Aufarbeitung der Geschichte der Landespflege als einer benachbarten
     Fachdisziplin war die Diplomarbeit von Joachim Wolschke: Landespflege und Nationalsozialis-
     mus – ein Beitrag zur Geschichte der Freiraumplanung. – Diplomarbeit. – Hannover 1980; vgl.
     ferner Gröning, Gert und Wolschke-Bulmahn, Joachim: DGGL. Deutsche Gesellschaft für
     Gartenkunst und Landschaftspflege e.V., 1887–1987 – Ein Rückblick auf 100 Jahre DGGL. –
     Herausgeber: DGGL e.V.. – Berlin 1987; dies.: Liebe zur Landschaft: Teil 1: Natur in Bewegung.
     Zur Bedeutung natur- und freiraumorientierter Bewegungen in der ersten Hälfte des 20.Jahr-
     hunderts für die Entwicklung der Freiraumplanung. – [Arbeiten zur soz.wiss. orientierten
     Freiraumplanung; 7]. – Münster 1995; dies.: Liebe zur Landschaft: Teil 3: Der Drang nach
     Osten: Zur Entwicklung der Landespflege im Nationalsozialismus und während des 2. Weltkrie-
     ges in den „eingegliederten Ostgebieten". – [Arbeiten zur soz.wiss. orientierten Freiraumplanung;
     9]. – München 1987; ferner u.a.: Nietfeld, Annette: Reichsautobahn und Landschaftspflege. –
     Diplomarbeit. – [Werkstattberichte des Instituts für Landschaftsökonomie, Heft 13]. – Berlin
     (TU Berlin) 1985
7   Richter, S 42
8   Werner, S. 97; vgl. ähnlich auch Richter, S. 37f. und 42

Landesplanung systematisch in die faschistischen Neuordnungspläne einbezogen wurden und seit wann. Wertungen wie die zitierten sind verfrüht.

Ein weiteres Forschungsfeld war und ist das der personellen und institutionellen Kontinuität der Raumordnung und Landesplanung in der „alten" Bundesrepublik. Z.T. bleiben die Forschungsergebnisse oder Meinungsäußerungen hierzu ohne kritische Distanz zum oder ohne kritische Reflexion des Nationalsozialismus.[9] So heißt es z.b. im Bericht von der Festveranstaltung der Akademie für Raumforschung und Landesplanung zu ihrem 50jährigen Bestehen zum Festvortrag des ARL-Präsidenten, er „verdeutlichte die Entwicklung von Raumforschung und räumlicher Planung im 20.Jahrhundert und beschrieb die Vorgeschichte der Raumforschung in der Zeit des Nationalsozialismus, in der Personen und Institutionen den politischen Zielen dienstbar gemacht wurden und mitwirkten an den verbrecherischen Denkweisen und Vorhaben."[10] Immerhin – aber: „Dienstbar gemacht" – diese Formulierung enthebt die damaligen Akteure der eigenen Verantwortung. Mittlerweile ist hinlänglich nachgewiesen, daß maßgebliche Vertreter der Profession sich seinerzeit aktiv, ja mit Begeisterung in den Dienst des Faschismus stellten.

Diskutiert wird neuerdings auch die Frage, ob der Nationalsozialismus betreffend Raumordnung und Landesplanung Züge von „Modernität" zeigte.[11] Wird

---

9   vgl. an *neueren* Veröffentlichungen ARL (Hg.): 50 Jahre ARL in Fakten. – Hannover 1996; ARL (Hg.): ARL-Nachrichten, Heft 2/96 (mit Berichten von der Festveranstaltung zum 50.Gründungstag); ferner z.B. Weyl, Heinz: Geschichte der Regionalplanung. In: ARL (Hg.): Handwörterbuch der Raumordnung. – Hannover 1995, S. 415f.; Schirrmacher, Herbert: Geschichte der Landesplanung. In: ARL (Hg.): Handwörterbuch der Raumordnung. – Hannover 1995, S. 411; es fällt generell auf, daß in dem besagten Handwörterbuch, anders als in seinem Vorläufer (Handwörterbuch der Raumordnung und Raumforschung, 2.Aufl., Hannover 1970), die Darstellung der Geschichte der Raumordnung und Raumforschung im „Dritten Reich" fast keine Rolle spielt! In dem erwähnten Handwörterbuch von 1970 wurde die ARL von ehemals führenden und, wie sich heute zeigt, vereinzelt tief in die verbrecherischen Raumplanungen in den „eingegliederten Ostgebieten" verstrickten Raumplanern aus der Zeit des Faschismus (z.B. Konrad Meyer) offen in direkte Kontinuität der Reichsstelle für Raumordnung (RfR) bzw. der Reichsarbeitsgemeinschaft für Raumforschung (RAG) gestellt.
10   Festveranstaltung der ARL im Sprengel-Museum. In: ARL-Nachrichten 2/96, S. 3
11   vgl. Messerschmidt, Rolf: Nationalsozialistische Raumforschung und Raumordnung aus der Perspektive der „Stunde Null". In: Prinz, Michael/ Zitelmann, Rainer (Hg.): Nationalsozialismus und Modernisierung. – Darmstadt 1991, S. 117–138; Messerschmidt schreibt den Forschungsaufgaben der Raumordnung und Landesplanung, „die im NS-Staat durchgesetzt werden konnten", „durchaus moderne Elemente" zu (ebenda, S. 124), bezieht sich dann allerdings auf einen Autor (Konrad Meyer 1940), der zu der angegebenen Zeit mit dem „Generalplan Ost" beschäftigt war und seine Raumplanungs- und -forschungsvorstellungen in direktem Zusammenhang mit diesem fortentwickelte. Der erste „Generalplan Ost" von Konrad Meyer lag im April/Mai 1940 vor. Vgl. hierzu: Rössler, Mechthild/ Schleiermacher, Sabine (Hg.): Der „Generalplan Ost", a.a.O. (mehrere Beiträge).

dies bejaht, so erhält auch die personelle und institutionelle Kontinuität sowie die Kontinuität von Leitbildern und Grundkonzeptionen der Raumordnung eine nachträgliche Legitimation. Aber: Der Modernebegriff bleibt in vorliegenden Veröffentlichungen sonderbar unbestimmt. Die Frage, was „Modernität" bedeutet, scheint sich durch Nennung einiger dann unhinterfragter Merkmale selbst zu beantworten. „Modernität" wird dem Faschismus vor allem mit dem Verweis auf die reichseinheitliche institutionelle und gesetzliche Entwicklung zugeschrieben.[12] Mit Zentralisierung, Vereinheitlichung und Rationalisierung der Verwaltung (Reichsstelle für Raumordnung (RfR), Reichsarbeitsgemeinschaft für Raumforschung (RAG), Hochschularbeitsgemeinschaften, Landesplanungsgemeinschaften (LPG), Landesplanungsstellen, Bezirksplanungsstellen) werden dann allerdings Merkmale für „Modernität" genannt, deren **politischer** Gehalt einfach unterschlagen wird. Warum sollen „Zentralisierung", „Rationalisierung", „Vereinheitlichung" oder „Effektivierung" modern (gewesen) sein? Für wen? Was ist die Kehrseite dieser Merkmale?

Ein Beispiel: Eine zur Zeit des Faschismus angewandte Grundkonzeption machte zunächst im westlichen Nachkriegsdeutschland und später auch in der DDR „Karriere", obwohl sie dort unmittelbar nach dem Krieg zunächst abgelehnt wurde: Die *Zentrale-Orte-Theorie* Christallers, die diesem zunächst lediglich als Erklärungsansatz für die Siedlungsentwicklung in Teilen Süddeutschlands unter Versorgungsaspekten diente.[13]

Diese Theorie wurde dann nach dem Überfall auf Polen in den „eingegliederten Ostgebieten" im Zusammenhang mit dem (Kolonisierungs-) „Generalplan Ost" angewandt. Der „Generalplan Ost" setzte bereits gedanklich die Eliminierung der dort lebenden Bevölkerungen durch „Umvolkung", „Eindeutschung", Vertreibung und Mord voraus. Im Distrikt Lublin wurde er praktisch umgesetzt, in genau diesem Sinne.[14]

Christaller wandte das von ihm entdeckte System zentraler Orte als Sachbearbeiter im Stabe Meyers in Form eines „Planungsmodells" für den Umbau Polens nun selbst zum ersten Mal praktisch an, ergänzt um einen Versuch zu den Planungsproblemen von ‚Notstandsgebieten'.[15] Er baute dabei im Sinne von

---

12   so auch bei Richter, S. 37 und 38
13   vgl. hierzu Christaller, Walter: Die zentralen Orte in Süddeutschland. – Jena 1933, vgl. näher
      auch Kap. 5 Abschn. 4 in dieser Arbeit
14   vgl. hierzu Wasser, Bruno: Die Umsetzung des Generalplans Ost im Distrikt Lublin. In Gröning,
      Gert (Hg.): Planung in Polen im Nationalsozialismus. – Berlin 1996, S. 15–61.
15   vgl. Christaller, Walter: Die Kultur- und Marktbereiche der zentralen Orte im deutschen
      Ostraum und die Gliederung der Verwaltung. In: Raumforschung und Raumordnung, Heft
      11/12–1940 und Christaller, Walter: Die zentralen Orte in den Ostgebieten und ihre Kultur-
      und Marktbereiche (Struktur und Gestaltung der zentralen Orte des deutschen Ostens). – Leipzig

Meyers „Reagrarisierungs"-Vorstellungen das Zentrale-Orte-System auf der bäuerlichen Produktion auf.[16] Christaller untersuchte den „Ostraum" 1940 unter Versorgungsaspekten. Seine ursprünglich entwickelte Konzeption der Zentralen Orte mußte er angesichts der wesentlich dünneren Besiedlung nun erheblich modifizieren.

Methodische Reduktionen im Modell erleichterten laut Walz die Anwendung des **Zentrale-Orte-Modells** für die Kolonisierung Polens. „Christaller klammert(e) die arbeitsteilige Kooperation der Industrie einerseits und die in einem historischen Prozeß der Industrieentwicklung entstandene räumliche Konzentration der Industrien andererseits aus. Seine Analyse ließ nur eine gewerbliche Produktion zu, die von ihren Betriebsgrößen und ihrer Produktionspalette her ganz auf die Landwirtschaft bezogen (war)."[17] Die Prämissen „Handwerk" und „Landwirtschaft" seien im Sinne von „Reagrarisierungs"-Vorstellungen in der „Neuordnung" der „eingegliederten Ostgebiete" gewesen. Hinzu kam eine (1938 versuchte) „Umfälschung" der Christallerschen Prämissen durch den damaligen Leiter des „Instituts für wirtschaftliche Raumforschung" an der Universität Rostock, Hans Weigmann (dem die Erfindung des Begriffs „Raumforschung" zugeschrieben wird). Christallers Modell habe als ein System der Gleichverteilung von Absatzgebieten und Konsumenten mit hierarchisch überlagerten Versorgungsfunktionen für eine rassistisch begründete Eroberungspolitik keine Begründung geliefert. „Weigmann glaubte dies dennoch zu erreichen, indem er Christallers hierarchisches System auf das Prinzip Zentralität reduzierte und es als ein ‚Strukturprinzip von Gebietskörpern 1. Ordnung' bezeichnete. Ohne die Bezeichnung ‚Gebietskörper' mit Kriterien seiner räumlichen Abgrenzung zu versehen, setzte Weigmann nun aus den Kategorien Christallers ein System von ‚Gebietskörpern' über das Modell: ‚(...) der Gebietskörper 2. Ordnung wird durch das Prinzip der Homogenität, der Gebietskörper 3. Ordnung durch das Prinzip der Komplementarität betimmt'. Darüber folgten die Gebietskörper 4., 5. und 6. Ordnung, in denen sich dieselben Prinzipien auf höherer Stufenleiter wiederholten: ‚Dabei wird die Zentralität zur Souveränität (Staatsraum), die Homogenität zur Artgleichheit des Blutes und der Rasse (Volksraum), die Komplementarität zur imperialen Großräumigkeit (Imperium).' Weigmann versuchte, ausgehend von ihren grundsätzlichen Schwächen, die Christallersche Konstruktion der Lebensraumideologie anzupassen. Er ebnete

---

1941; zu den Modifikationen des Zentrale-Orte-Modells Wasser, Bruno: Himmlers Raumplanung..., S. 29

16 vgl. zu den zugrundeliegenden Leitbildern der faschistischen Lebensraum-Despoten Walz, Manfred: Wohnungsbau- und Industrieansiedlungspolitik in Deutschland 1933–1939. – [Campus Forschung Band 111]. – Frankfurt/M.-New York 1979, 2.Kapitel, insbes. S. 87–93

17 Walz, S. 91f.

damit den Weg zur Anwendung des Modells der zentralen Orte für die Fixierung großer Teile Polens auf eine Stufe als unterentwickeltes Gebiet und Siedlungsraum für künftige deutsche Bauernkolonisatoren nach der Besetzung."[18]

Wasser sieht als Motiv für die Anwendung der Zentrale-Orte-Theorie hauptsächlich ein militärisches: „Die Theorie der *Zentralen Orte* war für den *Ostaufbau* der Nationalsozialisten deshalb von so entscheidender Bedeutung, weil nur durch eine organisatorisch und verwaltungsmäßig straffe Gliederung der eroberten Gebiete und ihrer Siedlungen eine dauerhafte und reibungslose Beherrschung möglich war. […] Mit dem über das Land gelegten Raumordnungsmuster der *zentralen Orte* hoffte man, bei geringem *Menschenbesatz* von Einwohnern deutscher Zunge längerfristig die gewünschte *Umvolkung* bei einem Mindestmaß an militärischer Präsenz realisieren zu können. Für die Kreisstädte war jeweils eine Garnison vorgesehen, die bei konsequenter Anwendung der *Zentralen-Orte-Theorie* eine ausreichend lähmende und abschreckende Wirkung auf die *fremdvölkischen* Bewohner haben würde." [19]

Josef Umlauf, seinerzeit Mitarbeiter im Planungsamt des RKF (Himmlers „Reichskommissariat für die Festigung deutschen Volkstums"), schrieb in einer Stellungnahme von 1986, daß Christaller in seinen Untersuchungen von 1940 „primär von seinem abstrakten geometrischen Schema aus(ging) und dabei unter weitgehender Vernachlässigung der historisch gewachsenen Siedlungsstruktur zu Vorschlägen (kam), die zum Teil unrealistisch waren". Die Konzeption wurde dann im Planungsamt des RKF (Reichskommissariat zur Festigung deutschen Volkstums) überarbeitet. Die in der 1941 veröffentlichten Karte ("Die zentralen Orte in den Ostgebieten") von Christaller entwickelten Planungsvorschläge hätten, so Umlauf weiter, „also in der Raumplanung für die eingegliederten Ostgebiete keine Bedeutung erlangt und sind nie ‚planerisch festgelegt' worden. Die große Bedeutung der Theorie der zentralen Orte für die Raumplanung bleibt davon aber unberührt."[20] Bruno Wasser bewertet die Anwendung der Zentrale-Orte-Theorie in den „eingegliederten Ostgebieten" als ihren *Mißbrauch*:[21] „Das eher mittelständische *Christallersche* Modell […] wurde von den Lebensraumdespoten imperialistisch verstanden und bewertet: Nicht die *Versorgung* des Raumes stand primär an, sondern seine *Beherrschung*."[22]

---

18   ebenda, S. 92; Walz zitiert aus Weigmann, Hans: Raumforschung und Gemeindeplanung. In:
      Raumforschung und Raumordnung 1938, S. 163f.
19   Wasser, Bruno: Himmlers Raumplanung im Osten. Der Generalplan Ost in Polen 1940–1944.
      – Basel, Berlin, Boston 1993, S. 30; vgl. auch Wasser, Bruno: Die Umsetzung…, S. 17
20   Umlauf, Josef: Stellungnahme zu Gröning, Gert/ Wolschke-Bulmahn: Liebe zur Landschaft, Teil
      III. In: Madajczyk, Czeslaw unter Mitarb. von Stanislaw Biernacki (Hg.), Anlage Nr. 41, S. 554
21   vgl. Wasser, Bruno: Die Umsetzung…, S. 57
22   Wasser, Bruno: Himmlers Raumplanung…, S. 30f.

Das Zentrale-Orte-Modell wird heute als Anschluß der Raumplanung im Faschismus an die Modernisierung der (Industrie-)Gesellschaft dargestellt: „Wie professionell Planung in dieser Zeit (gemeint ist der NS-Staat, H.B.) betrieben wurde, zeigt zudem die Tatsache, [...], daß sowohl eine systematische, flächendeckende Planung im Osten, zur Eliminierung existierender, von den kurzzeitigen Siegern aber nicht geduldeter lokaler Identitäten, wie eine stärker differenzierende Planung zur Erhaltung bestehender Identitäten im Westen, beispielsweise im rheinisch-westfälischen Industriegebiet, parallel zueinander Anwendung fanden. Gleichwohl wurde das Zentrale-Orte-Modell nach dem Krieg, nun als demokratische, weil gleichverteilende Theorie wiederum Planungsgrundlage, beispielsweise für das erwähnte Konzept der Siedlungsschwerpunkte im Ruhrgebiet. Der Anspruch der gleichmäßigen Verteilung hierarchischer Strukturen, sei es von ‚Strafe‘ durch die Nationalsozialisten, wie von ‚Gunst‘ im demokratischen Nachkriegs-Nordrhein-Westfalen macht die Theorie für unterschiedliche politische Systeme geeignet, den Umgang mit ihr hingegen so kompliziert."[23]

Da werden hier „lokale Identitäten" nicht geduldet, dort mit nunmehr demokratischem Anspruch gefördert, eine „moderne" Umschreibung von Rassismus und Völkermord hier und „normaler" Raumordnungspolitik dort. Da wird durch das Austauschen von Systemen und Begriffen die Systemneutralität eines Raumordnungs-Modells begründet. Ist das legitim? Wenn Raumordnung, ihre theoretischen Ansätze, ihre Modelle, Methoden und Instrumente als „systemneutrale" Ergebnisse oder Erkenntnisse der Raumwissenschaften gesehen werden, die je nach politisch/ ideologischen und praktischen Zielen ge- oder mißbraucht werden können, so ist eine solche Darstellung verständlich. Kehrer beschreibt einen möglichen Hintergrund dafür so, daß es – bezogen auf Modelle wie das der Zentralen Orte – *„stets den Widerspruch zwischen ‚technokratischer Konvergenz‘ und ‚ideologisch-praktischer Divergenz‘ zwischen verschiedenen Gesellschaftssystemen geben"* werde (Hervorhebung von mir, H.B.)[24]

Die Vorstellung von einer neutralen (Raum-) Wissenschaft birgt allerdings die Gefahr eines technizistischen und letztlich eben unpolitischen Herangehens an den Moderne-Begriff und an Konzeptionen oder Leitbilder wie das Zentrale-Orte-Modell. Konzeption, Anwendungsziele und Umsetzungsbedingungen können nicht getrennt werden und müssen nach ihren sozialen, politischen, ökonomischen und/ oder kulturellen Folgen für die verschiedenen Klassen und Schichten der Bevölkerung befragt werden. „Modernität" für alle gleichermaßen gibt es nicht.

---

23 Petz, Ursula von: Raumplanung und „Moderne". Ansichten zur Geschichte einer Disziplin. In: RaumPlanung 69, 1995, S. 73
24 Kehrer: Schriftliche Anmerkung zum Manuskript, Januar 1997

Wie Roth verdeutlicht, trieb jede Vernichtungswelle in den eroberten sowjetischen und polnischen Gebieten die Konzeptionen für den „Generalplan Ost" und damit die Anwendungsbedingungen für die Zentrale-Orte-Theorie voran. Den Protagonisten dieses Planes, die wie Meyer oder Wiebking-Jürgensmann dann in der Bundesrepublik an maßgeblicher Stelle wieder Funktionen erhielten, war seinerzeit die Völkermord-Praxis der SS in den „eingegliederten Ostgebieten" bekannt.[25]

Die unterstellte „Modernität", hier: des Zentrale-Orte-Modells, ist stets – also schon in seinem Entstehungs- und Begründungszusammenhang – in Beziehung zu setzen zu allgemeinen gesellschaftlichen Zielstellungen, zu Zielstellungen der herrschenden Klasse oder Schicht, d.h. zu den formationsspezifischen Anwendungs- und Umsetzungsbedingungen. Seine Verwendung und Weiterentwicklung im NS-Staat ist also in Beziehung zu setzen zur Zentralisierung des wirtschaftlichen und politischen Lebens zum Zweck der Kriegsvorbereitung bei gleichzeitiger Militarisierung der Gesellschaft und Aufhebung jeglicher demokratischer Rechte, zur „Rationalisierung" als Mittel der Kriegsvorbereitung und der Unterdrückung Andersdenkender (einschließlich der „Rationalisierung" des Mordens), zum Führerprinzip als Kontrollinstrument (insb. mit Blick auf die Arbeiterbewegung), zu Militarismus, Rassismus und Völkermord sowie Expansion als programmatischem Ziel, zur Differenzierung (z.B. in der Anwendung des Zentrale-Orte-Modells) als Prinzip zur Durchsetzung der Interessen der eigenen „Rasse".

Es ist also zu fragen nach den Rückwirkungen und Querbeziehungen der politisch-ideologischen Anwendung auf die Theorieentwicklung – auch mit Blick auf die Nachkriegsgesellschaften. Denn es ist daran zu erinnern, daß bis heute das **Zentrale-Orte-Modell**, das in der „alten" BRD und in den neuen Bundesländern als theoretische Grundlage, zumindest aber als Begründung von Gebiets- und Verwaltungsreformen diente, aufgrund seiner Funktionszentralisierung und -zuweisung die Aufhebung der Selbständigkeit und damit Entrechtung bzw. Bedeutungsminderung „nichtzentraler" Orte verstärkt. Für die betroffenen Individuen in diesen Orten bedeutet das geringere Teilhabe am politischen Leben, längere Wege, Anonymisierung politisch-administrativer Funktionszusammenhänge etc. Ist das ein Zeichen von „Modernität"? Offenbar nicht für alle, denn dies rief und

---

25 In den Nürnberger Prozessen wurde der „Generalplan Ost" als rein wissenschaftliche Studie dargestellt, die mit der menschenverachtenden Realität der faschistischen Okkupations- und Vernichtungspolitik nichts zu tun gehabt habe. Daß es einen wechselseitigen Zusammenhang zwischen der Entwicklung der Planungsziele und -vorstellungen und der Okkupations- und Vernichtungspolitik gab, zeigt anschaulich Karl-Heinz Roth in seinem Beitrag „Generalplan Ost" – „Gesamtraum Ost". In: Rössler/ Schleiermacher, insb. S. 58ff. und S. 72 und weitere Beiträge in dem Band.

ruft bis heute Kritik hervor, die nicht nur auf den *Demokratieabbau* und den *Gewaltcharakter* des Zentrale-Orte-Modells verweist, sondern das Modell gar als willkürlich konstruiert verwirft. „Hinsichtlich der *Administration* hat die kommunale Gebietsreform der 60er und 70er Jahre im Bundesgebiet über 15 000 politisch selbständige ländliche Gemeinden eliminiert und damit etwa 250 000 ehrenamtlich tätige Bürger aus den Dorfparlamenten und damit aus der lokalen Verantwortung entlassen. Die Tragfähigkeit der *Infrastruktur* des Dorfes wurde ausgehöhlt […]."[26]

Unter „Moderne"-Gesichtspunkten wird derselbe Prozeß als Fortschritt aufgrund eines Effektivitätszuwachses begriffen.

Wie ist nun in dem Zusammenhang die Umsetzung des Beschlusses der II. Parteikonferenz der SED vom 23.7.1952 bzw. des Gesetzes „über die weitere Demokratisierung des Aufbaus und der Arbeitsweise der staatlichen Organe in den Ländern der DDR" zu bewerten, das eine Neugliederung des Verwaltungsaufbaus der DDR entsprechend den wirtschaftlichen Schwerpunkten vorsah? An die Stelle der 5 Länder traten seinerzeit zunächst 14 Bezirke: Chemnitz (seit 1953 Karl-Marx-Stadt), Cottbus, Dresden, Erfurt, Frankfurt/O., Gera, Halle, Leipzig, Magdeburg, Neubrandenburg, Potsdam, Rostock, Schwerin und Suhl sowie das Stadtgebiet von Groß-Berlin (später der 15. Bezirk). Die Kreise wurden verkleinert (statt 132 gab es dann 217). War das ein Demokratiezuwachs, war es ein Effektivitätszuwachs, wie der damalige Ministerpräsident Grotewohl darstellte,[27] oder diente die Reform lediglich der Zerschlagung der Länderstruktur und dem Demokratieabbau?

Und schließlich: Wie sind die nach der Vereinigung der beiden deutschen Staaten durchgeführten Gebiets- und Verwaltungsreformen in den neuen Bundesländern wiederum zu bewerten? Bedeuten sie einen Effektivitätszuwachs? Bedeuten sie einen Demokratiezuwachs oder einen Demokratieabbau?

Der Modernitäts-Begriff wird, darauf deuten diese Widersprüche hin, umstritten bleiben, sofern unter Moderne oder Modernität gesellschaftlicher Fortschritt verstanden werden soll. Eine diesen Bezügen entsprechende, die verschiedenen Interessen berücksichtigende Wertung der Entwicklung des Zentrale-Orte-Mo-

---

26 Henkel, Gerhard: Für ein eigenes Leitbild des Dorfes. In: Deutsches Institut für Fernstudien an der Universität Tübingen (Hg.): Dorfentwicklung, STE 1: Grundlagen,.- Tübingen 1988, S. 237f.

27 vgl. Protokoll der Verhandlungen der II. Parteikonferenz der Sozialistischen Einheitspartei Deutschlands. – Berlin 1952, S. 341; vgl. auch die Begründung der Verwaltungsreform in Institut für Marxismus-Leninismus beim ZK der SED (Hg.): Geschichte der deutschen Arbeiterbewegung, Band 7, Von 1949 bis 1955. – Berlin 1966, S. 186

dells und der in dieser Entwicklung handelnden Personen fehlt bislang in den „Moderne"-Arbeiten.

Zur Geschichte bzw. zu Kontinuität und Wandel der Raumordnung und Landesplanung in den „alten" Bundesländern liegt mittlerweile eine recht große Zahl an Arbeiten vor, auf die hier nicht weiter als geschehen eingegangen werden soll. Insgesamt wurde in der „alten" BRD die Geschichte – diese Wertung hier vorweg – intensiver thematisiert als in der SBZ/ DDR.

Wie wurde nun in der DDR mit der Geschichte der Raumordnung und Landesplanung umgegangen? Gab es eine personelle und institutionelle Kontinuität in der SBZ, wie es sie in der BRD gab? Stellten sich die fachlich und politisch Verantwortlichen nach dem Ende des Krieges in der SBZ ihrem „Erbe"? Gab es dort eine kritische Aufarbeitung? Wie wurden die „Leistungen" der Raumplanung bis Mai 1945 und Grundkonzeptionen wie das Zentrale-Orte-Modell später in der SBZ bewertet?

Durch die folgende Darstellung der Entwicklung von Struktur und Organisation der Landesplanung in der SBZ und in der frühen DDR auf zentraler und auf Landesebene soll zunächst eine erste Antwort auf die Frage nach der personellen und institutionellen Kontinuität versucht werden.

3   Zur Entwicklung von Struktur und Aufgaben der Landesplanung bis zur Auflösung der Länderstruktur 1952

In der SBZ bestanden bei der Bewältigung der Kriegsfolgen noch weit größere materielle und personelle Probleme als in den Westzonen. Auch die raumstrukturelle Ausgangslage war problematischer. Zwar gab es sowohl in den Westzonen als auch in der SBZ räumliche Disparitäten, jedoch war die SBZ durch ein ausgeprägtes Gefälle zwischen den Verdichtungsgebieten im Süden und den extrem dünn besiedelten Räumen im Norden gekennzeichnet, während in den Westzonen die Verdichtungsräume relativ günstig verteilt waren. Während in den Westzonen die Siedlungsstruktur ein eher „großstädtisches Gepräge" zeigte, war sie in der SBZ eher klein- und mittelstädtisch. Die SBZ war zwar stärker industrialisiert, es dominierte jedoch das verarbeitende Gewerbe, „bestimmt durch Konsumgüterindustrie und -handwerk und arbeitsintensive Investitionsgüterindustrie."[1] Und während im ländlichen Raum in den Westzonen mittel- und kleinbäuerliche Betriebe vorherrschten, war der ländliche Raum in der SBZ durch eine „überkommene junkerliche Struktur (extensiv wirtschaftende Großbetriebe in Mecklenburg-Vorpommern, Brandenburg und Provinz Sachsen), verbunden mit erheblicher sozialökonomischer Rückständigkeit" gekennzeichnet.[2]

Aufgrund der strukturellen Ausgangssituation traf „der Abriß der traditionellen Arbeitsteilung zwischen West- und Ostdeutschland die ostdeutsche Wirtschaft stärker als die Westdeutschlands und führte im Osten zu irreparablen Schäden."[3] Es kamen Probleme durch die Veränderung der Macht- und Eigentumsverhältnisse hinzu.

Der Aufbau einer von den Westzonen abgeschnittenen Wirtschaft, die Veränderung der Industriestruktur und der Übergang zur Friedensproduktion, die Sicherung der Ernährungsgrundlage, die Bewältigung der Flüchtlingsströme,[4] der Wohnungsnot usw. mußten in einer Situation bewältigt werden, in der

● anders als in den Westzonen die gesellschaftlichen Macht- und Eigentumsverhältnisse gründlich verändert wurden;

---

1   Casper u.a., S. 6
2   Casper u.a., S. 6
3   Casper u.a., S. 6
4   Die SBZ mußte ca. 4,2 Millionen Flüchtlinge und Umsiedler aufnehmen. Wie in den Westzonen wurde versucht, einen großen Teil davon in ländlichen Gebieten anzusiedeln, was zunächst eine Stadt-Land-Bewegung unterstützte.

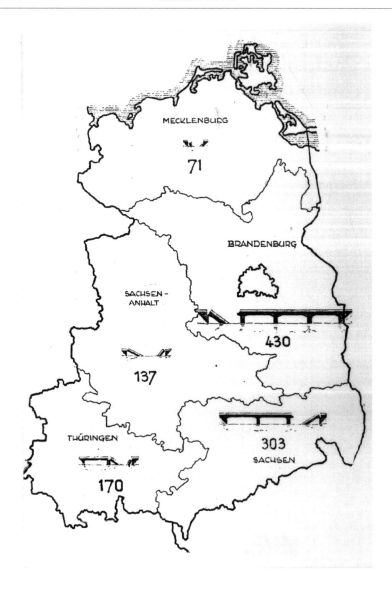

Abbildung 1:   Zerstörte Brücken in der sowjetischen Besatzungszone (M1 : 2 000 000)

Quelle: BA, DC 15, 170, Bl.7

• die konsequent durchgeführte Bodenreform, die in den Westzonen – trotz anderslautender Festlegungen in den Potsdamer Beschlüssen – weitgehend unterblieb. Sie schuf landesplanerische Folgeprobleme wie den Bau von Neubauernhöfen und -siedlungen für ca. 210 000 Neubauern sowie die materielltechnische Versorgung der Landwirtschaftsbetriebe (vgl. hierzu *Abbildung 2*);

• die Umwandlung der Eigentumsverhältnisse in Industrie, Handel und beim Bodeneigentum, der Übergang zu einer zentralgeleiteten Wirtschaft und damit einhergehende „Kaderprobleme" (Abwanderung von Fachleuten, geringes Qualifikationsniveau der neuen Leitungskräfte) den Wiederaufbau erschwerten oder verzögerten;

• die Demontagen um das Zehnfache höher waren als in den westlichen Zonen: 2 000 Betriebe und fast 50% aller industriellen Kapazitäten des Standes von 1936 wurden demontiert. Fast vollständig wurde das 2. Gleis der Eisenbahn abgebaut. Dies führte zu erheblichen Einschränkungen in der Logistik, die Jahrzehnte nachwirkten. In der späteren BRD wurden dagegen im Zeitraum 1948–1950 nur ca. 5% des Anlagevermögens demontiert;

• die Reparationsleistungen zwischen 1945–1953 ca. 15 Mrd Dollar betrugen und damit 25mal höher waren als die Westdeutschlands. Vom erwirtschafteten Bruttosozialprodukt mußte die SBZ 1945/46 fast 50%, bis 1949 30% und bis 1953 15% für Reparationen aufwenden. In den Westzonen ging der Aufwand zur gleichen Zeit von 14,6% (1946) auf 3,8% (1953) zurück;[5]

• keine „Marshallplan"-Hilfe mit ihrer Initialfunktion zur Verfügung stand;

• die von der Sowjetischen Militäradministration (SMAD) verfügte Aufnahme der Uranproduktion zwischen 1945 und 1953 allein 7 Mrd Mark verschlang und 70 000–100 000 Arbeitskräfte absorbierte, die dringend an anderer Stelle nötig waren;

• der innerdeutsche Warenverkehr 1946 nur noch 176 Mio Mark betrug, während er 1936 ca. 8,6 Mrd Reichsmark umfaßte;[6]

• hinzu kam unter dem Einfluß der Stalinschen These von der zentralen Rolle einer eigenständigen Basis für die Schwerindustrie eine Fehllenkung der ohnehin knappen Mittel in die Montanindustrie mit schwerwiegenden Folgen für die DDR-Wirtschaft. Es wurden, wie Gerhard Schürer, ehemaliger Chef der Staatlichen Plankommission der DDR, rückblickend schrieb, auf der grünen Wiese „solche Industriegiganten geschaffen wie die Großkokerei Lauchhammer, das Energiekombinat ‚Schwarze Pumpe' und viele andere Kapazitäten der

---

5   vgl. hierzu Karlsch, R.: Allein bezahlt? – Berlin 1993
6   vgl. zu den Daten Schürer, Gerhard: Gewagt und verloren. Eine deutsche Biografie. – 2. Aufl. Frankfurt/ Oder 1996, S. 31–34

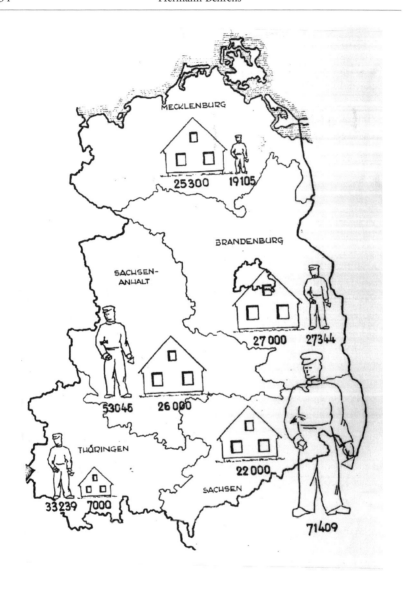

Abbildung 2:   Bodenreform-Bauprogramm 1949 der sowj. Besatzungszone/ Baueinheiten-Bauarbeiter (M 1:2 000 000)

Quelle: BA, DC 15, 170, Bl.12

Metallurgie, der Energie und des Schwermaschinenbaus. Trotz steigender Rate der produktiven Akkumulation zu Lasten der Konsumtion hatte das zur Konsequenz, daß die auf dem Gebiet der DDR früher stark vertretenen Zweige des mittleren und Verarbeitungs- Maschinenbaus, der Elektrotechnik, der Leichtindustrie und zunächst auch der Chemie, kaum ausreichende Mittel zu ihrer Wiederherstellung, geschweige zur Rekonstruktion oder Erweiterung erhalten konnten. Wir hatten aber dazu keine Alternative, denn die Ressourcen der UdSSR waren begrenzt und von den westlichen Märkten waren wir im wesentlichen abgeschnitten. Zu Einkäufen auf dem freien Markt fehlten uns die Devisen. Logische Folge dieser Strukturpolitik waren der akute Mangel an Konsumgütern auf dem Binnenmarkt – ein Teil mußte auch noch zur Bezahlung der Reparation aus der Produktion entnommen werden – und die lang anhaltende Rationierung des Verbrauchs."[7]

Dies sind nur einige Hinweise auf Probleme der Anfangsjahre, die lediglich veranschaulichen, mit welchen Problemen die mühsam entstehende Verwaltung in der SBZ zu kämpfen hatte und mit ihr die Landesplanung, die ihre Arbeit (wieder)aufnahm.[8]

3.1   Versuche der Begründung einer zonalen Landesplanung über die DWK

3.1.1   Die DWK und die Einrichtung eines Referates für Landesplanung und Städtebau

Für die wichtigsten Wirtschaftsbereiche wurden in der SBZ 1945 von der SMAD zunächst 11 Zentralverwaltungen (ZV) eingerichtet. Diese hatten gegenüber den ebenfalls zunächst von der SMAD eingesetzten Länderregierungen bzw. ihren Ressorts keine Weisungsbefugnis. Diese oblag allein der SMAD.

Im Februar 1947 (10.2.1947) kam es, nachdem bereits im August 1946 der Leiter der Abteilung Wirtschaft und Finanzen beim Parteivorstand der SED, Bruno Leuschner, das Planungs- und Bewirtschaftungssystem in der SBZ einer Kritik unterzogen und die Forderung nach einer zentralen deutschen Planungskommission erhoben hatte, zu einer Vereinbarung zwischen den Vertretern der Wirtschaftsressorts der Länder Brandenburg, Sachsen-Anhalt, Mecklenburg und den Zentralverwaltungen für Brennstoff und Energie, Industrie, Handel und Versorgung, in

---

7   Schürer, S. 42 f.
8   Eine gute Einführung in die materielle Situation der SBZ bietet das von Martin Broszat herausgegebene SBZ-Handbuch – München 1990

der die Anleitung der Arbeit der Länder durch die Zentralverwaltungen einschließlich deren Befugnis zu verbindlichen Anordnungen niedergelegt war. Die Zentralverwaltungen verpflichteten sich ihrerseits, Produktions-, Erfassung- und Vertei-
lungspläne vor der Weiterleitung zur Bestätigung durch die SMAD mit den
Ländern abzustimmen. Es wurde darüberhinaus eine ständige Kommission eingerichtet. Am 18.4.1947 kam es zu einem einvernehmlichen Beschluß aller Länder
mit den genannten ZV, der durch den SMAD-Befehl Nr. 138 am 4.6.1947
bestätigt wurde.

Dieser Befehl war die Geburtsurkunde für die Deutsche Wirtschaftskommission (DWK) (veröffentlicht am 14.6.1947). Die konstituierende Sitzung der DWK
fand am 11.6.1947 statt.

In der späteren DDR-Geschichtsschreibung wurde die DWK-Gründung als
Reaktion auf vorherige Entwicklungen in der BRD beschrieben: Am 29.Mai 1947
schlossen die britische und die amerikanische Militärregierung ein Abkommen
über die Einsetzung eines bizonalen Wirtschaftsrates (54 Mitglieder aus den
Landtagen), eines Exekutivausschusses (1 Vertreter von jedem Land) und von
Direktoren (an der Spitze von Zweizonenverwaltungen), die von entsprechenden
Organen der Militärregierung (Bipartide Board, Bipartide Control Office, Bipartide Panels) kontrolliert wurde. Der Wirtschaftsrat erhielt Gesetzgebungsrechte
auf den ihm zur Regelung zugewiesenen Wirtschaftsgebieten. Am 25. Juni konsti-
tuierte sich dieser Wirtschaftsrat für die Bizone. In der SBZ wurde dies als Bildung
eines westdeutschen Separatstaates begriffen.

Die DWK bestand zunächst aus den Vorsitzenden von 5 Zentralverwaltungen
und den Vorsitzenden des Freien Deutschen Gewerkschaftsbundes (FDGB) und
der Vereinigung der gegenseitigen Bauernhilfe (VdgB). Ihr wurden Befugnisse zur
Koordinierung der Volkswirtschaft in der gesamten sowjetischen Besatzungszone
übertragen, allerdings noch kein Weisungsrecht. Die Kompetenzen waren zunächst
gering.

Am 27.7.1947 fand die 2.Sitzung der DWK statt. In ihr erhielt die DWK den
Auftrag von der SMAD, einen Volkswirtschaftsplan für 1948 auszuarbeiten. Die
Arbeiten daran begannen im August 1947. Insgesamt tagte die DWK im Jahre
1947 neun Mal. Sie hatte anfangs kaum Autorität. Zwischen Anfang August und
Anfang Oktober 1947 fanden, wohl aufgrund der Vorbereitungen des II. Parteitages der SED, keine Sitzungen statt. Der II. Parteitag proklamierte die Forderung
nach einer Reorganisation der SBZ-Wirtschaftslenkung und forderte Klarheit über
die Art, Höhe und den Umfang der Reparationen. Bis Anfang 1948 war die
Wirtschaftspolitik der SMAD bzw. die Wirtschaftslenkung lediglich auf punktuelle
bzw. zweigliche Lösungen orientiert. Die „staatsrechtliche Konstruktion" der SBZ
war noch in der Schwebe.[9]

Nachdem der bizonale Wirtschaftsrat am 7. und 8. Januar 1948 auf Anordnung der Militärgouverneure der USA und Großbritanniens neugebildet und ausgebaut worden war (Umsetzung am 9. Februar 1948: Verdoppelung der Abgeordneten auf 104, Bildung einer 2. Kammer aus je 2 Ländervertretern sowie eines Verwaltungsrates mit einem Vorsitzenden und 6 Ressortdirektoren, Schaffung eines Obersten Gerichts und einer Länder-Union-Bank), wurde auch in der SBZ am 9. März die DWK neukonstituiert. Gemäß SMAD-Befehl Nr. 32 vom 12. Februar 1948 bestand sie nunmehr aus den Präsidenten der bis dahin bestehenden 17 Zentralverwaltungen, aus Vertretern des FDGB, der VdgB und der Länder. Insgesamt hatte sie 36 Mitglieder. Die konstituierende Sitzung der „neuen" DWK fand am 9.3.1948 statt. Als wichtigste Änderung gegenüber den Intentionen des SMAD-Befehls Nr. 32 wurde den Anwesenden dargestellt, daß die DWK eine einheitliche, hierarchisch strukturierte Behörde sein sollte, in die die Zentralverwaltungen als Hauptverwaltungen integriert werden sollten – zweifellos eine Minderung von deren Bedeutung und Befugnissen.[10] *Am 20.4.1948 bestätigte die SMAD der DWK Weisungsbefugnis.* Außer den koordinierenden Aufgaben erhielt die DWK nunmehr Vollmacht, Anordnungen und Verordnungen mit Gesetzeskraft zu erlassen, die unmittelbar für die Bevölkerung verbindlich waren. Damit entstand ein wirtschaftspolitisches Organ für eine einheitliche Planung und Lenkung der Wirtschaft der sowjetischen Besatzungszone. Am 26.November wurde die Zahl der Mitglieder auf 101 erhöht. Vorsitzender war Heinrich Rau (SED), Stellvertreter Bruno Leuschner, Fritz Selbmann (SED), Hermann Kastner (LDPD) und Luitpold Steidle (CDU).

Das Sekretariat der DWK erließ bis Oktober 1949 eine Vielzahl von Anordnungen mit Gesetzesrang. Die wichtigsten betrafen die Veränderung der Eigentumsverhältnisse. Bis Juni 1948 „bereinigte" die DWK gegen Entschädigung die Eigentumsverhältnisse in den (noch 557) volkseigenen Betrieben (VEB), in denen noch private, nichtenteignete Kapitalanteile vorhanden waren und schaffte eine einheitliche Organisation für die Industrie nach dem Prinzip fachlicher und branchenmäßiger Zusammenfassung. Die wichtigsten VEB (etwa 2 000) wurden in zonalen Vereinigungen Volkseigener Betriebe (VVB) zusammengefaßt, die der entsprechenden Hauptverwaltung der DWK unterstanden. Die VVB galten als juristische Personen. Analog den zonalen VVB wurden solche auf Länderebene gebildet; die übrigen VEB wurden den Kreisen, Städten und Gemeinden als Rechtsträger übergeben und in Kommunalen Wirtschaftsunternehmungen

---

9   vgl. zur DWK Zank, Wolfgang: Wirtschaftliche Zentralverwaltungen und Deutsche Wirtschaftskommission (DWK). In: Broszat, Martin: SBZ-Handbuch. – München 1990, S. 252–290

10   Diese Veränderung wurde von den SED-Vorstandmitgliedern zuvor mit der SMAD abgesprochen. Etliche Anwesende aus den ZV zeigten sich „sehr überrascht"; vgl. hierzu Zank, S. 265

(KWU) vereinigt. Am 15.Juni 1948 bestanden 75 zonale VVB mit 1764 Betrieben und etwa 500 000 Beschäftigten.

Die Machtfülle der DWK vergrößerte sich im April 1948 mit der Übernahme der Dienstaufsicht über die VdgB auf der Grundlage von SMAD-Befehl Nr. 61/48, die zuvor bei den Ländern lag, sowie mit der am 9.6.1948 den Ländern erteilten Anweisung, acht Hauptabteilungen zu bilden, von denen vier direkt dem Minister-präsidenten zu unterstellen waren (Wirtschaftsplanung, Materialversorgung, Schutz des Volkseigentums[11] und Kontrolle). *Die wirtschaftliche Selbständigkeit der Länder (und ihre Verfassungen) war(en) de facto damit aufgehoben.*[12] Die DWK übernahm auch die Kontrolle über die Geld- und Kreditwirtschaft und über Wissenschaft und Forschung (Büro für Erfinderwesen, Kammer der Technik, Deutsches Amt für Maß und Gewicht u.a.). Ab Januar 1949 arbeiteten die wissenschaftsorganisatorischen Stellen in der SBZ zentralgeleitet. An der Handelskette „Handelsorganisation" (HO), die am 3.11.1948 gegründet wurde, hielt die DWK 80 Prozent der Anteile, die Länder 20. Abgesehen von den Sowjetischen Aktiengesellschaften (SAG) und der Wismut AG hatte die DWK schon bis Herbst 1948 die Schlüsselgewalt in der SBZ gewonnen, die dann nach und nach ausgebaut wurde, so z.B. mit dem DWK-Beschluß S 181/49 vom 22.6.1949: „Anordnung über die Bildung der Vereinigung Volkseigener Güter in der sowjetischen Besatzungszone." Mit diesem Beschluß wurden alle bisher im Eigentum der Länder, Kreise, Gemeinden, Körperschaften und Anstalten öffentli-chen Rechts, mit Ausnahme der Kirchen, befindlichen Betriebe der Land-, Forst- und Gartenwirtschaft einschließlich aller zugehörigen Immobilien und Mobilien in Volks-eigentum überführt, wenngleich sie den bisherigen Eigentümern weiterhin zur treuhänderischen Nutzung überlassen blieben. Die im Verlauf der Bodenreform oder auf Grund des Befehls Nr. 64 der SMAD vom 17.4.1948 den Landesbodenfonds überwiesenen Grundstücke konnten darüberhinaus, soweit sie noch nicht an „werk-tätige Bodenbewerber" aufgeteilt waren, durch Beschluß des Sekretariats der DWK zu Volkseigentum erklärt werden. Die DWK erreichte schließlich auch Einfluß auf den Außenhandel (Mitunterzeichnungsrecht), den vorher allein die SMAD abgewik-kelt hatte und baute mit dem „Ausschuß zur Kontrolle des Volkseigentums" einen hierarchisch von der DWK bis in die Kreise wirkenden Kontroll- und Repressions-apparat auf (Kontrollkommissionen).

Die DWK war nunmehr nicht nur eine zentrale Planungsbehörde, sondern die Vorläuferin einer zukünftigen Zentralregierung. Nach der Erhöhung der Mitglie-derzahl am 26.11.1948 gab es in der DWK nur noch geringfügige Modifikationen. Wichtig unter diesen jedoch war die Einrichtung einer *HV für Bauwesen* (am

---

11   Aus dieser Hauptabteilung ging später das Ministerium für Staatssicherheit hervor.
12   vgl. Zank, S. 268

13.5.1949), weil aus dieser mit Gründung der DDR das Ministerium für Aufbau hervorging. Darin wurde dann eine Hauptabteilung Landesplanung geschaffen (vgl. 3.2).

In der DWK wurde *bei der Hauptverwaltung für Wirtschaftsplanung, Hauptabteilung Bauwesen, ein Referat für Landesplanung und Städtebau* eingerichtet, wahrscheinlich nicht schon 1947, sondern erst im Zuge der Neuorganisation der DWK (12.2.1948). Als Referent für Landesplanung und Städtebau wurde der Architekt Hans Mucke eingestellt.

3.1.2   Die Situation der Landesplanung in den Ländern der SBZ und Versuche der Begründung einer zonalen Landesplanung

Der DWK-Referent Mucke lud nach seiner Arbeitsaufnahme (wahrscheinlich März/ April 1948) die in den Ländern der SBZ verantwortlichen Landesplaner regelmäßig zu Arbeitsbesprechungen nach Berlin ein. Verantwortlich waren in dieser Zeit in den Ländern: Dr. Brehme in Sachsen-Anhalt, Arke in Thüringen, Dr. Wiedemann in Sachsen, Giese in Mecklenburg und Kanow in Brandenburg. Mucke unternahm im Laufe des Jahres auch Reisen in die Länder (im Mai 1948 nach Mecklenburg, im Dezember in die anderen Länder), um eine Bestandsaufnahme der Landesplanung durchzuführen. Ein generelles Merkmal war, *daß Fachleute in ausreichender Anzahl fehlten*, obwohl doch die Landesplanung besonders in Sachsen, Thüringen, Sachsen-Anhalt und Berlin-Brandenburg eine lange Tradition hatte und bis zu ihrer Stillegung 1944 z.T. über einen großen Personalbestand verfügte. Bis auf Brehme, bis 1944 Sachbearbeiter in der Hauptgeschäftsstelle der LPG Provinz Sachsen, Land Anhalt, in Mageburg, kam keiner von den bisher genannten Landesplanern aus dem Personalbestand der ehemaligen Landesplanungsgemeinschaften, der RfR, der RAG oder der Deutschen Akademie für Städtebau, Reichs- und Landesplanung (DASRL).[13]

3.1.2.1   Landesplaner auf dem Gebiet der späteren SBZ zu Zeiten des „Dritten Reiches"

Wer war überhaupt in den Jahren des „Dritten Reiches" auf dem Gebiet der späteren SBZ/DDR in der Landesplanung tätig? Wer war oder schien belastet? Die folgenden Übersichten bieten dafür kein vollständiges Bild, sondern haben allein den Zweck, einen Eindruck von Personal, Parteimitgliedschaften und Funktionen bis zum Ende des Krieges zu vermitteln und überhaupt eine Vergleichsbasis zu schaffen für die Nachkriegszeit. Die Übersichten haben nicht den Zweck, die darin

---

13   Auf der Grundlage einer Auswertung des Bestandes R 113 im Bundesarchiv.

Übersicht 1:   Leiter und stellvertretende Leiter der
               Landesplanungsgemeinschaften

Lpg	Leiter	Stellv. Leiter
Berlin	Pfeil	Bachmann
Mark Brandenburg	Kothe, k.Lp. (bis 2/37), Niemeyer	Dr. Günter Werle, Pries
Mecklenburg	Haker, Fritz, k.Lp. (Einberufung 1939), Dr. Otto Koch, k.Lp. (nach Einberufung Hakers)	Dr. Hans-Joachim Rust (seit 3/39)
Pommern	Vorbrich	Dr. Witt
Sachsen	OR Hans Rohleder (bis 1944, Ruhestand), Neidhardt (ab 1944)	Dr. Eckardt (bis 1942)[†]
Land Anhalt	Richert (bis 1938, danach abgeordnet Warthegau)	Dr. Klemt, Dr. Schiele
Thüringen	Harnisch (seit 1936 k.Lp. seit 1937 o. Lp.)	Dr. Fincke

Abkürzungen: k.Lp. = Kommissarischer Landesplaner; o.Lp. = ordentlicher Landesplaner

Quellen: BA, R 113, Nr. 1943, Heft 1 (A-G), Heft 2 (H-L), Heft 3 (M-Sch), Heft
                4 (See-Z) (Personalia Landesplanungsgemeinschaften); BA, R 113, Nr.
                1749 (LPG Sachsen); Nr. 1751 (LPG Thüringen); Nr. 1758 (LPG Berlin);
                Nr. 1759 (LPG Brandenburg); Nr. 1754 (LPG Mecklenburg)

[†]   Dr. Eckart, stellvertretender Landesplaner in der Hauptgeschäftsstelle der LPG Sachsen, wurde
     1942 denunziert und verhaftet. Die Verhaftung erfolgte am 1.5.1942 auf Grundlage des §2 Abs. 2
     des Heimtückegesetzes. (Vorgang in BA, R 113, Nr. 1749, 309 A2 H 7). In einem Schreiben der
     Gestapo, Staatspolizeileitstelle hieß es, daß Eckart in 'Schutzhaft' genommen worden sei. In einem
     Schreiben des Reichsstatthalters in Sachsen, Mutschmann, vom 17.10.1942 wird die sofortige
     Entlassung von Eckart angeordnet. Er sei zwar bei dem Landgericht Dresden von der Anklage
     freigesprochen worden, darauf aber von der Gestapo in Schutzhaft genommen worden. „Erst am
     7.10.1942 wurde Dr. Eckart auf Grund seines schlechten Gesundheitszustandes entlassen. Nach
     dem anliegenden Urteil ist sein Weiterverbleiben als Angestellter bei der Landesplanungsgemein-
     schaft Sachsen unmöglich." Eckart wurde am 13.11.1942 entlassen.

als Mitglieder von NS-Gliederungen Genannten pauschal zu be- oder verurteilen, weil die bloße Mitgliedschaft in einer Naziorganisation allein keine hinreichende Grundlage dafür bietet. Sie wurde nicht nur aus Überzeugung vollzogen, sondern auch aus Karrieregründen.[14] Eine weitergehende Bewertung hätte mindestens erfordert, u.a. auch die Akten des ehemaligen Document-Center auszuwerten, was aus Zeitgründen nicht machbar war.

Nicht nachgegangen werden konnte auch der Tätigkeit jener Planer aus den Landesplanungsgemeinschaften auf dem Gebiet der späteren SBZ, die in den „eingegliederten Ostgebieten" tätig wurden. 1942 und 1943 wurden die Landesplanungsgemeinschaften z.b. aufgefordert, Mitarbeiter zu Tätigkeiten in den „eingegliederten Ostgebieten" abzuordnen bzw. freizustellen. Jede LPG meldete durchschnittlich zwei Mitarbeiter, von denen wiederum etwa jeder zweite auch abgeordnet wurde.

---

14   Ein Beispiel hierfür scheint der sächsische Landesplaner (Bezirksplanungsstelle Zwickau) Oberregierungsbaurat Alfred Curt Rüdiger gewesen zu sein. Rüdiger war seit 1.5.37 Mitglied der NSDAP. Sein Werdegang: Ausbildung zum Regierungsbaumeister, 1915–1919 Regierungsbaumeister Landbauamt Bautzen, 1919–1924 Regierungsbaurat Landratsamt Flöha und Regierung Chemnitz, 1.4.1924 bautechnischer Rat bei der Regierung in Zwickau, ab 5.7.43 als techn. Sachbearbeiter für die Baupolizei an das Landratsamt Zwickau abgeordnet, Bezirksplaner in Zwickau. In den Akten R 113, Nr. 1759, 309 A 2, H 2, heißt es in einer Beurteilung der NSDAP-Gauleitung Sachsen (Schreiben an den Kreishauptmann zu Zwickau vom 7.9.1938): „Dr. Rüdiger ist Pg. seit 1.5.37 und Mitglied der NSV seit 1935. Seine Opferbereitschaft läßt zu wünschen übrig. Zur Mitarbeit in der Partei oder ihren Gliederungen war er bis jetzt noch nicht zu bewegen. Dr. R. bedarf noch einer gewissen Frist, um sich nat.-soz. zu bewähren."

Übersicht 2:   Bezirksplaner in den Landesplanungsgemeinschaften

LPG	Bezirksstelle	Planer
Berlin	(LPG hatte kein eigenes Personal)	
Mark Brandenburg	Potsdam	Wedow
Pommern	Köslin	Dr. Zeh
Sachsen	Chemnitz	Hempel (1936), OR Neidhardt (ab 1937)
	Leipzig	Prof. Dr. Mackowski, Kramm
Sachsen, Land Anhalt	Dresden	Mittelbach
	Zwickau	Walter (1936), Popp (1937), Rüdiger
	Magdeburg	Grünwald (1937–39), Voigt
Thüringen	Anhalt	Schwarzer
	Erfurt	Pietzker

Quellen: BA, R 113, Nr. 1943, Heft 1 (A-G), Heft 2 (H-L), Heft 3 (M-Sch), Heft 4 (See-Z) (Personalia Landesplanungsgemeinschaften); BA, R 113, Nr. 1749 (LPG Sachsen); Nr. 1751 (LPG Thüringen); Nr. 1758 (LPG Berlin); Nr. 1759 (LPG Brandenburg); Nr. 1754 (LPG Mecklenburg)

Übersicht 3: Leiter der Arbeitsgemeinschaften der Reichsarbeitsgemeinschaft für Raumforschung (RAG) an den Hochschulen

Land	Hochschule	Leiter der AG	Fachgebiet
Sachsen	Univ. Leipzig	Prof. Dr. Wilmanns	landw. Betriebslehre
	Univ. Leipzig	Dittrich (ab 1941)	mittel- und südosteurop. Wirtschaftsforschung
	HH Leipzig	Prof. Dr. Thalheim	Volkswirtschaft
	TH Dresden	Prof. Dr. Muesmann	Städtebau und Siedlung
Thüringen	Univ. Jena	Prof. Dr. Weddingen	Volkswirtschaft
Mecklenburg	Univ. Rostock	Prof. Dr. Weigmann	Volkswirtschaft
Berlin, Brandenburg, Grenzmark	Univ. Berlin	Dr. v. Niedermayer	Wehrgeographie
	TH Berlin	Staatssekr.i.e.R. Prof. Feder	Bauwesen
	WH Berlin	Dr. Wollenweber	Agrarpolitik
	FH Eberswalde	Prof. Dr. Lemmel	Forstpolitik
Pommern	Univ. Greifswald	Prof. Dr. Lautensach	Geographie

Abkürzungen: *HH:* Handelshochschule; *TH:* Technische Hochschule; *WH:* Wirtschaftshochschule; *FH:* Forsthochschule

Quelle: BA, R 113, Nr. 1955 „Liste der Leiter der Arbeitsgemeinschaften an den deutschen Hochschulen"[†]; betr. Mitgliedschaft Dittrich: Richter, S.39

[†]   Die RAG wurde am 16.12.1935 per Erlaß gegründet. Am 7.3.1942 wurde die RAG als Sparte „Raumforschung" in den Reichsforschungsrat eingegliedert. Anmerkung zur Universität Rostock: Gründung des Instituts für wirtschaftliche Raumforschung an der Univ. Rostock am 20.6.1934.

Übersicht 4:   Mitglieder der Deutschen Akademie für Städtebau, Reichs- und
               Landesplanung in Sachsen

Mitglied	Dienststelle
OR Baurat Dr. Bellmann	Wirtschaftsministerium Dresden
Prof. Dr. Mackowsky	Kreishauptmannschaft Leipzig, später beim Reg.präs. Leipzig,
OR Baurat Mittelbach	Kreishauptmannschaft Dresden
Prof. Dr. Muesmann	Technische Hochschule Dresden
OR Neidhardt	Kreishauptmannschaft Chemnitz
OR Baurat Rohleder	Ministerium des Innern Sachsen
Prof. Dr. Hammitzsch	Sächsische Landesregierung Dresden
Regierungsbaumeister Weiße	LPG Sachsen, Bezirksstelle Leipzig

Quelle: Mitgliederliste der Deutschen Akademie für Städtebau, Reichs- und Lan-
               desplanung 1936; BA, R 113, Nr. 2193

Übersicht 5: Mitgliedschaften und Eintrittsdaten von Beschäftigten der Landesplanungsgemeinschaften in NSDAP, SA und SS

Mitarbeiter LPG	Tätigkeit	NSDAP	SA	SS
Prov. Sachsen Land Anhalt				
Breitschuh	sv. BP Merseburg	1.5.33	1.10.33	
Deicke	sv. BP Magdeburg	1.5.37	1.11.33	
Faust	Graphiker LPG Magdeburg	1.5.33		
Dr. Frank	Sachbearb. Bs Magdeburg	1.11.35	1930–38	1938
Grünwald	BP Magdeburg	1.11.39	1933–35	
Henkel	Zeichnerin HGs Magdeburg	1.1.41		
Hinkefuß	Sachbearb. u. sv. BP Anhalt	1.6.40		
Jaekel	Büroleiter LPG	1.2.40		
Dr. Kirchhoff	Sachbearb. LPG Merseburg	4/37		
Dr. Klemt	sv. LP	1.7.37	1.5.33	
Kühne	techn. Zeichner HGs Magdeburg	1.12.39		
Luthe	Zeichner HGs	1/39		
Dr. Schiele	sv. LP	1.5.33		
Dr. Schwarzer	BP Anhalt	1.4.33		
Strößenreuther	techn. Zeichner Bs Magdeburg	1.1.40		
Tempel	techn. Zeichner Bs Merseburg	1937		
Zobel	Städtebautechniker Bs Magdeburg	8.9.30	8.9.30	
Sachsen				
Hädrich	Techn. Zeichner Bs Chemnitz	1.5.33		
Prof. Dr. Hammitzsch	LPG Dresden	1.8.35	10.6.39	
Hieber	sv BP Dresden	1.5.37	16.4.34	
Höpker	HGs Dresden	1.5.33		

Übersicht 5: Mitgliedschaften und Eintrittsdaten von Beschäftigten der Landesplanungsgemeinschaften in NSDAP, SA und SS (weiter)

Mitarbeiter LPG	Tätigkeit	NSDAP	SA	SS
Kramm	BP Leipzig	1.3.40		
Neidhardt	BP Chemnitz	1.5.33	15.5.33	
Paul	Ingenieur Bs Leipzig	1.5.1933		
Pfalz	Bauassessor Bs Zwickau	1.5.1937	2.11.33	
Rüdiger	techn. Zeichner Bs Chemnitz	1.5.37		
Schober	BP Zwickau	1938	1938	
Wagner	Architektin Bs Dresden	1.5.33		
Wartenberger	techn. Zeichner Bs Dresden	1.5.33	5.7.33–5/1936	
Weiße	sv BP Leipzig	1.5.37	1.11.1933	
Zimmermann	Büroangestellter Hgs Dresden	1.5.33		
Mecklenburg				
Haker	LP	1.8.1933		
Brandenburg	... keine weiteren Angaben ...			
Pommern	... keine Angaben ...			
Berlin	... keine Angabe ...			

Die LPG Berlin hatte keinen eigenen Personalbestand.

Abkürzungen: LP = Landesplaner, sv = stellvertretender, BP = Bezirksplaner, Hgs = Hauptgeschäftsstelle, Bs = Bezirksstelle

Quellen: BA, R 113, Nr. 1943, Heft 1 (A-G), Heft 2 (H-L), Heft 3 (M-Sch), Heft 4 (See-Z) (Personalia Landesplanungsgemeinschaften); Nr.1844, Heft 1 und 2 (Akte Fritz Haker); Nr. 1865, H 1 (Akte Dr.Georg Klemt)

3.1.2.2 Landesplaner in der SBZ

Insgesamt waren in den Landesplanungsstellen in der SBZ wesentlich weniger Mitarbeiter und Mitarbeiterinnen tätig als vorher. Das hatte zunächst kriegsbedingte Gründe. Viele der ehemaligen Landesplaner bzw. Mitarbeiter in den Landesplanungsgemeinschaften waren eingezogen worden (vgl. die Ausführungen zu Thüringen). Wie viele gefallen sind, ist unbekannt, wie viele in Kriegsgefangenschaft gerieten und erst drei oder vier Jahre oder noch später zurückkamen, als es bereits (wieder) außerordentlich schwer wurde, überhaupt einen Arbeitsplatz zu finden, ebenso.[15] Die Zahl der Arbeitsplätze in der Landesplanung hatte sich verringert, denn es wurden z.B. keine Bezirksplanungsstellen wieder eingerichtet, sondern nur Referate oder Abteilungen auf Länderebene bzw. unter dem Dach der DWK mit wenigen Angestellten. Unter den wenigen Landesplanern gab es nur einzelne, die bereits vor dem Kriegsende in der Landesplanung arbeiteten. Es fanden sich keine Hinweise darauf, daß sich, wie Richter meint, die Landesplanungsabteilungen in nennenswertem Umfang „des noch vorhandenen Personals" bedienten, zumal er auch keine Namen und Werdegänge nennt bzw. darstellt.[16]

Inwieweit und warum „ältere Spezialisten, die schon viele Jahre in der Landesplanung tätig waren", erforderliche Planungsarbeiten nicht ausführen durften,[17] ist wohl nur dann hinreichend zu klären, wenn ihre Haltung zum NS-Staat thematisiert wird.[18] Richter nennt hier leider auch keine Namen, und er thematisiert auch nicht die mögliche NS-Vergangenheit. Wenn seine Behauptung aber zutreffen sollte, so mag ein Grund dafür darin liegen, daß etliche Landesplaner aus Sicht der Besatzungsmacht und der SBZ-Führung als überzeugte Nazis gelten

---

15 Nach Einschätzung von Frau Dr. Hoffmann, einer ehemaligen Mitarbeiterin der HA I Landesplanung im Ministerium für Aufbau der DDR waren viele Landesplaner entweder gefallen oder kamen erst spät aus der Gefangenschaft zurück (mdl. Mitteilung am 11.11.1996 in Berlin).
16 Richter, S. 42
17 Richter, S. 46
18 Dies ist leider bei Richter nicht der Fall. Nur so aber kann der Anschein des „teilweisen Mißbrauchs" oder der Indienstnahme entstehen: „Die Bezirksstellen (in Sachsen, H.B.) leiteten in Leipzig Mackowsky, in Zwickau Rüdiger, in Chemnitz Neidhardt und in Dresden Mittelbach. Alle genannten Oberregierungsbauräte waren mit der sächsischen Landesplanung ‚groß geworden' und jahrelang leitend und verantwortlich auf diesem Gebiet tätig gewesen. So konnte der Landesplaner feststellen, daß für Sachsen ‚lediglich die Umformung der bisherigen Arbeitsgemeinschaften und Planungsausschüsse in eine Körperschaft des öffentlichen Rechts, die Landesplanungsgemeinschaft, vor allem zum Zwecke einer geregelten Finanzierung der Arbeiten in Betracht kam'[...] Natürlich wurden auch in anderen deutschen Ländern mit wenigen Ausnahmen Vermögen und Personal der aufgelösten Planungsverbände von den Landesplanungsgemeinschaften übernommen." (Richter, S. 38, vgl. auch die Wertung der NS-Zeit auf S. 42: erfahrene eingearbeitete Mitarbeiter bekommen Zentralismus verordnet. Das Mittun wird nicht thematisiert.)

mußten: Wie die *Übersicht 5* zeigt, waren Landesplaner wie Haker (LPG Mecklen-
burg), stellvertretende Landesplaner wie Dr. Schiele, Dr. Klemt (LPG Provinz
Sachsen, Land Anhalt), Bezirksplaner wie Neidhardt und Rüdiger (LPG Sachsen,
seit 1940 auch Kramm) sowie Dr. Schwarzer (LPG Provinz Sachsen, Land Anhalt)
und stellvertretende Bezirksplaner wie Breitschuh und Deicke (LPG Provinz
Sachsen, Land Anhalt) sowie Hieber und Weiße (LPG Sachsen) bereits früh
Mitglieder der NSDAP und/ oder der SA. Hammitzsch (LPG Sachsen und
DASRL, siehe auch *Übersicht 4*) war immerhin Obersturmbannführer im Stab der
SA-Gruppe Sachsen. In den im Bundesarchiv gesichteten Personalunterlagen der
LPG Sachsen wurden 31 Mitarbeiter und Mitarbeiterinnen (einschließlich des
technischen Personals) genannt. Davon waren immerhin fast fünfzig Prozent (14
Personen) Mitglieder der NSDAP. In der LPG Provinz Sachsen, Land Anhalt waren
sogar mehr als sechzig Prozent (17 von 27) Mitglieder der Nazipartei. Von diesen
31 Mitgliedern in Sachsen und der Provinz Sachsen, Land Anhalt waren nur 7 *nach*
Kriegsbeginn 1939 eingetreten, alle anderen schon bis Mai 1937. Angesichts dieser
Situation war aus Sicht von SMAD, Länderregierungen und SBZ-Führungskreisen
Mißtrauen und eine ablehnende Grundeinstellung gerechtfertigt.

Wer waren nun die wenigen ehemaligen Mitarbeiter, die als Landesplaner tätig
blieben? Dr. Bellmann, ehemals Mitglied der deutschen Akademie für Städtebau,
Reichs- und Landesplanung und im Wirtschaftsministerium **Sachsen** tätig, blieb
in diesem Ministerium auch in der SBZ. In **Sachsen-Anhalt** wurde Dr. Brehme
Landesplaner, Dr. Klemt zunächst stellvertretender Landesplaner und ab 1949
Landesplaner. Brehme war vom Juni 1940 bis zur Stillegung der Landesplanungsgemeinschaft Provinz Sachsen, Land Anhalt als Sachbearbeiter in der Bezirksstelle
Magdeburg tätig. Er war zwar Mitglied in einigen der NSDAP angeschlossenen
Verbänden, so des NSDStB seit 1938 und nach Verlassen der Universität Mitglied
der NS-Kampfhilfe, Mitglied der DAF seit 15.2.40 und des NSV seit 1939; er war
jedoch kein Mitglied der NSDAP, der SA oder gar der SS.[19]

Anders als Brehme war Klemt Mitglied der NSDAP und der SA. Klemt, ein
diplomierter Volkswirt, war bis zu ihrer Stillegung stellvertretender Landesplaner
der LPG Provinz Sachsen, Land Anhalt. Er war am 1.7.1937 in die NSDAP

---

19   vgl. zu Brehme BA, R 113, Nr. 1943, Heft 1 (A-G). Einige weitere Daten: Brehme besuchte
     1920–33 die Grundschule und Oberrealschule Halberstadt, machte dort 1933 das Abitur und
     studierte danach von 1933–1939 an den Universitäten Halle und Gießen Volkswirtschaft und
     promovierte am 18.12.1939 zum Dr.rer.pol., in seiner Dissertation behandelte er das Thema:
     „Die Absatz- und Verkehrsverhältnisse des mitteldeutschen Braunkohlenbergbaus unter beson-
     derer Berücksichtigung der krisaischen Behandlung seiner Produkte". Vom 15.2.40–15.6.40
     arbeitete er als Praktikant bei der Deutschen Erdölgesellschaft in Borna. Am 15.6.40 wurde er
     als Sachbearbeiter bei der Bezirksplanungsstelle Magdeburg angestellt.

eingetreten, in die SA bereits am 1.5.1933. Darüberhinaus war er Mitglied in mehreren angeschlossenen Verbänden (NSRB seit 1.11.1935, NSV seit 1.8.37, RLB seit 1.10.1937, Reichskolonialbund seit 1.8.1939). Seit dem 1.6.1940 wurde er mit der Leitung der Gau-Hauptstelle für Siedlungs- und Wohnungswesen und Arbeitsbeschaffung im Gauamt für Kommunalpolitik bei der Gauleitung der NSDAP im Range eines Gaustellenleiters beauftragt.[20]

Seit 1940 wurde mehrfach durch den Oberpräsidenten der Provinz Sachsen, Land Anhalt beantragt, Klemt zum Landesplaner zu berufen. Dies wurde jedoch nicht bewilligt. Die Landesplanerstelle war in der LPG seit 1938 verwaist, da der bis dahin amtierende Planer, Richert, in den Warthegau abgeordnet wurde. Einerseits wurde von seiten der RfR gewünscht, die Neubesetzung der Stelle bis zum Kriegsende aufzuschieben. Andererseits schien Klemt für den Einsatz im Warthegau bzw. in den „eingegliederten Ostgebieten" vorgesehen gewesen zu sein und sich dafür selbst gemeldet zu haben. So heißt es in einem Schreiben des Generalreferenten für Raumordnung beim Reichsstatthalter Posen an KlemT, daß dieser am 7.5.40 zur Besprechung in Posen erwartet wird zwecks „Klärung einiger Fragen über Ihren späteren Einsatz im Warthegau".[21] Ein weiterer Hinweis darauf findet sich in einem Schreiben vom 25.9.1941. Darin teilt Reichsminister Kerrl dem Vorsitzenden der LPG Provinz Sachsen-Land Anhalt mit, daß Klemt nicht zum Landesplaner ernannt werden soll. Kerrl verweist nicht nur auf den Umstand, daß Klemt bald zum Wehrdienst einberufen werden sollte und sich durch Ernennung zum kommissarischen Landesplaner an der noch nicht erfolgten Nichtbesetzung der Landesplanerstelle nichts ändern würde. Er führte auch aus: „Daneben bestehen die Ihnen früher schon mitgeteilten Gründe gegen die Ernennung von Dr. Klemt zum k. Landesplaner fort" (gemeint war o.g. Kriegsende, Aufschub) Außerdem schrieb er: „Zu Ihrer Unterrichtung teile ich Ihnen übrigens mit, daß ich den stellvertretenden Landesplaner Dr. Klemt dem Herrn Reichsminister für die besetzten Ostgebiete für eine Verwendung im Osten, einem früher von Dr. Klemt geäußerten Wunsche

---

20 vgl. zu Klemt BA, R 113, Nr. 1943, Heft 2 (H-L); Zum Werdegang: 1933 Diplomvolkswirtsexamen (Universität Königsberg), 1934 Dipl.Examen für Wohlfahrt und Sozialpolitik (Universität Freiburg i.Br.), 1935 Dr. rer. pol. (Universität Königsberg), Veröffentl.: Diss. „Die Boden- und Siedlungspolitik der Stadt Königsberg/Pr.", 1935: „Die Kleinsiedlung im Regierungsbezirk Königsberg" (veröff. in Siedlung und Wirtschaft, Märzheft 1936); „Die Boden- und Siedlungspolitik der Stadt Königsberg/Pr." in: Städtebau, Maiheft 1936; „Die Wohnungsbaupolitik der Stadt Königsberg/Pr. im Dritten Reich" in: Siedlung und Wirtschaft, Maiheft 1936; „Die Wohnungsbauten in Ostpreußen 1935 und 1936" in: Deutscher Volkswirt, Maiheft 1936; 1940: Aufsatz in der RuR Heft 1/2–1940, 4.Jg.: „Die Aufgaben und Ziele der Landesplanung und Raumordnung in Mitteldeutschland".

21 vgl. BA, R 113, Nr. 1865, H 1, Akte Dr. Georg Klemt

entsprechend, in Vorschlag gebracht habe. Da der Herr Reichsminister für die besetzten Ostgebiete die Möglichkeit jederzeitiger Uk-Stellung hat, rechne ich damit, daß Dr. Klemt dort auch für den Fall seiner Einberufung einen neuen Wirkungskreis während des Krieges finden wird."[22]

Bis September 1941 entging Klemt einer Einberufung zum Kriegsdienst. Wie für zahlreiche andere Landesplaner in anderen LPG konnte für ihn eine u.k. („unabkömmlich-") Stellung erreicht und somit seine Einberufung verhindert werden. Am 3.10.1941 wurde er jedoch eingezogen.[23]

In Thüringen arbeitete der Regierungsbaumeister und ehemalige stellvertretende Bezirksplaner der Bezirksstelle Leipzig, Werner Weiße, der Anfang der 40er Jahre nach Thüringen abgeordnet worden war, da dort fast alle Mitarbeiter der Hauptgeschäftsstelle in Erfurt zum Kriegsdienst eingezogen worden waren. Er war Mitglied der NSDAP seit 1.5.37 und der SA seit 1.11.1933. Er war ferner Mitglied in einigen angeschlossenen Verbänden wie DAF, NSV, RLB, Mitarb. beim Amt für Technik und beim Gauheimstättenwerk der DAF.[24]

Ansonsten fand sich nur der Hinweis darauf, daß der ehemalige Landesplaner der LPG Sachsen, Hans Rohleder, der seit 1944 im Ruhestand war, nach dem Krieg vereinzelt zur Interpretation von Gutachten herangezogen wurde. Zu Kurt Wiedemann, dem Landesplaner in Sachsen, schreibt Richter, er sei „bekanntgeworden durch seine Untersuchungen über die Bevölkerungsentwicklung in Sachsen" (1943).[25] Über alle anderen, die im vorliegenden Beitrag als Mitarbeiter und Mitarbeiterinnen in der Landesplanung der SBZ/ DDR genannt werden, fanden sich keine Hinweise darauf, daß sie bereits vor 1945 in der RfR, der RAG, den LPG oder der DASRL tätig waren.

Die folgende Auflistung von Namen und Aufgabengebieten ist nicht vollständig.[26] Sie spiegelt wider, wer bis 1949 laut den hier ausgewerteten Akten des

---

22   ebenda
23   vgl. ebenda. Am 1.September 1942 erhielten Dr. Klemt und sein Stellvertreter in der LPG
      Dr. Schiele das Kriegsverdienstkreuz zweiter Klasse ohne Schwerter „für besondere Verdienste
      bei der Erledigung von kriegswichtigen Planungsaufgaben" mit Hinweis auf seine Tätigkeit in
      der LPG vor und während des Krieges.
24   Weiße hatte an der TH Dresden studiert (1921–1924), arbeitete vom 1.10.1930–15.9.1931 als
      Regierungsbaumeister bei der Kreishauptmannschaft und dem Straßen- und Wasserbauamt
      Leipzig und dann vom 16.9.1931–31.3.1938 als Regierungsbaumeister bei der Kreishauptmann-
      schaft Leipzig und schließlich ab 1.4.38 als technischer Sachbearbeiter und stellvertretender
      Bezirksplaner.
25   Richter, S. 44; vgl. Wiedemann, Kurt: Die Bevölkerungsentwicklung in der Nordsächsischen
      Heidelandschaft und im Lande Sachsen seit 100 Jahren. (Dissertation) – Dresden 1943
26   Nicht geklärt werden konnte, wer von den im folgenden Genannten bis Kriegsende in einschlä-
      gigen Forschungseinrichtungen gearbeitet hat und in diesem Sinne als „alter" Landesplaner gelten
      konnte.

Bundesarchivs in den einzelnen Ländern mit welchen Planungsaufgaben betraut war. Wenig Berücksichtigung finden diejenigen, die in Forschungseinrichtungen tätig waren.

In der **DWK** waren außer Mucke als weitere Mitarbeiter der Landesplanung Volkland, Broosche, Heuer und Primke angestellt. Über deren berufliche Laufbahn fand sich nichts.

In **Sachsen-Anhalt** (Stand: November 1948) war Brehme Leiter der Abteilung Landesplanung und somit der verantwortliche Landesplaner in Sachsen-Anhalt (Aufgaben: Leitung und Organisation, zusammenfassende Planung, geringfügige Vorarbeiten am Landesentwicklungsplan, Bodenreform, Standortfragen für Neubauernsiedlungen, Raumordnungsplan für den Industriebezirk Bitterfeld, kommunale Planung, Kultur- und Sozialplanung); Klemt leitete das Referat 1 und war zugleich stellvertretender Landesplaner (Aufgaben: Verkehrsplanungen, Struktur- und Standortplanung für Bergbau und Lagerstätten, Standortplanung für Industrie, raumwirtschaftliche Arbeitsorientierung). Leiter des Referats 2 (zusammenfassende Planung des Bau-, Wohnungs- und Siedlungswesens, Grundsatzfragen des Städtebaues, Wirtschafts- und Flächennutzungspläne, Landschaftsgestaltung, Landschaftspflege und Naturschutz) war Hrussa und des Referats 3 (Bestandsaufnahme und Analyse, Statistik, Sonderuntersuchungen) Bufe; das Vermessungswesen oblag Vermessungsrat Mahnke. Aus einer weiteren Übersicht vom November 1949 geht hervor, daß mittlerweile Klemt Leiter der HA Landesplanung im Ministerium für Planung Sachsen-Anhalt geworden war. Brehme wird nicht mehr genannt.[27]

In **Sachsen** war Wiedemann Leiter der Abteilung Landesplanung in der Hauptabteilung für Bau- und Wohnungswesen. Als Mitarbeiterin wird eine Frau Dr. Stephan (Dresden) genannt. Mehr Angaben zum Personal fanden sich in den hier ausgewerteten Quellen nicht.[28]

Zur Situation in **Thüringen**[29] (Stand: August 1948): Die Abteilung Landesplanung hatte insgesamt 25 Mitarbeiter. Leiter der Landesplanung (Referat 0) mit den Aufgaben: Zusammenfassung der Regionalplanung und Fachplanungen im Landesordnungsplan, Allgemeine Standortplanung, Methodik und Recht der Landesplanung, deutsche und ausländische Landesplanung war Arke. Das Referat 1 (Planung der Bevölkerungsstruktur, grundsätzliche Gebiets- und Gemeindeordnungsplanung, Strukturplanung auf den Gebieten Bodenreform, Besiedlung, Standorte des Kultur- und Sozialwesens, Bauwesen, Betreuung von Auftragsarbei-

---

27   vgl. BA, DE 1, 17558, Bl. 55
28   Kehrer teilte mit, daß Ernst Neef bereits vor Mai 1945 in Sachsen im Städtebau tätig war (Gespräch Kehrer-Behrens am 13.1.1997 in Berlin).
29   vgl. BA, DC 15, 169, Bl. 57, 58 und 64

ten in der Gebiets- und Ortsplanung, Bezirksplanung Thüringen-West, Zeichen-
technisches Büro) leitete Dr. Müller. Der ehemalige Mitarbeiter der LPG Sachsen
und Thüringen Regierungsbaumeister Weiße leitete das Referat 2 (Strukturpla-
nung auf den Gebieten Bergbau und Lagerstätten, Energie, Wasserwirtschaft,
Verkehr, räumliche Gliederung der Verwaltung, Karten- und Vermessungswesen,
Rekultivierung von Bergbauflächen, Amt für Landesaufnahme, Bezirksplanung
Thüringen-Ost) und der Architekt Saalfeld das Referat 3 (Landschaftsgestaltung,
Mitarbeit bei der Gebiets- und Ortsplanung, Bezirksplanung Thüringen-Nord).
Das Referat 4 (Allgemeine Standortplanung) war 1948 unbesetzt, im Referat 5 war
der Volkswirt Mündnich tätig (Mitarbeit bei der Statistik, Bücherei und Archiv,
Veröffentlichungen, Volkswirtschaftliche Einzeluntersuchungen). Für Referat 6
(Bestandsaufnahme und -analyse, Landeskunde und Strukturforschung, Wissen-
schaftseinsatz und Forschungsprogramm) war der Regierungsrat Dr. Lehmann
verantwortlich. Ein Jahr später (Stand: 6.Okt. 1949) war Dr. Lehmann Leiter der
Landesplanung geworden, als Vertreter wird ein Dr. Rübler (oder Kübler) genannt.
Der vorherige Landesplaner Arke und der Referatsleiter Weiße wurden nicht mehr
aufgeführt. Das Referat 4 war mittlerweile kommissarisch mit Unrein als Referent
besetzt worden. Als Sachbearbeiter arbeiteten in den verschiedenen Referaten
Prosche, Gropp, Hartwig, Artus, Mayer, Karl, Olm und Hennig.

In **Brandenburg** arbeitete der Architekt[30] Ernst Kanow bei der Landesregierung
Potsdam als Landesplaner. Darüberhinaus fand sich lediglich, in einer Veröffentli-
chung, der Name einer Annemarie Lange. Auch in Mecklenburg verfügte die
Landesplanung offenbar über noch weniger Personal als in den anderen Ländern.
Es fanden sich die Namen Werner Giese (Landesplaner), Regierungsdirektor Leo
Stegmann und Thielges.

Es ist davon auszugehen, daß zu den Genannten in jedem der Länder noch
einige technische Mitarbeiter und Mitarbeiterinnen (technisches Personal) hinzu-
gezählt werden müssen. Insgesamt wird deutlich, daß die Landesplanung nur über
eine dünne Personaldecke verfügte. Entsprechend problematisch gestaltete sich die
praktische Arbeit.

---

30   Kanow hatte das Studium allerdings nicht beendet (mdl. Information von Frau Dr. Hoffmann
      am 11.11.1996 in Berlin).

Übersicht 6: **Leiter und Stellvertreter der Landesplanungsstellen in den Ländern der SBZ**

Land	Leiter	Stellvertreter/in
Sachsen	Dr. Wiedemann	Dr. Stephan
Sachsen-Anhalt	Dr. Brehme (bis 1949), Dr. Klemt (ab 1949)	Dr. Klemt (bis 1949)
Thüringen	Arke (bis 1949), Dr. Lehmann (ab 1949)	Dr. Lehmann (bis 1949)
Mecklenburg	Giese	
Brandenburg	Kanow	

3.1.2.3 Die Situation der Landesplanung in den Ländern

Als DWK-Referent Mucke nach seiner Arbeitsaufnahme eine Reise zu den Landesplanungstellen unternahm, stellte sich heraus, daß die Landesplanung weitgehend zum Stillstand gekommen oder – nach der kriegsbedingten „Stillegung" der Landesplanungsgemeinschaften 1944 – nicht oder nur reduziert wieder in Gang gekommen war. Mucke stellte fest, daß die „Gründe hierfür einmal im Fehlen konkreter Aufgabenstellung (liegen) und zum anderen in der ungeklärten Situation bezüglich Zugehörigkeit der Landesplanung und Höhe ihre Stellenplanes"[31] sowie darüberhinaus in einer falschen Zuordnung des Aufgabenbereichs in den Landesregierungen, einer z.T. außerordentlich unzulänglichen materiellen Ausstattung sowie in fehlenden gesetzlichen Grundlagen.

Auf die Situation in Sachsen wird im folgenden aufgrund der Quellenlage detaillierter eingegangen als auf die in den anderen Ländern. Sachsen war nach Auffassung von Kehrer führend unter den Ländern der sowjetischen Besatzungszone.[32] Dabei werden aus der damaligen Zeit Muckes Eindrücke sowie Stellung-

---

31 vgl. BA, DC 15, 169, Bl. 4
32 Mdl. Mitteilung Kehrer am 13.1.1997 in Berlin

nahmen von Landesplaner Wiedemann geschildert und durch zusätzliche Angaben aus aktuellen Veröffentlichungen (insb. Richter 1994) ergänzt.

Sachsen gehörte traditionell neben dem Ruhrgebiet und Mitteldeutschland zu den bedeutendsten Planungsräumen Deutschlands. Das Land wies langjährige Traditionen von Landesplanungsverbänden und -gemeinschaften auf, hatte einen umfangreichen Fundus an landesplanerischem Grundlagenmaterial (Bestandserhebungen, Strukturuntersuchungen) und an Plänen (Flächenaufteilungspläne, Wirtschafts- und Siedlungspläne, Verkehrspläne...) erarbeitet,[33] verfügte über ein für die damalige Zeit modernes Baugesetz (Baugesetz für den Freistaat Sachsen vom 10. Juni 1932, Sächs.GBl. Nr. 23 v. 20.7.1932), das in der Zeit des Faschismus nicht wesentlich modifiziert worden war und über ein Netz von Fachleuten. Wie viele von diesen überlebten und noch vor Ort waren, ist unbekannt.

In **Sachsen** war durch Beschluß des Präsidiums der Provinz Sachsen bereits am 13.6.1946 ein Landesplanungsamt als „Abteilung für Generalplanung" errichtet worden.[34] Die Landesplanung war in diesem Landesplanungsamt als eigenständiges Referat vertreten (Leiter: Wiedemann) – neben Technik und Wirtschaftsplanung – und bediente sich „einer Arbeitsorganisation, wie sie sich bis in die Mitte der dreißiger Jahre auf der Grundlage der vorbildlichen sächsischen Baugesetzgebung entwickelt hatte. Raumordnung wurde also im Sinne des bisher Erarbeiteten von der Landesplanungsabteilung bei der Landesregierung weiterbetrieben."[35]

Aufgabe des Landesplanungsamtes sollte sein, sämtliche Fach- und Einzelplanungen zusammenzufassen, aufeinander abzustimmen und aus den Einzelplänen einen Volkswirtschaftsplan zu entwickeln. Der Landesplanung sollte die „Erfassung und Erforschung der natürlichen Gegebenheiten des Landes im Hinblick auf die bestmögliche Verwendung und Nutzung des Bodens und seiner produktiven Möglichkeiten sowie Zuordnung und Abstimmung menschlicher Lebensbedürfnisse mit den räumlichen Faktoren" obliegen.[36] Diese Aufgabe sollte durch Bestandsaufnahmen und Bereitstellung regionalstatistischer und kartographischer Unterlagen, Ausweisung von Vorrangnutzungen (Bergbau, Landeskultur, wasserwirtschaftliche Maßnahmen, Standortplanung für Industrie, Handel, Verkehr, Wohnung und Siedlung) und ihre Festlegung in überörtlichen Plänen sowie die Bearbeitung des gesamten für die Planung erforderlichen Kartenmaterials („Plan-

---

33   vgl. Richter, S. 40 und insbesondere S. 83ff.
34   Kind schreibt, daß die Landesverwaltung in Sachsen bereits am 15.10.1945 in der Abteilung „Neuaufbau im Bauwesen" eine Landesplanungsstelle zur Bearbeitung aller Fragen der Raumordnung bildete und alle Fachplanungsstellen veranlaßte, ihre eigenen Pläne mitzuteilen (Abstimmungsziel); vgl. Kind, S. 776
35   Richter, S. 42
36   BA, DC 15, 169, Bl. 28

kammer") bewältigt werden.[37] Günstig schien die institutionelle Koppelung mit der (ressortübergreifenden) Wirtschaftsplanung.

In den folgenden Landesregierungen Sachsens war die Landesplanung dann gemäß Beschluß der DWK über den Normal-Strukturplan für die Landesregierungen vom September 1948 aber dem Ministerium für Arbeit und Sozialfürsorge und darin der Hauptabteilung Bau- und Wohnungswesen zugeordnet und verlor damit die unmittelbare Kopplung mit der Wirtschaftsplanung.

Gesetzliche Grundlage für die Arbeit der Landesplaner war die am 1.3.1948 erlassene Verordnung über die Neufassung des sächsischen Baugesetzes, die von der 1932 erlassenen Fassung des Baugesetzes ausging. Nur wenige Paragraphen des Baugesetzes und der dazugehörigen Ausführungsverordnung wurden gegenüber der 1932er Fassung geändert.[38]

Zu einer leistungsfähigen Arbeit war die sächsische Landesplanung dennoch durch ihre Zuordnung zum Ministerium für Arbeit und Sozialfürsorge, aber auch aufgrund eines fehlenden speziellen Landesplanungsgesetzes, der Quellenlage sowie der personellen und materiellen Unterausstattung bis dahin nicht in der Lage.

So notierte Mucke nach einer Unterredung mit Wiedemann am 8.6.1948: „Die augenblickliche Zugehörigkeit zum Ministerium für Arbeit und Sozialfürsorge als reines Fachministerium ist falsch und wirkt sich besonders durch geringe Unterstützung (mangelnde Einsicht einerseits und Obstruktion andererseits) lähmend auf die Arbeit der Landesplanung aus. Entwicklungsmöglichkeit ist sehr gering, obwohl die landesplanerischen Aufgaben im Wachsen begriffen sind. Dr. Wiedemann schilderte die Schwierigkeiten, die in personeller, räumlicher und technischer Hinsicht bestehen, die zu überwinden unbeschreibliche Mühen verursachten. Der personelle Bestand beträgt neuerdings 7 Kräfte, davon 2 als wissenschaftliche Mitarbeiter, 3 als technische Zeichenkräfte und 2 Kanzleikräfte, der bei weitem nicht ausreichend ist. Unterlagenmaterial und Planunterlagen sind zu einem großen Teil verloren gegangen oder durch Kriegseinwirkung vernichtet worden, jedoch ist das Material über die größeren Städte fast restlos vorhanden. […] Der größte Mangel wird darin empfunden, daß die Landesplanung keine Verbindung mit den einzelnen Ressortabteilungen und mit den Außenstellen hat.

---

37 vgl. BA, DC 15, 169, Bl. 28 und 29
38 Der §38 erhielt eine wichtige Ergänzung zur Flächenaufteilungsplanung. Danach sollte die Aufstellung derartiger Pläne die zukünftige bodenpolitische und bauliche Gestaltung der Gemeinden vorausschauend regeln und eine die organische Entwicklung störende Nutzung und Bebauung des Bodens verhindern. Das Enteignungsrecht wurde auf Grundstücke ausgedehnt, deren Eigentümer dieses nicht innerhalb von fünf Jahren nach Feststellung der Baufluchtlinien bebaut hatten (§67b). Bereits 1947 war in Sachsen ein Gesetz über den Verkehr mit Grundstücken beschlossen worden, an dessen Stelle 1949 ein neues Gesetz trat. Es enthielt im §3 ebenfalls eine Enteignungsregelung.

Die Landesplanung hat also praktisch keine Übersicht, was im Lande vorsichgeht. Sie ist deshalb nicht einmal in der Lage, die Struktur des Landes zu erfassen oder Grundlagenforschung zur Bestandsaufnahme zu betreiben und ist mehr oder weniger auf Ergebnisse und Zahlenunterlagen des Zentralamtes für Statistik angewiesen."[39]

Ende 1948 hatte sich die Situation nicht verbessert, so daß Mucke urteilte: „Infolgedessen besitzen die Arbeitsergebnisse mehr theoretischen als praktischen Wert und gehen nicht wesentlich über den Rahmen statistischer Bestandsaufnahme hinaus."[40]

Die problematische Situation in Sachsen verdeutlichte Wiedemann in einem Bericht vom 21.5.1948. Darin verglich er die Situation seiner Abteilung mit der Situation der Landesplanung in **Thüringen**. Dieser Bericht spiegelte auch das Selbstverständnis und anhand der Auseinandersetzung um die Einordnung der Landschaftsgestaltung den Stellenwert der Landesplanung in Sachsen wider:

1. „Die Landesplanungsbehörde in Sachsen hat als *raumordnende* zentrale Planungsstelle alle raumberührenden fachlichen und lokalen Planungen im Lande Sachsen übergemeindlich zusammenzufassen und aufeinander abzustimmen, und zwar mit dem Ziele, eine allmähliche Strukturverbesserung des Landes Sachsen herbeizuführen. Unerläßliche Voraussetzung hierfür ist die umfassende Kenntnis der gegenwärtigen Struktur des Landes Sachsen, die durch Kriegseinwirkungen – besonders Wohnraumzerstörungen –, weiter durch die Bodenreform und durch die Umsiedler eine entscheidende Strukturveränderung erfahren hat. Die räumliche Koordinierungsaufgabe der Landesplanung bedingt engste Zusammenarbeit mit allen Fachplanungsstellen bzw. den Ressortministerien und die Notwendigkeit von Befugnissen diesen Stellen gegenüber.

2. Entgegen diesen unabdingbaren Erfordernissen der landesplanerischen Arbeitsaufgaben ist die Landesplanung Sachsen gegenwärtig noch völlig unzulänglich eingegliedert und entwickelt, und zwar als Abteilung der Hauptabteilung Bau- und Wohnungswesen im Ministerium für Arbeit und Sozialfürsorge. Dieses Mißverhältnis zwischen Aufgabe und Eingliederung der Landesplanung im Gefüge der Landesregierung ist in anderen Ländern unserer Zone nicht gegeben. So ist z.B. im Lande Thüringen die Landesplanung dem Ministerpräsidenten unmittelbar unterstellt. Dies hatte Ministerpräsident Eggerath, Thüringen, zur Bedingung seines Amtsantrittes gemacht, da er für seine Dienstführung auf eine leistungsfähige landeskundliche Informations- und Planungsstelle nicht verzichten könne.

---

39   BA, DC 15, 169, Bl. 40 und RS
40   BA, DC 15, 169, Bl. 9

3. Der sächsische Landtag hat unlängst beschlossen, bei der Landesregierung Sachsen ein Referat über Landschaftsgestaltung zu errichten. Es besteht die Absicht, unter der Leitung durch einen Gartenbaudirektor (Herrn Schüttauf) dieses Referat wegen seiner Wichtigkeit dem Ministerpräsidenten unmittelbar zu unterstellen. Das würde dazu führen, daß eine ausgesprochene landesplanerische Teilaufgabe aus dem gesamten Arbeitsgebiet herausgerissen wird und allein an der Stelle steht, die eigentlich der Landesplanungsbehörde zukommt. Der derzeitige Landesplaner hatte – gutachtlich befragt – schon vor dem Landtagsbeschluß am 27.11.1947 erklärt, ein Landschaftsgestalter müßte sinngemäß der Landesplanungsbehörde unterstellt werden, um bei ihr das wichtige Problem der Rückgewinnung des sogenannten biologischen landschaftlichen Gleichgewichtes für unseren gefährdeten Siedlungsraum in Sachsen lösen zu helfen.

4. Die gegenwärtige unhaltbare Lage der Landesplanung in Sachsen wird besonders gekennzeichnet durch das Fehlen einer gesetzlichen Grundlage, die ihre Aufgaben und Befugnisse klarstellt; weiter durch die unzureichende Zahl der Mitarbeiter (1 Leiter und 2 weitere wissenschaftliche Kräfte, 3 Zeichner, 1 Archivar, 1 Schreibkraft), den ungenügenden Einsatz von Arbeitsgeräten (z.B. keine Rechenmaschine und nur eine Schreibmaschine vorhanden) und die unzulängliche räumliche Unterbringung. Vergleichsweise hat die Landesplanung Thüringen allein 33 Mitarbeiter, darunter 7 wissenschaftliche Kräfte, 8 Automobile stehen ihr für planungswichtige Besichtigungsfahrten zur Verfügung, der Landesplanung Sachsen jedoch weder ein Automobil noch ein Treibstoffkontingent. Da die überwiegende Mehrzahl der alten Flächennutzungs- und Raumordnungspläne in Sachsen durch den Krieg und seine Folgewirkungen zerstört sind (Thüringen hat alles erhalten), ist die völlig unzulängliche Ausstattung und ungeklärte Stellung der Landesplanungsbehörde ein schweres Hemmnis für die landesplanerische Arbeit in Sachsen.

5. [...]."[41]

Angesichts der aus Sicht der DWK günstigen Zuordnung der Landesplanung und der technischen und personellen Ausstattung konnte der DWK-Referent Mucke die Situation in **Thüringen** wie zuvor Wiedemann zu Recht als vorbildlich darstellen. In Thüringen war die Landesplanung mit der Wirtschaftsplanung auf der Grundlage des Gesetzes über die Aufgaben und Befugnisse des Amtes für Landes- und Wirtschaftsplanung vom 30.5.1947 zusammengefaßt worden. Sie war aus den Ressorts herausgehoben und dem Ministerpräsidenten direkt unterstellt worden. Die Verknüpfung von Landes- und Wirtschaftsplanung hatte zu

---

41   BA, DC 15, 169, Bl. 38f.

einem einheitlichen Organisations- und Geschäftsverteilungsplan geführt. Die Aufgaben der eigentlichen Plandurchführung waren in einer besonderen Abteilung „Materialversorgung" untergebracht worden, die den Planungsablauf sowie die Erfassung und Verteilung von Gütern nach Aufkommen und Bedarf übernahm.[42] Als sinnvolle Ergänzung zu den bestehenden drei Hauptabteilungen des Amtes für Planung wurde das Statistische Landesamt gesehen. Neben der Grundlagenerhebung zählten die Planung und Ausweisung von Neubauernsiedlungen (SMAD-Befehl Nr. 209), Planung von MTS (Maschinen- Traktoren-Stationen), Unterbringung von Flüchtlingen und Umsiedlern und der Wiederaufbau der Städte ähnlich wie in Sachsen zu den Hauptaufgaben.

Mucke urteilte über die Planerarbeit in Thüringen: „Technische Einrichtungen und Räumlichkeiten sind ausreichend. Hinsichtlich Methodik und Planerarbeit ist Thüringen allen anderen Landesplanungen weit voraus, was nicht nur auf gute personelle Besetzung, sondern hauptsächlich auf den verwaltungsmässig richtigen Standort der Landesplanung zurückzuführen ist. Hier findet die Auffassung über die Zusammengehörigkeit übergeordneter Planungsrichtungen volle Bestätigung, im Gegensatz zu den Landesplanungen der anderen Länder, die auf Grund ihrer Ressortgebundenheit nicht zur Entwicklung kamen. Beim Aufbau der noch schwachen Landesplanungen und in der Zentralstelle der DWK wird Thüringen in vieler Hinsicht Unterstützung und Amtshilfe leisten können."[43]

Auch **Sachsen-Anhalt** konnte auf langjährige landesplanerische Traditionen zurückblicken, die sich auf die historisch gewachsenen industriellen Verflechtungsräume an den Grenzen zu Sachsen und Thüringen konzentrierten („mitteldeutsche Industrieregion"). In Sachsen-Anhalt war die Landesplanung gemäß dem Gesetz über die Aufgaben und Befugnisse der Wirtschaftsplanung vom 6.11.1947 zwar ähnlich wie in Thüringen (und zunächst auch in Sachsen) als Abteilung in die Hauptabteilung Amt für Wirtschaftsplanung beim Ministerpräsidenten eingegliedert,[44] und auch ihre Aufgabenstellung war ähnlich (Erarbeitung von Grundlagenmaterial, Erarbeitung von Landesentwicklungsplänen/ Raumordnungsplänen als Grundlage einer „vorausschauenden Gesamtplanung", Genehmigung der Wirtschafts- und Flächennutzungspläne der Gemeinden, Abstimmung mit Planungen und Maßnahmen der Fachressorts anderer Landesministerien). Die Landesplanung sollte nach einem Entwurf eines Kabinettsbeschlusses ein Einspruchsrecht bei Planungsvorhaben, die sich nicht in die übergeordnete zusammenfassende

---

42 vgl. BA, DC 15, 169, 54ff. (Der Ministerpräsident des Landes Thüringen – Amt für Landes- und Wirtschaftsplanung -: Bemerkungen zum Normalstrukturplan eines Amtes für Planung (August 1948)

43 BA, DC 15, 169, Bl. 7

44 vgl. BA, DC 15, 169, Bl. 32 und RS

Planung einfügten, bekommen. Zur „Prüfung und Zustimmung im frühesten Stadium" sollten ihr deshalb alle raumverändernden Planungsvorhaben gemeldet werden (Meldepflicht).[45] Letztlich jedoch war der Einfluß der Landesplanung wesentlich geringer als in Thüringen, u.a. deshalb, weil eine Meldepflicht nicht wirksam wurde.

14 Personen arbeiteten im November 1948 in der Abteilung Landesplanung. Im Struktur- und Stellenplan der Hauptabteilung Wirtschaftsplanung waren zur gleichen Zeit 18 Stellen vorgesehen, deren Zahl sich verringern sollte, wenn es möglich würde, „Aufgaben der Regional- und Fachplanung auf Gebietsplanungsverbände (Körperschaften des öffentlichen Rechts), wie sie im Land Sachsen erfolgreich arbeiten, größtenteils zu übertragen."[46] Die Landesplanung war im Dezember 1948 örtlich getrennt in Halle und in Magdeburg untergebracht. Das erwies sich als „arbeitsmässig sehr nachteilig", wie Mucke feststellte. Die Stelle Magdeburg, mit 5 Fach- und 3 Hilfskräften ausgestattet, war seinerzeit hauptsächlich mit Befehl Nr. 209 der SMAD beschäftigt, d.h. mit der Ausweisung geeigneten Siedlungsgeländes für Neubauerngehöfte und mit der Aufstellung von Flächennutzungsplänen und Dorfplanungen. „Mit dieser Arbeit ist die Stelle voll ausgelastet, und sie kann darüber hinaus nur im groben die notwendigsten Strukturuntersuchungen und Bestandsaufnahmen durchführen. Auswertung und Analyse ist nicht möglich. Neues Material liegt nicht vor; der Grundstock an Unterlagen – aus der Zeit vor 1945 – bedarf der Überarbeitung."[47] Als wichtige, aufgrund des geringen Personalbestandes nicht leistbare Aufgaben wurde die Abstimmung unterschiedlicher Flächennutzungsansprüche für den Wiederaufbau der Industrie, den Rohstoffabbau, die Landwirtschaft und den umsiedlungsbedingten Wohnungsbau gesehen. Diese Ansprüche konzentrierten sich auf die fruchtbaren Böden in der Magdeburger Börde, im Halleschen Rübenbaubezirk und der Goldenen Aue; ferner wurde die Lösung wasserwirtschaftlicher Probleme im Harz und an der Elbe sowie großflächige Landschaftsgestaltungen in der ausgeräumten Feldflur in der Börde als vorrangig angesehen.[48]

Wesentlich problematischer stellte sich noch die Situation in Mecklenburg und Brandenburg dar. Zur Situation in **Mecklenburg** stellte Mucke fest: „Die Besprechungen mit verschiedenen Stellen der Landesbauverwaltung am 20. und 21.5.48 in Schwerin über Fragen der Landesplanung und des Städtebaus ergaben, daß eine hierfür zuständige Dienststelle noch nicht oder nicht mehr besteht. Diese unver-

---

45   vgl. BA, DC 15, 169, Bl. 32 und RS sowie Bl. 33–35 und RS
46   BA, DC 15, 169, 34 RS; vgl. hierzu auch weiter unten die Ausführungen zur Wiedergründung
       von Landesplanungsgemeinschaften in Sachsen.
47   DC 15, 169, Bl. 5
48   vgl. BA, DC 15, 169, Bl. 1 und RS

ständliche Tatsache ist nur aus einem gewissen Ressortgeist einzelner Ministerien zu erklären, die sich entweder über die Aufgaben der Landesplanung und des Städtebaus nicht völlig im klaren sind, oder aus egoistischen Gründen diese Planung für sich beanspruchen. In Mecklenburg vollzieht sich ein grösserer ökonomischer und soziologischer Strukturwandel und bereits jetzt hat diese strukturelle Veränderung Ausmasse angenommen, die erhöhte Aufmerksamkeit von massgebenden Stellen fordert. Die angefangene Entwicklung (Bodenreform und Industrialisierung) muß bewusst gesteuert werden, was zu einem Teil das Aufgabengebiet der politisch-ökonomischen Planung und zum anderen der Landesplanung und des Städtebaus ist. Grundsätzlich ist also dafür Sorge zu tragen, auf kürzestem Wege die Landesplanung zum Anlaufen zu bringen. Die erforderlichen Kräfte, wie Volkswirtschafter, Architekten und Statistiker, sind m.W. nach vorhanden, nur sitzen diese im Augenblick am falschen Platz. Nach Beendigung der Informationsreise zu den Landesplanungsämtern der Länder Brandenburg, Sachsen-Anhalt, Sachsen und Thüringen werden konkrete Vorschläge ausgearbeitet, die eine Landesplanung im zonalen Maßstab zum Tragen kommen lassen. Damit wird auch die Landesplanung für Mecklenburg ihre Regelung finden."[49]

In Mecklenburg wurden dann laut Stand vom 27.10.1948 im Ministerium für Wirtschaft, Dezernat IV: Bauwirtschaft, Stadt- und Siedlungsplanung die Landesplanung mit drei Stellen, die Stadtplanung einschließlich Tiefbau mit sechs und das ländliche Siedlungswesen und die Dorfplanung mit vier Stellen ausgestattet.[50]

Im Land **Brandenburg** war die Landesplanung nach dem Stand vom Oktober 1948 zusammen mit dem Städtebau und dem Amt für Landespflege in die Abteilung Wiederaufbau des Finanzministeriums eingegliedert.[51] Daß sie dort keine große Wirkung erzielte, ging aus einem 1948 verfaßten Beitrag von Annemarie Lange in der Zeitschrift „Wirtschaft im Aufbau" hervor. Darin heißt es: „Die Notwendigkeit einer eigenen Abteilung für Landesplanung wird seit langem diskutiert. Es wäre im Interesse der Intensivierung und Verfeinerung unserer gesamten Planung zu begrüßen, wenn eine solche ins Leben gerufen und dem Ministerpräsidenten direkt unterstellt werden könnte. Sie müßte aufs engste mit den einzelnen Abteilungen der Regierung, den demokratischen Selbstverwaltungen und den politischen Organisationen zusammenarbeiten. Dadurch würde sich diese Abteilung für Landesplanung wesentlich von der früheren ‚Landesplanungsgemeinschaft Mark Brandenburg' unterscheiden, deren Leiter (mit einem Verwaltungsrechtler als Stellvertreter) auch dem damaligen Oberpräsidenten direkt un-

49   Mucke, Aktenvermerk vom 28.5.1948 betr. Landesplanung und Städtebau, BA, DC 15, 166,
      Bl. 1
50   vgl. BA, DC 15, 166, Bl. 5
51   vgl. BA, DC 15, 166, Bl. 3 (Stand vom 27.10.1948)

terstand. [...] Wir haben eine Abteilung Wiederaufbau beim Finanzministerium, die bereits ein Dezernat Landesplanung hat, das wichtige Vorarbeit leistet, jedoch zu schwach besetzt ist und nicht genügend Resonanz besitzt."[52] Alle vorhandenen Fachressorts arbeiteten, so berichtete Lange, engagiert, eine Abstimmung der Fachplanungen und Maßnahmen gelinge jedoch nicht immer oder nur durch die Initiative einzelner. „In den Westzonen sind bereits bekannte Landesplaner, die zum Teil aus der Emigration zurückkehrten, zum Teil als politisch Belastete die Ostzone verließen, wieder an der Arbeit. Es müßte ein Leichtes sein, das, was dort im Interesse des Privatkapitals geschieht, bei uns für den demokratischen Aufbau zu schaffen."[53]

In einer Besprechung der Landesplaner am 24.11.1948 in der DWK über die zukünftige Zuordnung der Landesplanung wurde vorgeschlagen, die Landesplanung auf Länderebene wie in der DWK und in Thüringen bereits geschehen als Abteilung in die Hauptabteilungen Wirtschaftsplanung einzugliedern und damit den Ministerpräsidenten direkt zu unterstellen, wobei unter den Landesplanern die Meinung vorherrschte, daß die Landesplanung gleichgewichtig neben die Wirtschaftsplanung gehörte.[54] Der Strukturplan für die Abteilung Landesplanung mit einem Stellenplan von 19 Stellen in 3 Referaten (Ref. 1: Zusammenfassende Planung; Ref. 2: Struktur- und Regionalplanung; Ref. 3: Bestandsaufnahme und Analyse) wurde schließlich am 16.12.1948 als Verfügung an die Ministerpräsidenten der Länder erlassen und trat mit Wirkung vom 1.1.1949 in Kraft.[55] Die Umsetzung blieb in den Ländern jedoch offensichtlich in Ansätzen stecken. Wie die Protokolle der Arbeitsbesprechungen der Landesplaner in der DWK zeigen, wurde bis zur letzten Besprechung vor Gründung der DDR[56] immer wieder über Zuordnungsprobleme diskutiert. Weitere Probleme waren in diesen Besprechungen

- die *fehlende gesetzliche Grundlage* und die *fehlende* gesetzliche Verankerung einer Meldepflicht für Behörden und Betriebe für raumbedeutsame Planungen. Wiedemann erarbeitete zwar, um eine Initiative von seiten der DWK anzure-

---

52 Lange, Annemarie: Warum noch keine Landesplanung? In: Wirtschaft im Aufbau, o.O., o.J. (1948), S. 177 (hier in BA, DC 15, 169 Bl. 19)
53 Lange, S. 178 (hier in BA, DC 15, 169 Bl. 19 RS)
54 vgl. BA, DC 15, 164, Bl. 1; an diesem Tage stritten die Landesplaner auch um Begriffe der Landesplanung: So empfahl Arke (Thür.) die Beibehaltung der Begriffe und riet von einer neuen Wortbildung wie z.B. „Standortplanung" ab. Mit Standortplanung sei der Gesamtkomplex Raumplanung zu eng umrissen. „Man einigte sich auf Raumplanung im zentralen, zonalen Maßstab, Landesplanung im regionalen Maßstab." (ebenda)
55 vgl. BA, DC 15, 169, Bl. 10
56 Danach wurden diese Besprechungen ausgesetzt. Sie wurden später im Ministerium für Aufbau, Hauptabteilung Landesplanung, wieder aufgenommen.

gen, unaufgefordert einen Gesetzesentwurf nebst Begründung und Erläuterungstext für ein sächsisches Landesplanungsgesetz, der „so gehalten (war), daß
andere Länder unserer Zone dieses Gesetz übernehmen können und es zugleich
auch im Sinne des deutschen Einheitsgedankens einer Regelung der Landesplanungsaufgaben der westlichen deutschen Länder" (entsprach) und zwei daran
knüpfende Verordnungsentwürfe für die DWK, ohne daß dies aber Folgen
hatte;[57]

• das *Verhältnis Landesplanung auf zonaler Ebene* (über die DWK-Wirtschaftsplanung) – *Landesplanung auf Länderebene.* Die Länder sahen das Schwergewicht
landesplanerischer Tätigkeit in ihrem Zuständigkeitsbereich; die DWK forderte, „bei der Aufstellung konkreter Aufgaben (der Landesplanung, H.B.) vom
Volkswirtschaftsplan und seinen Investitionsprogrammen auszugehen. Plan =
Gesetz. Der Volkswirtschaftsplan gibt der Landesplanung ein neues Fundament."[58] Die Länder beklagten häufig, daß sie von zonalen Planungsabsichten
oder Investitionsentscheidungen erst im nachhinein unterrichtet würden. Dieses Problem wird in einem Schreiben von Wiedemann vom 25.11.1949 an
Mucke deutlich, in der er die Haltung der Landesregierung Sachsen-Anhalt
unterstützt. Diese hatte auf die Gefahren hingewiesen, die sich aus Planungen
der Regierung der DDR ergaben, wenn die Länder nicht rechtzeitig zur
Begutachtung ausgewählter Standorte zugezogen wurden. Auch im Lande
Sachsen seien dadurch mehrfach planerische Schwierigkeiten aufgetreten. Die
Tendenz, die Länder zu übergehen, sei auch aus dem „Beschluß über die
Aufgaben und die Struktur der HV. Bauwesen in der DWK vom 15.August
1949 (Zentralverordnungsblatt 1949, S. 658) ersichtlich. Es ist dort u.a.
festgelegt worden, daß zur Durchführung der wichtigsten Investitionsvorhaben
auf allen Gebieten der Bauindustrie volkseigene Baubetriebe und Baunebenbetriebe zu schaffen und der HV Bauwesen der DWK zu unterstellen sind. Mit
Hilfe dieser Zonenbetriebe sollen Großvorhaben durchgeführt werden. [...] Es
müßte ... ein Verfahren eingeleitet werden, unserer sächsischen Meldepflicht
verwandt, das die Garantie für das Zusammenlaufen aller Planungen gibt, die
mit Raumordnungsfragen im Zusammenhang stehen. Weiter erscheint es auch
notwendig, den Landesplanungen der Länder die raumordnenden Planungen
der Regierung der D.D.R. nicht erst dann bekanntzugeben, wenn sie ihnen als
Auflage erteilt werden. Es wäre zu begrüßen, wenn die Landesplanungen schon
vorher gutachtlich zu diesen Planungen gehört würden. Die Landesplanungen

---

57   vgl. Aktenband BA, DC 15, 168
58   BA, DC 15, 164, Bl. 8 RS: Protokoll der Arbeitsbesprechung über Fragen der Landesplanung
      am 11. und 12.Mai 1949 im Hause der DWK.

besitzen die bessere Unterrichtung über ihren kleineren Planungsraum [...]"
[59];

- das *Verhältnis von Standortplanung und Landesplanung.* Die Standortplanung wurde von den Landesplanern als Aufgabe der Landesplanung gesehen, die Realität war jedoch so (Ausnahme: Thüringen), daß die Standortplanung Sache der Wirtschaftsplanung war und die Landesplanung nur fallweise hinzugezogen wurde;

- die *Zuständigkeit für Flächennutzungspläne.* Alle Länder außer Thüringen verorteten sie bei der Landesplanung, nicht bei der Bauverwaltung, wo sie angesiedelt war. Thüringen und die DWK vertraten die Meinung, daß durch Zustimmungsverfahren die Belange der Landesplanung gesichert sein würden;

- die *Formulierung einheitlicher Aufgaben* (dazu wurden schließlich gezählt: Bestandsaufnahme und Analyse; Lenkung der Fachplanungen; Regionale Gesamtplanung) und Erhebungsmethoden bei der regionalen Bestandsaufnahme; hier diente Thüringen als Vorbild; Lehmann erarbeitete mehrmals Mustergliederungen für Bestandserhebungen;

- die *permanente personelle und materielle Unterausstattung.*[60]

3.1.2.4   Die (Versuche der) Wiederbelebung von Landesplanungsgemeinschaften in Sachsen und Brandenburg

Landesplanungsgemeinschaften existierten in **Sachsen** seit den 20er Jahren. Sie wurden lokal durch vier Bezirksplanungsstellen (entsprechend der vier Regierungsbezirke) betreut. Die Landesplanungsgemeinschaften wurden mitsamt den Bezirksplanungsstellen durch eine Verordnung vom 5.3.1946 aufgelöst. Bereits am 16.9.1946 gründete sich jedoch die Planungsgemeinschaft Großraum Dresden wieder. Den Anstoß dazu gaben städtebauliche Gesichtspunkte bedingt durch Probleme des Wiederaufbaus der durch den Krieg zerstörten Großstädte in diesem Raum. Die Wiedergründung wurde von der damaligen Landesverwaltung Sachsen – Wirtschaft und Arbeit – genehmigt. Planungsraum dieser Planungsgemeinschaft war das Gebiet zwischen den sogenannten Trabantenstädten Dresdens (Pirna, Meißen, Radeburg und Dippoldiswalde samt Umgebung).

---

59   BA, DE 1, 17559, Bl. 64 und RS Schreiben Wiedemann, sächs. Landesplaner, vom 25.11.1949 an die Regierung der DDR, Ministerium für Planung, Zentrales Planungsamt, Herrn Mucke betr.: „Die Zunahme zonaler Planungen und die Forderungen, die sich daraus für die raumordnenden Stellen der Zone und der Länder ergeben" .

60   vgl. die Protokolle und Aktennotizen der Arbeitsbesprechungen vom 24.11.1948, 11. und 12.5.1949, 18.7.1949, 18.8.1949. In: BA, DC 15, 164

Ursprünglich sollte außer im Großraum Dresden nur im Leipziger und Chemnitz-Zwickauer Raum die Landesplanung als „landesplanerische Gemeinschaftsarbeit" über Landesplanungsgemeinschaften organisiert und die übrigen Gebiete weiterhin zentral durch die Landesplanungsbehörde bei der Landesregierung betreut werden. Dieser Gedanke wurde, so Wiedemann später, „mit dem Jahre 1948 aufgegeben. Immer stärker trat die Bedeutung der Wirtschaftsgebiete als räumliche Zusammenfassung mehrerer Kreise bei der Lösung planerischer Arbeiten in Erscheinung; für eine Vielzahl von Aufgaben erwiesen sich die Kreisgrenzen als viel zu eng. Vor allem ein so dicht besiedeltes Land wie Sachsen erzwingt die landesplanerische Arbeit im Rahmen von Wirtschaftsbezirken. [...] Beispielsweise sind in den Braunkohlenabbaugebieten in der Leipziger Tieflandbucht und in der Lausitz mehrere Kreise gemeinsam von der Landschaftsveränderung durch den Braunkohlenabbau betroffen. Die Teichwirtschaft der nordostsächsischen Heidelandschaft erstreckt sich über vier Lausitzer Kreise. Das Erzgebirgische Industriebecken zwischen Chemnitz und Zwickau weist eine Fülle gemeinsamer Probleme auf. Die zentrale Stadtlandschaft Sachsens im Elbtal zwischen Pirna und Meißen kann nur in einheitlicher Planungsarbeit sinnvoll gelenkt werden. Es wurde also ganz Sachsen den zusammengehörigen Wirtschaftsgebieten und Landschaften entsprechend in Plangebiete aufgeteilt und im Laufe des Jahres 1948 die Gründung der vier Planungsgemeinschaften für die Großräume der Sächs. Lausitz, des Erzgeb. Industriebeckens, des Leipziger Tieflandes und des Vogtlandes vorgenommen."[61] Diese vier Landesplanungsgemeinschaften wurden auf der Grundlage des §38 b Abs 2 Sächsisches Baugesetz gegründet und die Genehmigung ihrer Satzungen bei der DWK beantragt:[62]

1. Planungsgemeinschaft Großraum Erzgebirgisches Industriebecken (Chemnitz-Zwickau) am 22.6.1948 (ausgenommen hier: Landkreis Aue, der weiter zentral beplant wurde);

2. Planungsgemeinschaft Großraum Vogtland am 18.10.1948;

3. Planungsgemeinschaft Großraum Leipziger Tieflandbucht am 9.12.1948;

4. Planungsgemeinschaft Großraum Lausitz am 12.1.1949.

Die Planungsräume der Landesplanungsgemeinschaften waren mit der Wirtschaftsplanung abgesprochen und entsprachen den von der DWK geforderten Wirtschaftsbezirken, „wie sie in der Sitzung mit der Hauptabteilung Verkehr der

---

61   BA, DE 1, 17556
62   BA, DC 15, 46, Bl. 2f., Schreiben Landesregierung Sachsen, Ministerium für Arbeit und Sozialfürsorge, Abteilung Landesplanung: Antrag auf Genehmigung der Satzungen der vier Planungsgemeinschaften nebst Begründung.

Landesregierung Sachsen auf Anordnung des Sekretariats der DWK vom 5.1.1949 am 26.1.1949 festgelegt wurden. [...]"[63]

Nachdem zunächst die DWK nicht reagierte und Wiedemann in einem weiteren Schreiben vom 2.3.1949, das er an Mucke persönlich richtete, noch einmal nachgehakt hatte, erhielten die sächsischen Landesplaner am 4.3.1949 eine Antwort, in der es vorsichtig hieß: „Bis auf weiteres wird unsererseits gegen die bereits bestehenden und seit 1946 arbeitenden Planungsgemeinschaften kein Einspruch erhoben und sind wir mit der regionalen Übereinstimmung von Planungsbezirken und Wirtschaftsbezirken einverstanden. Eine generelle Regelung wird für die SBZ noch erfolgen müssen, und wir bitten Sie, in dieser Frage zu einer Vorbesprechung bei der DWK nach Berlin zu kommen."[64]

Und in einem Ergänzungsschreiben vom 8.6.1949 hieß es noch vorsichtiger: „Mit Schreiben vom 4.3.1949 gaben wir unser Einverständnis zu den seit 1946 bestehenden Planungsgemeinschaften und zu der regionalen Übereinstimmung mit den Wirtschaftsbezirken. Von der Bildung bestimmter Rechts- und Organisationsformen ist – in der jetzigen Zeit permanenter Veränderungen – Abstand zu nehmen; wichtiger erscheint uns die Konzentrierung auf die eigentlichen Aufgaben der Landesplanung. Organisatorische Schwierigkeiten, die sich aus der Arbeit ergeben, können jederzeit mit Hilfe der Wirtschaftsplanung behoben werden."[65]

Dies nutzte Wiedemann als eine de facto – Legalisierung der Planungsgemeinschaften seitens der DWK und erarbeitete daraufhin „Erste Richtlinien für die Arbeit der Planungsgemeinschaften in Sachsen". Aufgaben der Planungsgemeinschaften sollten sein:

1. gutachtliche Funktionen und Vorschlagsrecht (Kein Entscheidungsrecht);

2. Verhandlungen mit zentralen Fachstellen über Aufgaben der Landesplanung. Unmittelbare Zusammenarbeit nur mit lokalen Stellen;

3. bei Erteilung von Forschungsaufträgen Pflicht, zuvor die Genehmigung bei der Landesplanung einzuholen;

4. Bildung eines Beirats;

5. Meldung aller bekanntwerdenden Planungen bei der Landesplanung (Meldepflicht);

63   BA, DC 15, 46, Bl. 3
64   BA, DC 15, 46, Bl. 18, Schreiben Strassenberger, DWK, vom 4.3.1949 an Landesregierung Sachsen, HA Wirtschaftsplanung, Landesplanung.
65   BA, DC 15, 46, Bl. 19, Schreiben Strassenberger, DWK, an Landesregierung Sachsen, HA Wirtschaftsplanung, Landesplanung, vom 8.6.1949. Betrifft: Genehmigung der Rechtsform der sächsischen Planungsgemeinschaften.

6. Gliederung der Aufgaben nach Dringlichkeit in eigenständige und zugewiese-
ne.[66]
Daß die Briefe der DWK keine Legalisierung bedeuteten, merkten die sächsischen Landesplaner sehr bald. Vom 10.10.1949 datiert ein Memorandum
Wiedemanns,[67] in dem er die Bedeutung, den Gründungszusammenhang und
den Aufbau der LPG beschrieb. Sie stimmten auch überein mit dem DWK-Ge-
danken an die räumliche Ausweisung und Bearbeitung von „Wirtschaftsgebieten". Wiedemann schilderte, daß ungeachtet der nachweislichen Bedeutung und
Akzpetanz der LPG die Organisationsabteilung des Innenministeriums in Sachsen aufgrund eines Mißständnisses und aufgrund einer Fehleinschätzung der
LPG mit Schreiben vom 26.9.1949 deren Auflösung vorgeschlagen habe. „Als
Begründung für diese Annahme wird eine Äußerung angeführt, die Frau Dr.
Stephan von der Landesplanung gegenüber Herrn Dr. Wolf von der Organisationsabteilung des Innenministeriums getan haben soll: ‚Es sei durchaus möglich, die Arbeit der Planungsgemeinschaften auf den Landesplanungsausschuß
zu verlegen.' Eine solche Äußerung kann nicht gemacht worden sein, da es
keinen Landesplanungsausschuß gibt und die Bildung eines solchen bisher auch
nicht erwogen wurde; es liegt offensichtlich ein ausgesprochenes Mißverständnis
vor. In ihren weiteren Ausführungen bringt die Organisationsabteilung sowohl
sachliche als auch formelle Argumente gegen die Planungsgemeinschaften vor:
1. Die Planungsaufgaben seien staatliche Hoheitsaufgaben, deren Durchführung
nicht anderen Stellen übertragen werden dürfe. 2. Es handele sich bei den
Planungsgemeinschaften um aus dem Rahmen fallende Verwaltungszwischenin-
stanzen, denen zudem eine Rechtsgrundlage fehle." Wiedemann hob hervor, daß
die Planungsgemeinschaften laut Satzung keine entscheidenden Funktionen
hätten und ihnen somit keine staatliche Hoheitsaufgabe übertragen würde. Das
Fehlen einer Rechtsgrundlage sei „eine Art Schönheitsfehler, der jedoch bei
gutem Willen der hier entscheidenden Stellen jeden Tag geändert werden kann.
Die Landesplanung würde es nur begrüßen [...]."[68] Der „zwischeninstanzliche",
kreisübergreifende Charakter der LPG sei mit Blick auf die Kategorie „Wirtschaftsgebiete" notwendig. Darüberhinaus trügen die LPG durch Abstimmung
von Vorhaben und Vermeidung von Mehrfach-Bestandserhebungen zu Koste-

---

66 vgl. BA DC 15, 46, Bl 20: „Erste Richtlinien für die Arbeit der Planungsgemeinschaften in
    Sachsen" (5.7.1949)
67 vgl. BA, DE 1, 17559; HA Wirtschaftsplanung, Abt. Landesplanung, Präs. 5 L: 301 -101/49,
    Dresden, 10.10.1949: „Sind die fünf sächsischen Planungsgemeinschaften unerläßlich zur
    befriedigenden Lösung der raumplanerischen Aufgabe in Sachsen?" (Verfasser: Kurt Wiede-
    mann)
68 BA, DE 1, 17559, Bl. 60 RS und 61

nersparnissen bei. Weder die Verlegung der Planung in die Kreise (räumliche Einheit zu klein) noch ihre Zentralisierung (Überforderung der wenigen Landesplaner) sei sinnvoll. Eine Zentralisierung erfordere die Ausweitung des Personalbestandes der Landesplanungsbehörde. „Außer den finanziellen Nachteilen brächte die Auflösung der Planungsgemeinschaften noch weit wichtigere andersgeartete Nachteile für die landesplanerische Wirksamkeit und damit für die Wirtschaftspläne und unsere Gesamtentwicklung mit sich. Es fiele damit weitestgehend der fruchtbare Austausch zwischen der zentralen Lenkungsstelle – der Landesplanungsbehörde – und der lokalen Selbstverwaltung – den Kreisen und Städten mit eigenen Bauaufsichtsbehörden – weg. Die Planung der zentralen Behörde müsste zwangsläufig vom grünen Tisch aus erfolgen und könnte damit den Erfordernissen des praktischen Lebens, den realen Wünschen, Bedürfnissen und Notständen der Bevölkerung vielfach nicht gerecht werden. Aus Wohltat würde Plage und damit der eigentliche Sinn der landesplanerischen Arbeit in das Gegenteil verkehrt. Soll wirklich lebendige, fruchtbare Landesplanung getrieben werden, so ist die Mitarbeit der Planungsgemeinschaften als Sprachrohr der Selbstverwaltungen eines einheitlichen Wirtschaftsgebietes unerlässlich. Die Planungsgemeinschaften sind jedoch nicht nur berufen, als Sprachrohr von unten nach oben zu wirken zur Befruchtung der Arbeit der Landesplanungsbehörde, sie sind gleichfalls unerlässlich als deren verlängerter Arm von oben nach unten."[69] Wiedemann hob in diesem Zusammenhang noch einmal die Bedeutung einer Meldepflicht hervor, um Fehlplanungen, Doppelplanungen usw. zu vermeiden. Der Meldepflicht seien sich die „meldepflichtigen Fachstellen nur unzureichend bewußt". Abschließend beschrieb er, daß die vier 1948 und Anfang 1949 gegründeten Planungsgemeinschaften in dem kurzen Zeitraum ihres Bestehens durch Erarbeitung und Bereitstellung von Gutachten, Abstimmung von Investitionsvorhaben, Unterstützung von Aufbauplänen und gutachtliche Behandlung von Einzelfragen wichtige Leistungen vollbracht hätten.

Die Bemühungen um den Erhalt der LPG hatten jedoch keinen Erfolg. Die LPG wurden aufgelöst. Wiedemann versuchte noch, eine geordnete Abwicklung der LPG zu erreichen.[70]

---

69 BA, DE 1, 17559, Bl. 61 RS
70 vgl. BA, DC 15, 46, Blatt 40: Schreiben Wiedemann an Ministerialrat Bäger, MdI Sachsen, Organisationsabteilung, vom 7.Dez. 1949. [...] Die Landesplanung bittet das Innenministerium, zunächst an die sächsischen Kreise keine allgemeine Erklärung über die Einstellung der Beitragsleistungen an die jeweiligen Planungsgemeinschaften herauszugeben, desgleichen auch nicht über die Auflösung der Planungsgemeinschaften. [...] Das wird nötig sein, damit nicht alle Stadt- und Landkreise ihre Beitragszahlungen für das 1.Quartal 1950 an die Planungsgemein-

Ob diese Bemühungen die Auflösung der LPG verzögerten, konnte nicht ermittelt werden. Jedenfalls endete 1949/Anfang 1950 die kurze Zeit der Landesplanungsgemeinschaften in Sachsen, obwohl sie bei den Gebietskörperschaften als sinnvolles Planungsinstrument akzeptiert waren.

Auch in **Brandenburg** gab es eine Initiative für die Wiedergründung von Landesplanungsgemeinschaften. So schickte ein Dr. Wunschik vom Bodenkulturamt Cottbus[71] am 19.5.1949 ein „Memorandum betr. Einrichtung und Aufbau von ‚Landesplanungsgemeinschaften' im Lande Brandenburg" an Mucke. Darin schlug er die Einrichtung von vier Planungsgemeinschaften vor, einmal unter Berücksichtigung von Groß-Berlin, einmal ohne.[72]

Wunschik kam zu spät. Im November 1948 war die Landesplanung gerade gemäß dem Strukturplan der DWK in die Hauptabteilung Wirtschaftsplanung eingegliedert worden. Die HA Wirtschaftsplanung war in jedem Kreis durch eine entsprechende Abteilung Wirtschaftsplanung vertreten. Innerhalb dieser war eine besondere Stelle für Landesplanung nicht vorgesehen und, wie es in einer Stellungnahme der HA Wirtschaftsplanung beim Ministerpräsidenten des Landes Brandenburg an Mucke hieß, „in der Zukunft bei der Mehrzahl der Kreise zunächst auch nicht erforderlich. Mit der Abtl. Wirtschaftsplanung der einzelnen Kreise wird der für die Belange der Landesplanung erforderliche Kontakt gehalten und

---

schaften einstellen. Die Planungsgemeinschaften haben ja für dieses Quartal rechtsverbindliche Verpflichtungen, die sie erfüllen müssen und die aus den Beitragsleistungen der Landesplanung allein nicht erfüllt werden können. Das Ausfallen der Zahlungen einzelner Kreise ist nicht so schwerwiegend, weil vereinbarungsgemäß (Unterredung des Herrn Min.-Rat Bäger mit Herrn Landesplaner Dr. Wiedemann vom 7.Dez. 1949) neue Aufgaben seitens der Planungsgemeinschaften nicht mehr in Angriff genommen werden sollen.
Die Abwicklung der Planungsgemeinschaftsarbeiten bis zum 31.März 1950 würde ermöglichen, daß die für die Volkswirtschaftspläne und für die Raumentwicklungspläne, die die Regierung der Deutschen Demokratischen Republik von der Landesplanung Sachsen fordert, begonnenen Vorarbeiten termingemäß von der Landesplanungsbehörde mit Hilfe der Planungsgemeinschaften zum Abschluß gebracht werden können. Die sofortige Auflösung der Planungsgemeinschaften bzw. ihre Auflösung zum 31. Dez. 1949 hätte nicht nur die unangenehme Folge berechtigter arbeitsgerichtlicher Klagen der Angestellten der Planungsgemeinschaften auf Gehaltsforderung, sondern müßte auch die gesamtplanerische Arbeit im Lande Sachsen aufs schwerste gefährden."

71   Wunschik gehörte später (1952) als Vertreter des Ministeriums für Land- und Forstwirtschaft, Abteilung Landschaftsgestaltung, zu denen, die der Kommission zur Erarbeitung eines Entwurfes des Naturschutzgesetzes der DDR zuarbeiteten, das 1954 verabschiedet wurde. Vgl. hierzu Auster, Regine: Landschaftstage – Kooperative Planungsverfahren in der Landschaftsentwicklung. Erfahrungen aus der DDR. Umweltgeschichte und Umweltzukunft IV – Herausgegeben vom Institut für Umweltgeschichte und Regionalentwicklung. – [Forum Wissenschaft Studien, Band 38]. – Marburg 1996; auch: Mündliche Mitteilung von Kurt Kretschmann, ehemals dieser Kommission zugehörig, am 8.11.1996 in Bad Freienwalde.
72   BA, DC 15, 46, Bl. 22 und ff.

laufend weiter ausgebaut. Darüber hinaus führt die H.A. in Abständen von 2 Monaten regelmäßige Bezirksbesprechungen durch. Die Kreise sind hierzu in 5 Bezirke gruppiert und werden jeweils vom Landrat und dem Leiter der Abtl. Wirtschaftsplanung vertreten, von der H.A. nimmt die Landesplanung u.a. regelmäßig teil. Hierdurch ist gewährleistet, Fragen der Landesplanung auch über den Rahmen einzelner Kreise hinaus zu erörtern und zu klären. Wo es sich als notwendig erweisen sollte die Belange der Landesplanung durch eine ortsungebundene Organisation wahren zu müssen, kann dies nur im Rahmen der bisherigen Entwicklung geschehen und nicht unter Durchbrechung des Verwaltungsorganismus, der sich von der DWK über die Landesregierung bis hin in die Kreise und Gemeinden fortsetzt, in diesem Fall also durch Einschaltung einer Körperschaft des öffentlichen Rechtes oder aber einer ähnlichen Organisation."[73] Die regionale Abgrenzung, die Wunschik traf, wurde allerdings als „wertvoller Beitrag" gewertet. Groß-Berlin sollte dabei auf keinen Fall als Sondergebilde betrachtet werden.

Mit Verweis auf diese bestehende Verwaltungsstruktur erhielt Wunschik am 19.5.1949 eine Antwort, in der es hieß, daß der Gedanke an die Einrichtung und den Aufbau von Landesplanungsgemeinschaften im Land Brandenburg abgelehnt werden müsse.[74]

Aus den anderen Ländern der SBZ sind keine Versuche bekannt, Landesplanungsgemeinschaften wieder ins Leben zu rufen.

3.1.2.5 Zu Aufgaben und Leistungen der Landesplanung bis 1949

Wie bereits verschiedentlich angemerkt, bestanden die Aufgaben der Landesplanung im Zeitraum 1945 bis 1949 schwerpunktmäßig in

- der Durchführung des SMAD-Befehls Nr. 209 (Ausweisung geeigneten Siedlungsgeländes für Neubauerngehöfte);
- der Mithilfe bei der Lösung von Umsiedlerproblemen;
- der Planung und Einrichtung von MTS;
- in z.T. umfangreichen Bestandserhebungen für Strukturuntersuchungen und die Aufstellung räumlicher Entwicklungspläne sowie für einzelne Schwerpunktmaßnahmen (Standortkarten zu Industrie, Handel und kulturellen Einrichtungen; Karten zu Einziehungsbereichen im Gesundheitswesen, „über Zentralität und Zentrale Einrichtungen"; Grundkarten; Karten über Verwaltungsgrenzen; Kartogramme über Investitionen und Produktion in einzelnen Industriezwei-

73 BA, DC 15, 46, Bl. 33: Schreiben der HA Wirtschaftsplanung beim Ministerpräsidenten des Landes Brandenburg an die DWK, HV Wirtschaftsplanung, Abtl. Landesplanung, vom 9.8.1949
74 BA, DE 1,17556, Bl. 35

gen; Kartogramme über Anlagevermögen und Beschäftigtenzahlen sowie Analysen zu Kriegszerstörungen im Bereich Wohnen und Gewerbe/ Industrie etc.);
• in der Erarbeitung von Übersichten über die „Notstands- und Kümmergebiete" in der SBZ. Die Ergebnisse dieser Arbeit führten z.b. in Brandenburg zur Ausweisung von sechs Schwerpunktgebieten, für die Sondermaßnahmen empfohlen und weitere Raumanalysen bis 1952 beschlossen wurden.[75]

Es wurden auch einige Forschungsarbeiten durchgeführt, z.b. zur Wohnraumsituation und zum Wohnungsbedarf in Großstädten (Dresden) sowie zum Problem der zentralen Orte. 1949 begannen auch bereits die Vorarbeiten zur „Landschaftsdiagnose der DDR" mit Untersuchungen im Senftenberger Braunkohlengebiet.[76]

Am Beispiel Sachsens wird deutlich, daß angesichts der dünnen Personaldecke und der geschilderten materiell-technischen Notsituation *bemerkenswerte Leistungen* erbracht wurden. In *Übersicht 7* sind die kartographischen Unterlagen zur Landesplanung in Sachsen dargestellt, die zwischen 1945 und 1949 erarbeitet wurden. Nicht enthalten sind in dieser Übersicht (mit einer Ausnahme) Generalraumentwicklungspläne für Verkehr, Wasserwirtschaft, Energiewirtschaft, Forstwirtschaft und andere), mit deren Aufstellung die Landesplaner in Abstimmung mit den betroffenen Hauptabteilungen beschäftigt waren, die aber erst 1950 fertiggestellt wurden. Mit diesen Plänen wären, so Wiedemann damals in einem Leistungsbericht, „die von der DDR geforderten Raumentwicklungspläne für Sachsen erstellbar" gewesen.[77] Als Einzelerfolge hob Wiedemann hervor:

• Erfolge in der Landschaftspflege (Generallandschaftsplan): Dreimal sei die sächsische Landesplanung für ihren Beitrag zu Landschaftspflege und Naturschutz vom sächsischen Land- und Forstwirtschaftsminister Dr. Dr. Uhle öffentlich belobigt worden.

• die sehr gute Zusammenarbeit mit der HA Bauwesen zur gemeinschaftlichen Bearbeitung von Flächennutzungs- und Bebauungsplänen der vier zerbombten Großstädte Sachsens (Dresden, Leipzig, Chemnitz, Plauen);

---

75   vgl. BA, DC 15, 48, Bl. 6: Protokoll der Arbeitsbesprechung Landesplanung vom 12.8.1949 in der DWK; BA, DC-15, 48, Bl. 8. Protokoll der a.o. Arbeitsbesprechung vom 23.9.1949 (Aufgaben IV.Quartal 1949); BA, DE 1, 5105, HA Wirtschaftsplanung, 8.10.49, Notstands- und Kümmergebiete im Land Brandenburg; BA, DC 15, 171, Bl 202–206

76   vgl. BA, DE 1, 17558, Arbeiten von Ernst Neef zu Wohnraumsituation und -bedarf in Dresden vom August 1948; BA, DE 1, 4696, Manuskript Prof. Dr. Ernst Neef, Untersuchungen über die zentralen Orte in Sachsen, abgeschlossen im März 1949 (64 Blätter); ähnliche Untersuchungen stellte Prof. Dr. Schultze von der Universität Jena für Thüringen an (vgl. die Hinweise in BA, DE 1, 17559, Bl. 69; zu Senftenberg: Mündliche Mitteilung von Frau Dr. Hoffmann am 11.11.1996 in Berlin; Frau Hoffmann war neben zwei anderen Bearbeiterin der Untersuchung.

77   DE 1, 17558, Bl. 65: Leistungsbericht Wiedemann vom 8.12.1949, erstellt für die HA Wirtschaftsplanung im Ministerium für Planung Sachsen.

- die Prüfung der Planunterlagen für Generalbebauungspläne und -flächennutzungspläne der vier zerstörten sächsischen Großstädte;
- Sonderaktionen wie das Wohnungsbauprogramm Erzbergbau und die Planungen im Zusammenhang mit der Wismut SAG;
- die intensive Betreuung der Planungsgemeinschaften
- und die Gründung eines neuen Forschungsinstitutes: „Nicht nur für sächsische, sondern zugleich für landesplanerische Zonenaufgaben ist es auf Vorschlag des Landesplaners Dr. Wiedemann und durch dessen intensives Betreiben gelungen, in Leipzig ein Institut für sächsische Kulturlandschaftsforschung und Landesplanung zu gründen (Abteilungsleiter: Prof. Dr. Ernst Neef). Ein erstes Zonenkolloquium der Landesplaner und Planungsfachleute in Leipzig zeigte am Problem der zentralen Orte und der Regionalstatistik die außerordentliche Fruchtbarkeit der auf die Initiative des Landesplaners dort begonnenen wiss. Arbeit."[78]

Die Bewertung „bemerkenswerte Leistungen" ist allerdings zu relativieren: Es bestand ein *eklatanter Widerspruch zwischen der Institutionalisierung der Landesplanung* (Zentrale: DWK/MfPl bzw. MfA; Länder: Landesplanung) – sie erfolgte insgesamt früher als in den Westzonen – *bzw. den konzeptionellen Leistungen einerseits und den Ergebnissen ihres (begrenzten) praktischen Wirkens andererseits.*

Der Wiederaufbau der zerstörten Betriebe, Städte und Dörfer, der Verkehrsinfrastruktur und die Lösung von Standortproblemen im Zusammenhang mit dem Wohnungsbau, mit dem Aufbau neuer Produktions- und Versorgungsbetriebe oder mit der Wiederherstellung von Verflechtungsbeziehungen geschah in den ersten Jahren nach dem Krieg überwiegend vor Ort „mit Hilfe örtlicher Kräfte und Ressourcen", ohne daß die Landesplanung eingeschaltet wurde.[79] Bönisch meinte, dies habe – gestützt durch einen entsprechenden DWK-Beschluß – damals zu „Ansätzen einer Territorialplanung (geführt), die vorwiegend als *Kommunalplanung* dezentral organisiert war."[80] Mit dem Beschluß des Sekretariats der DWK S 34/49 vom 10.2.1949 wurde diese Kommunalplanung durch die Bildung von Abteilungen für Planung, Materialversorgung und Statistik auch in den Stadt- und Landkreisen unterstützt, nachdem bereits auf Länderebene entsprechende Abteilungen eingerichtet worden waren. Ihre Aufgaben bestanden darin, die volkswirt-

---

78 DE 1, 17558, Bl. 65
79 Bönisch, Rolf: Zur Entwicklung der sozialistischen Territorialökonomie und -planung – eine historische Studie. – In: Hochschule für Ökonomie Berlin „Bruno Leuschner", Wissenschaftsbereich Territorialökonomie (Hg.): Wissenschaftliches Kolloquium – Beiträge: 30 Jahre territorialökonomische Lehre und Forschung an der Hochschule für Ökonomie „Bruno Leuschner". – Berlin 1982, S. 19
80 Bönisch, S. 19

schaftlichen Pläne im Rahmen ihrer Zuständigkeit zu erstellen und durchzuführen, die Kontingentverteilung zu organisieren und die Pläne abzurechnen.

Die ersten größeren Standortprobleme sowie die siedlungs- bzw. infrastrukturellen Anforderungen, die sich aus der Bodenreform ergaben, hätten aber seinerzeit die Erkenntnis und die Notwendigkeit reifen lassen, „daß die Territorialplanung sich aus dem Stadium der vorwiegend nur kommunalen Planung nunmehr zur Gebietsplanung entwickeln mußte."[81] Die Notwendigkeit einer überkommunalen Planung wurde auch dadurch verstärkt, daß zentrale räumliche Probleme, vor denen die zentrale Wirtschaftsplanung stand, ungelöst waren: das Nord-Süd-Entwicklungsgefälle und eine beginnende Umkehr der kriegsbedingt hauptsächlich durch die Umsiedlerprobleme zunächst hervorgerufenen Stadt-Land-Bewegung sowie die Neuorientierung der Verkehrsströme.[82]

81   Bönisch, S. 20
82   vgl. Bönisch, S. 21

Übersicht 7: Kartographische Unterlagen zur Landesplanung in Sachsen aus den Jahren 1945–1949

Dok.-Nr.	Titel/ Bezeichnung	Jahr
20–29	Gemeinde- und Flurbezirke des Landes Sachsen (1:200.000, 1: 100.000)	1946
32	Gemüseanbau 1938 im Bundesland Sachsen	1946
39	Baubedarf der Landwirtschaft, Gliederung nach Wohnungsbau, Stallbau und Scheunenbau	1946
96–98	Übersichtskarte über Autobahnen, Reichsstraßen und Landstraßen I. Ordnung in Sachsen	1946
110	Technische Fachschulen in Sachsen	1949
111	Schulaufsichtskreise in Sachsen	1949
173–179	Karte der beschädigten Großbetriebe, Ziegeleien, Sägewerke u.a.	1948
180–181	Kohlelagerstätten und Kohleförderung des Deutschen Reiches	1936–1947
188	Übersicht über die Belegschaftsbewegungen im Kohlebergbau und die Produktion von Stein- und Braunkohlen	1913–1946
196–205	Veterinärbereiche Standorte Gesundheitswesen	1949
209–225	Kriegsschäden an Wohnungen in Sachsen	1947
271–292	Bevölkerungsentwicklung seit 1939 in Sachsen	1946
293	Raumordnungsplan (Industriegebiete, Industrieballungsgebiete, zusammenhängende Waldgebiete, landwirtschaftliche Gebiete, beste landwirtschaftliche Böden und Braunkohlelagerstätten	o. Dat.
294	Übersicht über Wirtschaftsgebiete Sachsens	o. Dat.
295	Wirtschaftsgebiete und Verwaltungsgrenzen	o. Dat.
296	Reichs- und Gaugrenzen des ehemaligen Großdeutschen Reiches	o. Dat.
301–302	Sowjetische Besatzungszone, Sachsen	1949
307	Standorte und Beschäftigte von Industrie und Handwerk	1946
333–355	Wohnbevölkerung, Bevölkerungsdichte, Umsiedler, Haushaltungen	1949
357–358	Generallandschaftsplan von Sachsen	1946
363–364	Wohnbevölkerung Sachsens nach Religionszugehörigkeit	1946–1951
365–386	Gebäudekarten, Wirtschaftsgebiete, Kriegsschäden, Wohnungsneubau in Sachsen	1949
389	Grenzen der Umlegungsämter in Sachsen	1949
390	KFZ-Zulassungsbezirke in Sachsen	1939–1946
396–400	Bevölkerungsbewegung der Gemeinden in Sachsen	1948
401	Die zentralen Orte und ihre Telefonanschlüsse der Lausitz	1949
402–403	Hauptverkehrswege Lausitz	1949
431	Die Bevölkerungsbewegung in den Stadt- und Landkreisen Sachsens (1939–1946)	1946
487–491	Industrie und Handwerk, Standorte	1946
492–495	Bevölkerungsdichte in Sachsen	1939–1946
496	Altersaufbau der sächsischen Bevölkerung 1910/ 1939/ 1946/ 2000 (geschätzt)	o. Dat.
497	Sächsische Lagerstätten von Erzen und Kalken, 1:200 000	o. Dat.
498–504	Transportraum Sachsen, kommunale Verkehrsmittel, Verkehrsbetriebe	1948
505	Generalraum-Entwicklungsplan Braunkohle, Großraum Leipziger Tiefland	1949
547–549	Berufsschulen u.a.	1948

Quelle: Richter, S.86–92 (die Dok.-Nr. entsprechen denen bei Richter; die Unterlagen befinden sich im Sächsischen Hauptstaatsarchiv)

3.2   Landesplanung 1949–1952

3.2.1   Die „doppelte" Landesplanung 1949–1951

Am 7. Oktober 1949 wurde die DDR gegründet, am 12. Oktober 1949 stellte Ministerpräsident Grotewohl die erste Provisorische Regierung der DDR vor. Aus der Deutschen Wirtschaftskommission ging ein Ministerium für Planung (MfPl) hervor mit Rau (SED) als Minister. Das Referat Landesplanung der DWK mit Mucke als Hauptreferent blieb in diesem Ministerium bestehen. Gleichzeitig entstand im Ministerium für Aufbau der DDR (MfA, Minister: Dr. Bolz) im Oktober 1949 eine Hauptabteilung Landesplanung (HA I). Leiter wurde Leo Stegmann, der zuvor bei der Landesregierung Mecklenburg beschäftigt war. Stegmann war im NS-Staat Tiefbauingenieur beim Reichsautobahnbau.[83] Auf Länderebene wurden die Abteilungen Landesplanung wieder aus den Hauptabteilungen Wirtschaftsplanung ausgegliedert und den Hauptabteilungen Aufbau bei den Wirtschaftsministerien unterstellt. Auf zentraler Ebene bildete sich somit eine Doppelstruktur, auf Länderebene erfolgte lediglich eine Veränderung der Zuordnung der Landesplanung. Das hatte nicht nur Irritationen auf zentraler, sondern auch auf Länderebene zur Folge. Wem waren die Landesplaner nun rechenschaftspflichtig, wie gestaltete sich das Verhältnis zwischen zentraler Wirtschaftsplanung und räumlicher Planung weiter? Wie würde sich das Aufgabenspektrum entwickeln?

Daß die Doppelstruktur Widerstand der DWK/ des Ministeriums für Planung aufgrund des Anspruchs der zentralen Wirtschaftsplanung, übergeordnete Planung zu sein, hervorrufen mußte, war klar. Die Irritationen auf Länderebene waren ebenfalls verständlich, ist doch daran zu erinnern, daß die seit November 1948 geltende Zuordnung der Landesplanung zur Wirtschaftsplanung und ihre direkte Unterstellung unter die Ministerpräsidenten der Länder von den Landesplanern unterstützt wurde, da damit zumindest theoretisch die Aufwertung der räumlichen Planung und ihre direkte Einbindung in Vorhaben und Planungen der zentralen Wirtschaftsplanung verbunden war. Nun sollte sie (wieder) einem Fachministerium unterstellt werden. Aus dieser Sicht kann die Stellungnahme, die Mucke am

---

83   Mündliche Auskunft von Frau Dr. Ruth Hoffmann (geb. Günther) am 11.11.1996 in Berlin. Frau Hoffmann, eine promovierte Geographin, war Mitarbeiterin der HA I Landesplanung und später wesentlich beteiligt an der Landschaftsdiagnose der DDR, die unter der Leitung von Reinhold Lingner und Frank-Erich Carl 1950/1952 durchgeführt wurde. Frau Hoffmann war 1950, als sie ihr Einkommen z.T. mit Vorträgen sicherte, nach einem solchen Vortrag vom Leiter der HA I Landesplanung im MfA Leo Stegmann auf eine zukünftige Mitarbeit dort angesprochen worden.

28.11.1949 zur Struktur des Ministeriums für Aufbau abgab, als durchaus im Sinne der Landesplaner gewertet werden. Mucke lehnte die neue Hauptabteilung Landesplanung beim Aufbauministerium mit folgender Begründung ab:

„Der Strukturplan des Ministeriums für Aufbau sieht 3 Hauptabteilungen vor

1. Allgemeines Bauwesen

2. Städte- und Hochbau

3. Landesplanung

Dieser Strukturplan entspricht der Form und dem Inhalt nach nicht unserer Auffassung über die organisatorische und strukturelle Einheit in der Regierung. Die Zuordnung der Landesplanung zum Bauwesen geht auf eine alte Forderung der Baudirektoren zurück und bedeutet praktisch die Überführung einer übergeordneten Grundlagenplanung in die Fachebene – zweifellos ein Rückschritt. Die Argumentation, daß in der Westzonenverwaltung die Landesplanung beim Ministerium für Aufbau liegt, kann für die Deutsche Demokratische Republik nicht [her]angezogen werden, weil unsere Regierung als übergeordnetes Planungsorgan das Ministerium für Planung besitzt, das im Westen fehlt. Ich weise darauf hin, daß auch in der S.U. die Regional- und Standortplanung sich nicht in der Fachebene befindet. Wie sich aus der anliegenden Aufgabenstellung ergibt, darf der Begriff ‚Landesplanung‘ keine einseitige und enge Auslegung erfahren, die augenscheinlich zu dem jetzigen Strukturplan geführt hat. Gemäß der Forderung nach Einheit der Planung und entsprechend dem Schwergewicht ihrer Aufgabenstellung liegt der verwaltungsmässige Standort der Landesplanung zweifelsohne bei der Wirtschaftsplanung; denn hier bekommt sie die als Ausgangspunkt jeder Planung notwendige wirtschaftspolitische Zielsetzung und Ausrichtung. Ich bin der Auffassung, daß die Herausnahme der Landesplanung aus dem Ministerium für Planung und ihre Überführung in ein Fachministerium fachlich und politisch falsch ist. [...].“[84]

Gleichwohl verlagerte sich verwaltungsmäßig das Schwergewicht der räumlichen Planung in das Aufbauministerium und auf Länderebene in die Hauptabteilungen Aufbau bei den Wirtschaftsministerien. Das Schwergewicht der Aufgaben der Landesplanung verlagerte sich entsprechend auf die mit dem Wiederaufbau der Städte verbundenen aktuellen Planungsaufgaben, die im wesentlichen im §9 des am 6. September 1950 verabschiedeten Aufbaugesetzes gesetzlich festgeschrieben wurden (Entwicklung von Flächennutzungsplänen als Perspektivpläne, von Stadt-

---

84   BA, DE 1, 11010, Bl. 1 und 2: Stellungnahme von Hauptreferent Mucke, Abt. Landesplanung, zu der Struktur des Ministeriums für Aufbau, Berlin, den 28.11.1949

bebauungsplänen, Aufbauplänen und Teilbebauungsplänen.[85] Als Planungsgrundlage für die Planung und den Aufbau der Städte galten die am 27. Juli 1950 beschlossenen 16 „Grundsätze des Städtebaues" (*vgl. die Dokumente im Anhang*). Die HA Landesplanung im MfA war in personeller Hinsicht mit 14 (bis Februar 1950) und später 23–25 Mitarbeitern und Mitarbeiterinnen weitaus besser ausgestattet als die Landesplanung im Ministerium für Planung bzw. vorher in der DWK mit ca. 5 Mitarbeitern. Allerdings gab es hier wie dort fast keine ausgebildeten Landesplaner.[86]

Die HA Landesplanung unterteilte sich in die Abteilung I/1 Koordinierung; I/2 Standortplanung; I/3 Landesvermessung und I/4 Gesetzgebung. Die Besetzung der Stellen der HA dauerte bis II.Quartal 1950. Während die Landesplanung unter dem Dach des MfPl zwischen Oktober 1949 und Ende 1950 praktisch stillgelegt war, fing sie im MfA von vorne an, mit Selbstverständigung, Aufgabenfindung, Ausarbeiten methodischer Grundsätze, Bestandserhebungen, Literaturanalysen, Zusammentragen von Kartenmaterial,[87] Herstellen von Kontakten zu den Planern in den Ländern, Klären von Zuständigkeiten und dem Aufbau entsprechender Planungsstellen in den Ländern bzw. der Einrichtung von Kreisstellen (nach Bedarf), bei alledem in inhaltlicher Ausrichtung auf Probleme des Städtebaus. Dies nahm das ganze Jahr 1950 in Anspruch.[88]

Im Vordergrund der landesplanerischen Arbeit sollte neben der Durchführung des Aufbaugesetzes durch

• Festsetzung von Aufbaugebieten, Umgang mit privatem Grundeigentum (u.a. Enteignungsregelungen[89]),

---

85 vgl. auch Lehmann, S. 18
86 Mdl. Mitteilung von Frau Dr. Hoffmann am 11.11.1996 in Berlin
87 In einer Arbeitsbesprechung (2.3.1950) wurde deutlich, daß das Daten- bzw. Planungsunterlagen-Problem auch ein eigentumsrechtliches war. Der Bezug von Karten war aus diesem Grunde für die SBZ-Planer nicht einfach bzw. kostspielig. So hieß es im Protokoll der Arbeitsbesprechung: „Herr Schulz berichtet über die Beschaffung von Kartenmaterial im Maßstab 1:25 000 bis 300 000, das früher vom Reichsamt für Landesaufnahme herausgegeben wurde. Das Amt für Kartographie in Berlin (Westsektor) betrachtet sich als Nachfolger des früheren Reichsamtes für Landesaufnahme, besitzt viel Material an Kartenbeständen und Druckstöcken und beliefert auch eine Firma in Erfurt. Wegen Neuregelung der Kartenherstellung und Abhilfe der augenblicklichen Kartennot wird mit dem Ministerium des Innern verhandelt." (BA, DH 2, DBA/ A/ 28, 0 61. Leitung. Protokolle der Arbeitsbesprechungen der HA I Landesplanung sowie einzelner Landesplanertagungen, Mai 1950 bis November 1950).
88 vgl. BA, BA, DH 1, 44625 (Akte enthält die Protokolle von Arbeitsbesprechungen im Ministerium für Aufbau, Sekretariat des Ministers 1950
89 vgl. BA, DH 1, 38675, streng vertraulich. Ministerium für Aufbau, HA Architektur, Abt. Stadt- und Dorfplanung, Zusammenfassung vom 6.7.1954 des Ergebnisses der Erhebung über die bis zum 31.12.1953 auf Grund §14 des Aufbaugesetzes durchgeführten Inanspruchnahmen von Grundstücken. Bis zum 31.12.1953 in Anspruch genommene Grundstücke gemäß Aufbauge-

• Beurteilung von Aufbauplänen,
• Erarbeitung von Richtlinien zum Neuaufbau der zerstörten Städte,
• Mitwirkung an der Formulierung gesetzlicher Grundlagen, z.b. den Bauord-
  nungen der Länder,
• Erarbeitung von Darstellungsnormen für Flächennutzungspläne,
• Diskussion über die im Aufbaugesetz genannten „städtebildenden Faktoren"
  Industrie, Verwaltungsorgane und Kulturstätten von überörtlicher Bedeutung
  und Stadtbesichtigungen, bei denen die städtebildenden Faktoren ermittelt
  wurden,

die Bewältigung von Umsiedlerproblemen stehen.[90] Tatsächlich jedoch wurde die
Arbeitskraft der Mitarbeiter und Mitarbeiterinnen der HA Landesplanung hauptsächlich von den Planungen und Aufbauproblemen der „ersten sozialistischen
Stadt" Stalinstadt (Eisenhüttenstadt) und anderen Schwerpunktaufgaben (Eisenhüttenkombinat Ost, Aufbau der Werft- und Fischereiindustrie in den Ostseeha-
fenstädten, Einrichtung von MTS[91]) absorbiert.[92]

Die inhaltliche Verlagerung der Aufgaben auf die Probleme des Städtebaus
wurde von den Landesplanern in den Ländern nicht akzeptiert. Die 16 „Grundsätze des Städtebaues", die im Zusammenhang mit der ersten Regierungsdelegation
von Architekten und Städteplanern nach Moskau (12.4.–25.5.1950) entstanden
waren,[93] ließen jeglichen landesplanerischen Bezug vermissen, was von seiten der
Landesplanung scharf kritisiert wurde. So heißt es in einer Stellungnahme der
Hauptabteilung (HV) Wirtschaftsplanung, Abteilung Landesplanung vom
17.6.1950 zu einem Vortrag, den der damalige Aufbauminister Bolz zu den 16
Grundsätzen des Städtebaus hielt: „Da die Städteplanung bei aller Bedeutung nur
eine Teilaufgabe unseres Aufbaues darstellt, muß vom Standpunkt der Landesplanung festgestellt werden, daß die *Grundsätze der Städteplanung* ohne eine ausge-

setz: durch Aufbaugebietserklärungen betroffen: 4596 private Grundstücke mit einer Flächengröße von 841,6 ha; von diesen Grundstücken 3733 mit einer Flächengröße von 621 ha
beansprucht für Aufbaumaßnahmen; von diesen Grundstücken 3394 mit einer Flächengröße
von 443,1 ha in Anspruch genommen für Aufbaumaßnahmen; 339 private Grundstücke mit
Umfang von 177,9 ha wurden im Sonderfall durch Tausch oder Erwerb sowie aufgrund
besonderer gesetzlicher Bestimmungen bereits in Volkseigentum überführt.

90   BA, DH 2, DBA/ A/ 28, 0 61. Leitung. Protokolle der Arbeitsbesprechungen HA I Landespla-
      nung
91   vgl. Schmidt-Renner, Gerhard: Zum Problem der räumlichen Planung in der Deutschen
      Demokratischen Republik. – In: Wirtschaftswissenschaft, Jahrgang 3/ 1955, Heft 2, S. 200
92   Mdl. Mitteilung Frau Dr. Hoffmann, 11.11.1996
93   vgl. IRS -Institut für Regionalentwicklung und Strukturplanung (Hg.): Reise nach Moskau.
      Dokumente zur Erklärung von Motiven, Entscheidungsstrukturen und Umsetzungskonflikten
      für den ersten städtebaulichen Paradigmenwechsel in der DDR und zum Umfeld des „Aufbau-
      gesetzes" von 1950. – [Regio doc. Dokumentenreihe des IRS No 1]. – Erkner b. Berlin 1997

sprochene Beziehung zu Grundsätzen der Landesplanung behandelt wurden.
Vielleicht hat das *Programm* der Delegation und der *Eindruck von dem gewaltigen
Baugeschehen* gerade in den Städten der Sowjetunion die Probleme des Städtebaus
so in den Vordergrund treten lassen, daß die übrigen Probleme der Landesplanung
im Vortrag keine Erwähnung fanden. […] schon aus der Entfernung gesehen läßt
sich erkennen, daß die Standortplanung, also die Planung der Städte mit ihrer
Industrie, mit ihrer besonders herausgestellten überörtlichen Bedeutung, auch in
der Sowjetunion nur eine Teilaufgabe des Aufbaus, eine Teilaufgabe der Landesplanung ist. […] Die Grundsätze geben wiederholt Veranlassung, nach dem
Zusammenspiel von Städteplanung, Standortplanung, Landesplanung und Wirtschaftsplanung in der Sowjetunion zu fragen und wie dies hier in der DDR besser
zu regeln wäre."[94] Der damalige Planungsminister Rau lehnte die vorgelegte und
dann auch so verabschiedete Fassung des Aufbaugesetzes und der „Grundsätze" ab,
u.a. versehen mit dem Hinweis, daß die Fassung gründlich überarbeitet werden
müßte, um zu erreichen, daß „alle Aufbauarbeiten mit der Gesamtentwicklung
unserer Volkswirtschaft koordiniert werden. Außerdem wurde der Mitwirkung der
Länder und der Städte selbst zu wenig Beachtung geschenkt."[95]

Diese Stellungnahmen änderten nichts daran, daß die Schwerpunktverlagerung
zum Städtebau nun zunächst die weitere Diskussion über räumliche Planung und
die praktische Arbeit bestimmte. Während vorher gemessen am sowieso „dünnen"
Personalbestand recht intensive Auseinandersetzungen zwischen den Landesplanern und der DWK über das Verhältnis zwischen Wirtschaftsplanung und Landesplanung sowie über kurz- und mittelfristige Planungsaufgaben liefen und diese
Auseinandersetzungen bemerkenswerte konzeptionelle Arbeiten und die kartographischen Bestandsaufnahme unterstützten, wurde die Landesplanung nunmehr in
die Richtung der später so genannten „Inselplanung" gedrängt. Komplex angelegte
Perspektivplanungen wurden nicht mehr (weiter)entwickelt.

Es scheint allerdings so, als ob die HA Landesplanung des MfA und die
Landesplaner auf Landesebene während des gesamten Jahres 1950 keine Kooperation zustandebrachten. Dies ist abgesehen von der fehlenden Berücksichtigung
landesplanerischer Belange in rechtlichen Grundlagen wie den 16 „Grundsätzen"
vor allem damit zu erklären, daß z.B. Thüringen und Sachsen mit der bisherigen
Zuordnung und Aufgabenstellung gute Erfahrungen gemacht hatten.

Mitte Juli 1950 richtete Stegmann die Bitte an Aufbauminister Bolz, die
Zuständigkeit und Arbeitsfähigkeit der Abteilung Landesplanung in Thüringen zu

---

94   BA, DH 1, 44493, zitiert nach IRS, S. 171 (das kursiv gesetzte im Original gesperrt)
95   BA, DH 1, 44482, Brief von Minister Rau an Minister Bolz vom 15.8.1950, zitiert nach IRS, S.
       189

klären. „Während alle Landesplanungen der Länder schon vor der endgültigen Klärung der Zuständigkeit und der Zugehörigkeit zu den Hauptabteilungen Aufbau mit der Hauptabteilung Landesplanung schnell Fühlung bekommen und laufend ihre Arbeitsergebnisse ausgetauscht haben, war ein solches Verhältnis zur Thüringischen Landesplanung bisher nicht zu erreichen. Es besteht zwar auch hier ein guter persönlicher Kontakt mit der HA Landesplanung, mit dem Thüringischen Landesplaner und Wirtschaftsplaner. Eine sachliche Arbeit der Thüringischen Landesplanung kam bisher aber nicht zustande, weil vom Land Thüringen die Abteilung Landesplanung nicht entwickelt wurde, obwohl diese sich stark um Förderung bemühte und auch ihr grundsätzliches Arbeitsprogramm gut geklärt hat (...). Der Thüringische Landesplaner steht heute noch ohne Mitarbeiter da, seine Überführung in die HA Aufbau ist noch nicht erfolgt."[96]

Im Protokoll der ersten gemeinsamen Besprechung der Leiter der Hauptabteilungen Aufbau der Länder und ihrer Stellvertreter am 3.November 1950, zu der wie zuvor in der DWK die Landesplaner eingeladen worden waren,[97] gab Stegmann einen bezeichnenden Bericht zum Stand der HA I Landesplanung im Ministerium für Aufbau: Die HA I sei nicht genügend qualifiziert, um den Hauptabteilungen der Länder zu helfen und entsprechende Richtlinien herausgeben zu können. „Bisher waren die Aufgaben der Landesplanung noch nicht genau umfasst. Konkret liegen die Mängel darin, daß wir erst dann, und zwar von Fall zu Fall, Untersuchungen zur Standortbestimmung durchgeführt haben, wenn die Objekte an uns herangetragen wurden. Die spontane Arbeitsweise auf dem Gebiet der Landesplanung muss durch einen planmässigen Ablauf ersetzt werden. Dazu müssen sich die Landesplaner über die Planungs- und Entwicklungsmöglichkeiten der einzelnen Industriezweige ein klares Bild verschaffen und die Entwicklungsabsichten in Raumentwicklungsplänen darstellen. Sie erhalten damit die Möglichkeit, die einzelnen Planungsmaßnahmen rechtzeitig miteinander zu koordinieren. Eine Modellplanung in dieser Richtung ist inzwischen für Sachsen-Anhalt angefertigt worden.[98] [...] Seit längerem wird an der richtigen Abgrenzung zwischen Wirtschafts- und Landesplanung gearbeitet. Aus dem Raumentwicklungsplan geht eindeutig hervor, daß die Fragen der Kapazitätsplanung in den Bereich des Ministeriums für Planung gehören. Entscheidungen im Raum jedoch gehören zum Aufgabengebiet der Landesplanung und damit des Ministeriums für Aufbau.

---

96   BA, DH 2, DBA/ A/ 28/ 060. Allgemeines. 22.7.1950:Schreiben Stegmann an Minister Dr. Bolz
97   Lehmann (Thüringen), Wiedemann (Sachsen), Kanow (Brandenburg), Kahnt (Sachsen-Anhalt), Giese (Mecklenburg).
98   vgl. BA, DE 1, 5137: Landesentwicklungsplan (Entwurf) für den Raum von Sachsen-Anhalt, verfaßt von der Abt. Landesplanung im Min. f.Industrie und Aufbau Sachsen-Anhalt, 19.7.1950; unterzeichnet von Dr. Kahnt (AbtLtr)

Es ist ein Verfahren zur Standortbestimmung für die Industrieplanung ausgearbeitet worden. Als Anordnung geht es erst dann heraus, wenn es mit den
Mitarbeitern in den Ländern besprochen worden ist. Bisher sind 52 Industrie-Stan-
dortplanungen gebilligt worden. Die Erhebung über ungenutzte Industrieanlagen
muss weiter durchgeführt werden. Seit langer Zeit sind wir mit der Neuorganisie-
rung des Vermessungswesens beschäftigt [...]"[99]

Den HA Aufbau in den Wirtschaftsministerien der Länder sagte er grundsätzliche Ausführungen über Aufgaben und Methoden der Landesplanung zu.

Es sollte schließlich bis Mitte 1951 dauern, bis sich die HA Landesplanung und
die Landesplaner in den Ländern auf ein Abstimmungsverfahren geeinigt hatten.
Noch im Juni heißt es im Protokoll einer Landesplanertagung: „In der Aussprache
bringen die Vertreter der 5 Länder ihre kritischen Bemerkungen bezw. ihre
Wünsche zu den Arbeitsplänen vor. Es wurde vor allen Dingen betont, daß man
in den Ländern wegen mangelnder Abgrenzung zum Städtebau zu seiner eigentlichen landesplanerischen Arbeit nicht immer komme, weil durch andere Aufträge
immer wieder Ablenkung erfolgt." [100]

Der Jahresarbeitsplan, den sich die Landesplanung für 1951 vorgenommen
hatte, enthielt folgende Einzelvorhaben:

- Bearbeitung der Objekte (Standortuntersuchungen) im Volkswirtschaftsplan;
- Flächennutzungspläne und Dorflagepläne (letztere insbesondere in Mecklen-
burg);
- Ausarbeiten von Grundsätzen der Landesplanung (Abgrenzung gegen Wirt-
schaftsplanung und Städtebau);
- Grundlagenbeschaffung (Bevölkerung, städtebildende Faktoren, Wohnungs-
zählung, Volkszählung, Arbeitsstättenzählung, Versorgung u. Verkehr);
- Auswertung von Erfahrungen der UdSSR und der „Volksdemokratien";
- Landesplanerische Richtwerte für Bauten und Landschaftspflege;
- Zustands- Bedarfs- Entwicklungspläne für Wohnraum und Gesamtinvestitio-
nen;
- Flächennutzungsplan: Entwicklung-Durchführung-Kontrolle;
- operative Planung im Rahmen des Fünfjahrplanes (meist standortbezogen:
Industrie, Wohnungen, Landschaft, Arbeitskräfte).[101]

---

99   BA, DH 1, 44625, Protokoll vom 3.11.1950
100 BA, DH 2, DBA/ A/ 28, 0 61. Leitung / 29.3.1951; Protokoll über die Landesplanertagung am
     14.Juni 1951 im Ministerium für Aufbau; Niederschrift vom 19.6.1951
101 vgl. BA, DH 2, DBA/ A/ 28, 0 61. Leitung: Jahresarbeitsplan 1951; zum Personal gehörten
     damals laut Niederschrift vom 1.3.1951: Stegmann, Böttcher, Köster, Schmidt, Salz, Lindner,
     Möckel, Pankowski, Oehlschlägel, Dr. Richter, Kramer, Lampel, Frl. Dr. Günther, Pfeiffer,
     Handke, Quandt, Brode, Burrmann, Dr. Behrendt, Jürgons

• Hinzu kam als wesentliche Aufgabe die „Ermittlung der städtebildenden Faktoren" (Industrie, Verwaltungsorgane, Kulturstätten von überörtlicher Bedeutung) der gemäß Aufbaugesetz ausgewiesenen Aufbaustädte (1951 waren 53
Aufbaustädten ausgewiesen).

Was aber machten Mucke und seine Mitarbeiter von der DWK bzw. dem Ministerium für Planung? Offenbar ruhte ihre Arbeit. Die Arbeitsbesprechungen der
DWK/ MfPl-Planer mit den Landesplanern waren nach der Gründung der HA
Landesplanung im MfA und die Unterstellung der Landesplaner unter die Abteilungen Aufbau in den Landes-Wirtschaftsministerien notgedrungen „zurückge-
stellt" worden.[102] Mucke und Mitarbeiter schienen zunehmend von Informationen über die weitere Entwicklung der Landesplanung in den Ländern bzw. im MfA
ausgeschlossen zu sein. Versuche, die Aufgaben der Landesplanung zwischen
beiden Ministerien abzustimmen, blieben zunächst erfolglos.[103] Einen Informati-
onsaustausch schien es ebenfalls nicht gegeben zu haben, die eine Einrichtung
wußte von der andern wenig oder nichts.[104]

Am 15.10.1950 fanden Wahlen zur Volkskammer der DDR statt. In ihrer ersten
Sitzung am 8.November 1950 beschloß die Volkskammer das „Gesetz über die
Bildung der Regierung der DDR". An die Stelle des bisherigen Ministeriums für
Planung trat die Staatliche Plankommission (SPK) als Organ des Ministerrates für
die Ausarbeitung und Kontrolle der Volkswirtschaftspläne. Mit der SPK entstand
praktisch ein Organ über den Ministerien, das den Anspruch der DDR-Regierung
auf eine starke zentrale Wirtschaftsleitung verdeutlichte.

Mucke schied im Laufe des Jahres 1950 aus dem Ministerium für Planung aus.
Sein Name sollte sich dann später unter den Mitarbeitern des „Instituts für
Innenausbau" der Deutschen Bauakademie wiederfinden. Am 2.1.1951 wurde

---

102 vgl. BA, DE 1, 17559, Bl. 1 (Akte enthält Protokolle der Arbeitsbesprechungen des Ministeriums
     für Planung, HA Landesplanung 14.10.1949–10.2.1950, Blätter 1–9)
103 vgl. BA, DE 1, 17559, Bl. 6 RS und 9 (Im Protokoll der Arbeitsbesprechung vom 10.2.1950
     heißt es: „Trotz mehrmaliger Versuche bei Herrn Hieke [MfA, H.B.] eine Besprechung über die
     Aufgabenteilung der landesplanerischen Arbeiten zwischen unserer Abteilung Landesplanung
     und der HA Landesplanung beim Ministerium für Aufbau herbeizuführen, hat eine solche bisher
     noch nicht stattgefunden. Es haben sich dadurch in der Fortführung der landesplanerischen
     Arbeiten besonders in den Ländern gewisse Hemmnisse gezeigt. Auch bei uns treten in der
     Entwicklung der weiteren Aufgaben und Probleme Unklarheiten und Schwierigkeiten auf."
     (O.Broosche)
104 Anders ist folgendes Schreiben von Stegmann an Aufbauminister Bolz nicht zu erklären (vgl. BA,
     DH 2, DBA/ A/ 28/ 060. Allgemeines, Schreiben Stegmann an Minister Dr. Bolz vom 22.9.1950
     betr. „Strukturelle Einordnung der Landesplanung"): „Wie ich höre, ist das Ministerium für
     Planung dabei, in seinem Bereich eine Regionalplanung zu entwickeln, die praktisch mit der
     Landesplanung identisch ist. Die daraus sich ergebenden Überschneidungen brauchen nicht
     dargestellt zu werden."

Gerhard Schürer Mitarbeiter der SPK. Später sollte er gar Chef der SPK werden.
Sein „Auftrag bestand darin, die Abteilung für ‚Regionalplanung und Standortverteilung der Produktivkräfte' aufzubauen, was eine wirklich interessante und dringend notwendige Arbeit war. Ich konnte mich dabei auf zahlreiche Institute
stützen, denn in Deutschland wurde seit langem der vorausschauenden Planung
auf diesem Gebiet große Aufmerksamkeit gewidmet."[105] Schürer nahm nun an
den Arbeitsbesprechungen der HA Landesplanung im MfA teil.

Ob mit Gründung der SPK die Re-Integration der Landesplanung in die SPK,
die Zentralisierung der räumlichen Planung sowie das Ende der Landesplanung
auf Landesebene schon beschlossene Sache war, konnte nicht ermittelt werden.
Schürer bestritt in den Landesplaner-Arbeitsbesprechungen seinerzeit die Absicht,
daß die SPK die Landesplanung auflösen wollte. Die Landesplanung mußte ihre
Aufgaben allerdings allein am zentralen Volkswirtschaftsplan und am 1. Fünfjahrplan ausrichten, „Arbeiten, die mit dem Fünfjahrplan nichts zu tun haben und im
Arbeitsplan nicht enthalten sind, dürfen nicht durchgeführt werden. Schwerpunk-
te sind die Aufgaben aus dem Volkswirtschaftsplan 1951 und die Vorbereitungen
für den VW-Plan 1952."[106] Der HA Landesplanung beim Aufbau-Ministerium
der DDR bzw. den Abteilungen Landesplanung auf Länderebene oblag lediglich
die Aufgabe der Koordinierung der diesbezüglichen Arbeiten. Es ist in diesem
Zusammenhang allerdings daran zu erinnern, daß die Integration der räumlichen
Planung in die zentrale Wirtschaftsplanung von den Landesplanern aus den oben
genannten Gründen durchaus begrüßt wurde, schließlich sogar vom bisherigen
Leiter der HA Landesplanung im MfA, Stegmann, der im Juni auf der Landesplanertagung „Grundsätze der Gebietsplanung" vorgestellt und darin eine Eingliederung der Landesplanung in die SPK und ihre Weiterführung als „Hauptabteilung
Gebietsplanung" befürwortet hatte.[107] Im Protokoll über die Landesplanertagung
am 14.Juni 1951 heißt es dazu: „Damit werde der Landesplanung ein neuer Inhalt
gegeben. Es komme darauf an, sie einzubinden in die Volkswirtschaftspläne und
die gesetzlichen Voraussetzungen für ihre Tätigkeit zu schaffen. [...] Der Kollege
Wiedemann begrüsst die vorgelegten Grundsätze. Er wünscht das neue Wort
‚Gebietsplanung' wieder durch den bisherigen Ausdruck ‚Landesplanung' ersetzt.
Er schneidet das Thema Perspektivpläne an und stellt die Frage, für welche
Zeiträume denn unsere Planungsarbeit festgelegt werden solle. Der Kollege Schürer
antwortet, daß der Zeitraum für unsere Planungen grundsätzlich der Fünfjahrplan

---

105 Schürer, S. 40
106 BA, DH 2, DBA/ A/ 28, 0 61. Leitung / Protokoll der Arbeitsbesprechung vom 29.3.1951,
      Niederschrift vom 31.3.1951, S. 3–4
107 vgl. DE 1, 28411, Blätter 11–16: „Grundsätze der Gebietsplanung", verfaßt mit Datum vom
      1.6.1951 von Leo Stegmann

sei, daß sich aber für Verkehr, für Wasserwirtschaft und Braunkohle auch grössere Planungszeiträume notwendig machen. Es wird diskutiert über die Abgrenzung der Begriffe Regionalplanung und Landesplanung. Der Kollege Schürer antwortet: Regionalplanung ist die räumliche Verteilung der Produktivkräfte. Kollege Wiedemann erweitert: Landesplanung ist die Flächenbereitstellung zur räumlichen Verteilung der Produktivkräfte. Der Kollege Dr. Lehmann formuliert die Zusammenarbeit zwischen der Plankommission und der Landesplanung in folgender Weise: 1.) Plankommission fragt, in welchem Gebiet fehlen Produktivkräfte? 2.) Landesplanung gibt den Raum an und fragt ihrerseits, was können wir für dieses Gebiet bekommen? 3.) Die Plankommission antwortet: Diese oder jene Produktionsstätten und fragt, wo soll der Standort sein? 4.) Die Landesplanung schlägt den endgültigen Standort vor."[108]

So oder ähnlich war bereits in den Jahren zuvor die Diskussion über die Abgrenzung von Landesplanung und Wirtschaftsplanung geführt worden.

Die Auflösung der HA I Landesplanung geschah schließlich auf der Grundlage eines Ministerratsbeschlusses vom 2.8.1951 mit Wirkung vom 1.9.1951. Nach längerer Diskussion wurden ingesamt 11 der bis dahin 24 Mitarbeiter in die SPK übernommen.[109] Der überwiegende Teil der anderen Mitarbeiter arbeitete später in der Deutschen Bauakademie.

3.2.2 Zu Aufgaben und Leistungen der Landesplanung bis 1952

Auf der Grundlage der Vorarbeiten bis zur Gründung der DDR wurden in den Ländern wichtige landesplanerische Arbeiten fertiggestellt. Dazu gehörten vor allem „Generalraumentwicklungspläne" für Verkehr, Wasser-, Land- und Forstwirtschaft. Am Beispiel Sachsens (*Übersicht 8*) zeigt sich, daß trotz der beschriebenen Kompetenz- und Zuordnungsprobleme die Arbeiten fortgeführt und bemerkenswerte Ergebnisse erzielt wurden. Dasselbe gilt für die Forscher im Institut für

---

108 BA, DH 2, DBA/ A/ 28, 0 61. Leitung / 29.3.1951; Protokoll über die Landesplanertagung am 14.Juni 1951 im Ministerium für Aufbau; Niederschrift vom 19.6.1951

109 vgl. Aktennotiz vom 28.8.1951, BA, DE 1, 28411, Bl. 25: „Der Kollege Schürer rief heute an und machte darauf aufmerksam, daß die Übernahme der Abteilung Landesplanung bis zum 1.9.51 vollzogen sein soll. Da nicht alle Mitarbeiter von uns übernommen werden, sondern lediglich für Abteilung Investitionen Herr Salz, Frau Gabricht und Preuß, müssen jetzt die restlichen Mitarbeiter der Personalabteilung vom Ministerium für Aufbau zur Verfügung gestellt werden zu einem anderen Einsatz. [...] Ich habe soeben mit der Personalabteilung vom Ministerium für Aufbau telefoniert. Von dort aus wurde mir mitgeteilt, daß insgesamt 11 Leute von der Staatlichen Plankommission und zwar die oben angeführten 6 und von Technik und Forschung Stegmann, Neumann, Köster, Findeisen und Lindner übernommen werden. 14 Mitarbeiter vom Ministerium für Aufbau werden in andere Abteilungen eingebaut. 2 Mitarbeiter ... können nicht untergebracht werden. [...]."

Landesplanung, Städtebau und Siedlungswesen des Ministeriums für Aufbau und des Instituts für Bauwesen an der Akademie der Wissenschaften bzw. – seit 1951 – des Instituts für Städtebau (und Landesplanung) an der Deutschen Bauakademie (vgl. *Übersicht 9*). Deren Forschungsaufgaben waren wie die Aufgaben der HA Landesplanung im MfA auf die schon genannten *Einzelvorhaben* (Stalinstadt/ Eisenhüttenkombinat Ost – Fürstenberg, Werften und Fischereiindustrie, MTS) konzentriert.

Ein wichtiges Einzelproblem stellte der geplante Elbe-Spree-Oder-Kanal dar (der sog. ESO-Kanal), ein Projekt, das unter Federführung der SPK – Abteilung Wasserwirtschaft und der Generaldirektion Schiffahrt lief und durch die Landesplaner mitbearbeitet wurde. Der Kanal war bereits vor 1945 geplant worden. Er sollte das Industriegebiet zwischen Oder und Elbe an das oberschlesische Steinkohlegebiet anschließen und elbaufwärts bis Magdeburg reichen. Ein Abzweig von Senftenberg bis Berlin, der Spreekanal, sollte den Großverbrauch Berlins sichern helfen.[110]

Von seiten der Landesplanung war Wiedemann mit dem Projekt befaßt. Ihm oblag die Erarbeitung einer Stellungnahme, die ausgehend von dem alten Plan und unter besonderer Berücksichtigung der starken Interessen des Landes Sachsen am Bau eines Kanals landesplanerische und/ bzw. volkswirtschaftliche Aspekte abwägen und einen etwaigen Trassenverlauf klären sollte. Wiedemann hatte dazu Stellungnahmen von Fachstellen und „künftigen Nutznießern" eingeholt, die im wesentlichen im Raum Riesa und Fürstenberg bzw. Stalinstadt/ Eisenhüttenstadt ansässig waren und war abschließend zu einer den Kanalbau befürwortenden Stellungnahme gekommen, allerdings unter gänzlich anderen Voraussetzungen: „Bei einer künftig zu schaffenden Kanalverbindung zwischen Elbe und Oder ist von grundlegend anderen Gesichtspunkten auszugehen. Es handelt sich nicht überwiegend darum, die an beiden Strömen gelegenen Industrieschwerpunkte Riesa und Fürstenberg zu verbinden. Wie der Ausgangspunkt der alten Planung der billige Transport Oberschlesischer Steinkohle war, so ist jetzt der Ausgangspunkt der Planung die Versorgung von Fürstenberg einerseits und Riesa und Gröditz andererseits mit Koks aus Lauchhammer."[111] Der Kanalbau wurde abschließend im Juli 1952 hauptsächlich mit Verweis auf eine zu erwartende Unterauslastung abgelehnt.

---

110 vgl. BA, DE 1, 5108; der Aktenband enthält Stellungnahmen und Aktennotizen zum Bau des ESO-Kanals, Zeitraum Mai 1951–Juli 1952

111 BA, DE 1, 5108, Bl. 8, Schreiben Dr. Kurt Wiedemann, Abt. Landesplanung beim Ministerpräsidenten des Landes Sachsen-Anhalt, HA Wirtschaftsplanung, an die SPK, Plankoordinierung, Regionale Planung, vom 13.3.1952. Die Auseinandersetzungen um den ESO-Kanal zogen sich bis Mitte 1952 hin.

Hervorzuheben ist unter Forschungsarbeiten jener Zeit die „Landschaftsdiagnose der DDR", die eine nahezu flächendeckende Bestandserhebung und kartographische Darstellung ausgewählter Probleme der Flächennutzung war und daher in Zeiten fehlender oder lückenhafter großräumiger Bestandserhebungen eine außerordentliche Leistung darstellte. Auf sie und ihre Bedeutung für die Landesplanung wird noch unter 4.4 näher eingegangen.

Daß auch in der Hauptabteilung Landesplanung beim MfA interessante Konzepte erarbeitet wurden, zeigt ein Schreiben von Stegmann vom 14.8.1951 an die Deutsche Bauakademie mit einer Einladung zu der abschließenden Besprechung einer Verfügung nebst „Richtlinien über die Sicherung von Maßnahmen der Landschaftsgestaltung bei der Durchführung von Bauvorhaben". Diese Richtlinien nahmen etliches von dem vorweg, was später im Landeskulturgesetz der DDR Gesetzeskraft erlangen sollte. Sie sahen vor: die sparsame und sorgsame Verwendung von Böden; Vorrang landwirtschaftlicher Nutzung; Mutterbodenschutz; sorgfältige Behandlung des Wasserhaushalts; Grundwasserschutz und Beachtung der Folgen von Entwässerungen/ Tiefenentnahmen für den Landschaftshaushalt; Vermeidung von Kaltluftschäden; Windschutz; nur ausnahmsweise Beseitigung von Gehölzen, die Windschutz bieten; Schonung von Einzelbäumen; Sperrgebiets-Charakter von Natur- und Landschaftsschutzgebieten. Diese Richtlinien sollten angewandt werden

a) bei der Aufstellung von FNP;

b) bei Neuanlage, Erweiterung oder Verlagerung von Wohnsiedlungen von mindestens 25 Einheiten;

c) bei Neufestlegung von Industriestandorten und Einzelbauwerken in der freien Landschaft;

d) bei der Inanspruchnahme oder Veränderung landwirtschaftlich genutzten Bodens;

e) bei allen wasserbautechnischen Maßnahmen. Der Bergbau sollte in besonderen Richtlinien behandelt werden.

„Die Landesplaner in den HA Aufbau der Länder der DDR werden angewiesen, ihre Zustimmung zur Standortfestlegung nur dann zu erteilen, wenn die vorgelegten Pläne und Berichte über geplante, unter a) bis e) umrissene Bauvorhaben von den Organen für Landschaftspflege und Landschaftsgestaltung in den Ministerien für Land- und Forstwirtschaft oder in den VEB (Z) Projektierung mitgezeichnet sind.[...] Unsere Arbeit muß vor dem Urteil späterer Generationen bestehen können."[112]

---

112 BA, DH 2, DBA/ A/ 28/ 060. Allgemeines

Auch für diese Periode sind die Leistungen der Landesplanung zu relativieren. Trotz der bemerkenswerten konzeptionellen, planerischen und kartographischen Arbeiten blieb die praktische Wirkung der räumlichen Planung auf die genannten Einzelvorhaben beschränkt. In den ersten Volkswirtschaftsplänen und längerfristigen Wirtschaftsplänen der SBZ/ DDR fand sie keinen unmittelbaren Niederschlag.[113] Die Phase der „Kommunalplanung" (Bönisch) war noch nicht abgeschlossen.

---

113   Seit 1948 gab es folgende gesamtwirtschaftliche Pläne: *1. Halbjahresplan 1948 (Juli-Dezember)*: Dieser Übergangsplan der Deutschen Wirtschaftskommission betraf nur die Grundstoffindustrie. Prozentuale Steigerungen wurden bereits als Planziele angegeben. 2. *Zweijahrplan 1949–1950*: Unterteilt in zwei Volkswirtschaftspläne 1949 und 1950, war der Zweijahrplan der Deutschen Wirtschaftskommission und der Staatlichen Plankommission der erste umfassende Wirtschaftsplan. Er wurde noch ohne ausreichende Kenntnis der Produktionskapazitäten aufgestellt. 3. *Erster Fünfjahrplan 1951–1955*: Ausgearbeitet von der Staatlichen Plankommission und vorbereitet durch den Zweijahrplan zielte dieser langfristige Plan auf eine Verdoppelung der Industrieproduktion gegenüber 1950 sowie eine Beseitigung der durch die Teilung Deutschlands hervorgerufenen und durch Kriegszerstörungen und Reparationsleistungen verstärkten Disproportionen in der volkswirtschaftlichen Grundstruktur. Im Vordergrund stand der Auf- und Ausbau der Energieerzeugung (Braunkohlenindustrie), der Schwerindustrie (Erzbergbau, Hütten- und Walzwerke), der Chemischen Industrie und des Schwermaschinen- und Anlagenbaus. Bei den wichtigen Positionen der Grundstoffindustrie konnten die Planziele nicht erreicht und der Bedarf der Verarbeitungsindustrien nicht gedeckt werden. Der Plan wurde während der Planperiode viermal geändert, u.a. als Folge von Abmachungen innerhalb des 1949 gegründeten RGW. Vgl. Rytlewski, Ralf: Planung. In: Bundesministerium für Innerdeutsche Beziehungen (Hg.): DDR-Handbuch, Band 2, M-Z, 3. Auflage. – Köln 1985, 986–1003; die Planänderungen waren auch bereits im Zusammenhang mit den Ereignissen um den 17. Juni 1953 zu sehen.

Übersicht 8: Kartographische Unterlagen zur Landesplanung in Sachsen aus den Jahren 1950–1952

Dok.-Nr.	Titel/ Bezeichnung	Jahr
56	Kraftomnibuslinien in Sachsen	1952
57–58	Generalraumentwicklungsplan Verkehr	1950
103	Generalraumentwicklungsplan der Wasserwirtschaft Sachsen	1950
114	Braunkohlebergbau	1950
115–161	Generalraumentwicklungsplan Energiewirtschaft in Sachsen	1950
190	Industriestruktur Sachsens	1950
359–362	Lausitzer Braunkohle, Landschaftsplanung in Sachsen1950	1950
406–411	Generalraum-Entwicklungsplan Verkehr I und II	1950
414–416	Übersichtskarte Sachsen	1950
419–430	Aufforstungsplan, MAS-Stationen, landwirtschaftliche Nutzflächen, ha-Erträge	1951
432–442	Erwerbspersonen, Haushaltungen, Wohnbevölkerung, Sorben, MTS-Stationen und Landwirtschaft in Ostsachsen u.a.	1951
443	Generalraum-Entwicklungsplan für die Forstwirtschaft in Sachsen	1950
445–475	MAS-, Industriestruktur der Kammerbezirke	1951
477–485	Energieversorgung, Gasversorgung, Industriestruktur	1950
506–508	Kohlevorratskarte 1:300 000	1951
519–521	Altersaufbau Dresdner Stadtbevölkerung	1950
522–523	Viehbestand in Sachsen	1950
524	Großraum-Entwicklungsplan Energiewirtschaft in Sachsen	1951
525–540	Kinos, Theater, Schulen, filmbetreuung, Sporteinrichtungen, Apotheken, Polikliniken u.a. in Sachsen	1951
541–544	Gasversorgung, Hochspannungsnetz Generalraum Entwicklungsplan Energiewirtschaft in Sachsen	1950
551–562	Steinbruchbetriebe, Ziegeleien, Generalraum-Entwicklungsplan Steine und Erden, Kraftwerksleistung, Teichwirtschaft	1950
564–565	Dienststellen Straßenverkehr	1950
566	LKW-Einsatz Deutschlandtreffen der Jugend in Berlin	1950
567–571	Güterumschlagsstellen Straßenverkehrsleitämter	1949–1952

Quelle: Richter, S.86–92 (die Dok.-Nr. entsprechen denen bei Richter; die Unterlagen befinden sich im Sächsischen Hauptstaatsarchiv)

Übersicht 9: Themen von Arbeitsbesprechungen im Ministerium für Aufbau, Institut für Landesplanung, Städtebau und Siedlungswesen (1950) und im Institut für Städtebau der Deutschen Bauakademie (1951/1952)

3.10.1950: Forschungsprogrammentwurf für das Institut I: Landesplanung, Städtebau und Siedlungswesen: 1. Die geschichtliche Entwicklung des Städtebaues in D. seit dem Feudalismus; nach 1945: unter Anwendung von Erfahrungen SU und VD-Ländern. / 2. Der Städtebau in der SU / 3. Planung des Dorfes und der ländlichen Siedlungen / 4. Das gesellschaftliche Zentrum der Stadt / 5. Die Bedeutung und Aufgaben der Wohnbezirkszentren / 6. Die städtebaulichen Prinzipien der Industriestandorte / 7. Die Planung und Begrenzung des Einflussraumes der Städte / 8. Das Siedlungswesen / 9. Die Landschaftspflege in Deutschland / 10. Landesplanerische Einzeluntersuchungen: Raumordnungsplan Senftenberger Braunkohlengebiet; Wassserwege Elbe, Oder, Ostsee; Raumordnungsplan Mitteldeutsches Braunkohlen- und Industriegebiet Leipzig-Halle-Bitterfeld; Raumordnungsplan für das Gebiet der Ostseehäfen; Raumordnungsplan für das Bergbaugebiet des Erzgebirges.

13.10.1950: Protokoll von der Sitzung des Architektenkollektivs am 13.10.50: u.a. anwesend: Lingner, Stegmann, Forschungsprogramm des Instituts I: Landesplanung, Städtebau und Siedlungswesen, Landschaftspflege…, muß von den Grundsätzen und den Aufgaben des Städtebaus ausgehen… Vorschläge für wissenschaftliche Mitarbeiter am Institut: Bronder, Carl, Collein, Duntz, Friedrich, Funke, Geiler, Greiner, Junghans, Dr. Lehmann, Leucht, Lingner, Prof. Paulick, Luise Seitz, Stegmann, Weinberger, Dr. Wiedemann

9.1.1951: Dr. Liebknecht, erster Leiter, gab den Aufbau der DBA bekannt

10.1.1951: Dr. Liebknecht gab die drei Säulen der künftigen Deutschen Bauakademie bekannt: a) Hilfe bei der Durchführung des Fünfjahrplans; b) Gesetz über den Aufbau der Städte in der DDR und der Hauptstadt Deutschlands, Berlin (Aufbaugesetz); c) 16 Grundsätze des Städtebaues; weitere Aufgaben: ländliches Siedlungswesen, Wohnungsbau, Wohnungen für Landarbeiter und Traktoristen, Übersetzung sowjetischer Literatur, Baufachzeitung herausgeben, Austellungen

16.2.1951: Weiterentwicklung der 16 Punkte des Städtebaus: „Das Ziel soll keine abstrakte Interpretation sein, sondern konkrete Richtlinien, Bemessungsgrundlagen und andere Anleitungen für die städtebauliche Praxis"; Fortführung der Arbeit an der Landschaftsdiagnose der DDR; Probleme der Grünplanung in Städten; Planung Fürstenberg an Prof.Paulick übergegangen

9.4.1951: Bericht Junghans über Aufgabenstellung und bisherige Arbeit der Abteilung Städtebau. Besonders wird an der Erweiterung der 16 Grundsätze gearbeitet. „Hierzu ist sowjetisches Material übersetzt und ausgewertet worden." Lingner gab einen Überblick über die bisherigen Arbeiten der Landschaftsdiagnose der DDR

Übersicht 9: **Themen von Arbeitsbesprechungen im Ministerium für Aufbau, Institut für Landesplanung, Städtebau und Siedlungswesen (1950) und im Institut für Städtebau der Deutschen Bauakademie (1951/1952) (weiter von voriger Seite)**

26.4.1951	Wasserwirtschaftsplan der DDR, Fortführung der Grundwasserkartierung der DDR; Abt. Grünplanung: Untersuchungen im Raum Senftenberg; Fortführung der Landschaftsdiagnose der DDR; Aufstellung von Richtzahlen für städtische Grünflächen in Arbeit (Greiner); Festlegung der Grünflächen der Wohnkomplexe und Wohnbezirke; Bericht zur Arbeit an den Entwürfen für die Grüngestaltung
6.7.1951	Übersetzung sowjetischer Literatur
4.10.1951	Abt. Landesplanung (Leiter: Dr. Hanns Lehmann): Es soll ein Grundwasseratlas erarbeitet werden; Abt. Grünplanung (Leiter: R. Lingner), Hinweis auf Fertigstellung der Landschaftsdiagnose
28.3.1952	Dichtetypen für Wohngebiete und Wohnkomplexe im zentralen Bezirk, in den Außenbezirken sowie Diskussion über die Begriffe Nettowohndichte und Bruttowohndichte
8.4.1952	Wettbewerbe zur Grünplanung an Fachschulen, damaliges Thema: Pionierlager Werbellin, Richtlinien für Standortfragen (Prof. Boesler)
6.5.1952	Hinweis auf Tagung der Abt. Grünplanung zu Problemen der Grüngestaltung am 24. und 25.April 1952, Hinweis auf Kulturparkgestaltung als Arbeitsfeld, Geldmangel für Grünanlagengestaltung im Pionierpark Werbellin
19.5.1952	Hinweis auf Arbeit Frl. Günther: Ausstattungsplan für Beispielsdörfer
25.6.1952	Stand der Arbeiten für Richtlinien von Wohnkomplexen, Radfahrwege, Hinweis auf Thema Freiflächengestaltung bei Grünplänen, auf lufthygienische Untersuchungen in mehreren Städten der DDR (1952: Dr. Fisch), Bibliographie-Karteierstellungen in den Abt. Verkehr und Grünplanung
26.9.52	Standortplanung Fürstenberg (Havel)
4.10.52	Wirtschaftlichkeit im Städtebau [A1]

Quelle: H 2, II/ 02/ 12; Aktennotizen und Protokolle der Arbeitsbesprechungen DBA, Institut für Städtebau und Landesplanung, 1952 und 1953; Teilnehmer u.a.: Leucht, Junghanns, Prof.Dr.Boesler, Lingner, Forstmann (Abt.Landesplanung), Radicke, Dr.Behrendt, Rühle, Böhm, Getschmann, Becker, Hinkefuß (Planungsgruppe Berlin), Fischer, Kunz, Czyzewski, Franek (Planungsgruppe Berlin), Greiner, Hasenpflug, Oehlschläger (MfA), Weinberger, Frl. Dr. Günther

4   Zur weiteren Entwicklung der räumlichen Planung in der DDR bis Anfang der 60er Jahre

4.1   Von der „antifaschistisch-demokratischen Ordnung" zum „Aufbau des Sozialismus": Mentale Folgen eines Leitbildwechsels

Zu einer gründlichen Analyse und Diskussion der Inhalte, Arbeitsziele, Methoden und Verfahren, d.h. der gesamten Aufgabenstellung der Landesplanung sowie ihrer entsprechenden Zuordnung kam es bei den einzelnen verwaltungsmäßigen Entscheidungen, und zwar bei allen Entscheidungen seit 1945, nicht. „Im Entwicklungsgang drückt sich der spontane Charakter dieser Entscheidungen aus" – so sollte später Lehmann die Entwicklung beschreiben.[1]

Im Juli 1952 hatte die II. Parteikonferenz der SED beschlossen, mit dem planmäßigen Aufbau des Sozialismus in der DDR zu beginnen. Die zuvor bereits vorhandene „Polarisierung von Befürwortern und Gegnern des Sozialismus verstärkte sich."[2] Die Entwicklung des neuen Staates hatte in diesem Zusammenhang von Anfang an, also bereits vor Gründung der DDR, unter der Zielstellung des Aufbaus einer „antifaschistisch-demokratischen Ordnung" bis hin zum Beschluß über den „Aufbau des Sozialismus" 1952, eine wichtige „mentale" Seite, die zunächst latent, ab 1949 bereits verstärkt und ab 1952 endgültig alles „Alte" als nicht mehr tragbar für die neue Gesellschaft erscheinen ließ.

Das Leitbild der „antifaschistisch-demokratischen Ordnung" orientierte noch auf ein bürgerlich-demokratisches Gesamtdeutschland. Danach sollten lediglich die Schlüsselbetriebe, die großen Konzerne und Banken sowie die adligen Güter und Großbetriebe in der Landwirtschaft verstaatlicht und zentral bewirtschaftet werden. Den Klein- und Mittelbetrieben in Gewerbe, Industrie und Landwirt-

---

1   Lehmann, S. 18; die Auflösung der HA Landesplanung des MfA und die Übernahme eines Teils des Personals durch die SPK wurde den Mitarbeiterinnen und Mitarbeitern z.B. mit lapidaren Bemerkungen, daß es in der Sowjetunion keine Landesplanung gebe und sie daher in der DDR auch nicht notwendig sei, bekanntgegeben, so die mündliche Auskunft von Frau Dr. Hoffmann, die damals unmittelbar betroffen war. Frau Hoffmann wußte bis einen Tag vor Auflösung der HA Landesplanung nicht, daß sie von der HA Städtebau im MfA übernommen worden war. Die Entscheidungsstrukturen und -abläufe sind aufgrund der hier zur Verfügung stehenden Aktenlage nicht genau rekonstruierbar gewesen.

2   Schürer, Gerhard, S. 43

schaft sollte hingegen breiter Raum gelassen werden, was zunächst z.b. die Bodenreform mit der Schaffung von ca. 210 000 neuen kleinen Landwirtschaftsbetrieben
unterstrich. In dieser Ordnung sollten – darauf verweist z.b. die Gründung der
Nationaldemokratischen Partei Deutschlands (NDPD) – auch Mitläufer der Nazis, die sich außer ihrer Mitgliedschaft in Naziorganisationen (außer SS) kaum
etwas zuschulden hatten kommen lassen, einen Platz und die Möglichkeit der
Mitgestaltung finden.[3]

Das Leitbild der „antifaschistisch-demokratischen Ordnung", deren wichtigste
Trägerin unter den politischen Parteien die SED als durch die Erfahrungen in der
Weimarer Republik und dann unter dem NS-Regime geläuterte, aus KPD und
SPD vereinigte Arbeiterpartei sein sollte, hatte „vorher auf jeden Fall eine breitere
Basis für gesellschaftlich wirksame Kräfte geboten" als nach 1952 die Parole vom
„Aufbau des Sozialismus".[4] Es bot nicht nur eine breitere Basis, sondern drückte
am besten die weit verbreitete *Aufbruchstimmung* in der Bevölkerung aus.[5] Aber
schon 1947 wurde dieses Leitbild in der SBZ untergraben – politisch und ökono-
misch. Unter Berufung auf den Marshallplan und die Spaltungspolitik der West-
zonen (nach Gründung der Bizone) setzten sich in der SED und der sowjetischen
Besatzungsmacht Kräfte durch, die so schnell wie möglich nach sowjetischem
Vorbild die sozialistische Umgestaltung der sowjetisch besetzten Zone wollten.[6]
Dieser Prozeß war bereits in Vorbereitung auf den 2. Parteitag der SED 1947 in
der Partei, aber auch in der SMAD inganggekommen. Der Leiter des Parteiaktivs

---

3 Dies war übrigens ausdrücklich auch Stalins Auffassung. Vgl. hierzu Karuscheit, Heiner: Über
das Scheitern des deutschen Kommunismus – Teil II. – In: Weißenseer Blätter 4/1996,
insbesondere S. 62ff.

4 Schürer, Gerhard, S. 43·

5 Zu erinnern ist in diesem Zusammenhang daran, daß Sozialisierungsbestrebungen auch in den
Westzonen weit verbreitet waren und in den Programmen der neu entstehenden Parteien ihren
programmatischen Niederschlag fanden. In Hessen fand am 1.12.1946 eine Volksabstimmung
über den Entwurf der hessischen Landesverfassung statt. 76 Prozent wurden für den vorgelegten
Text abgegeben, in dem umfassende Demokratisierungs- und Sozialisierungsmaßnahmen verfas-
sungsrechtlich verankert wurden. In einer gesonderten Abstimmung mußte über den Sozialisie-
rungsartikel 41 dieser Verfassung abgestimmt werden, der die Überführung der Schlüsselindu-
strien in Gemeineigentum oder unter Staatsaufsicht vorsah. Der Art. 41 fand die Zustimmung
von 72 Prozent der abgegebenen Stimmen; in Nordrhein-Westfalen fand das Sozialisierungsziel
Eingang in die Landesverfassung und steht übrigens noch heute darin. Zu erinnern ist auch daran,
daß es dort auch, vornehmlich an der jeweiligen Parteibasis, massive Vereinigungsbestrebungen
zwischen KPD und SPD gab. Vgl. Quellen und Dokumente zu entsprechenden Entwicklungen
jener Zeit in Billstein, Reinhold: Neubeginn ohne Neuordnung. Dokumente und Materialien
zur politischen Weichenstellung in den Westzonen nach 1945. – Köln 1984

6 vgl. hierzu Karuscheit, insbesondere S. 62ff.; Karuscheit arbeitet heraus, daß Stalin bis zu seinem
Tode die Orientierung auf ein Gesamtdeutschland verfocht und in dieser Auffassung kurz vor
seinem Tode im März 1953 weitgehend isoliert war.

der SMAD, Oberst Tulpanow, war eifrigster Verfechter der Idee eines sozialistischen deutschen Teilstaates. Zwei Monate nach dem Parteitag hatte Ulbricht als Folge einer entsprechenden Forderung Tulpanows dazu aufgerufen, aus der SED eine „Partei neuen Typs" zu machen. In den nächsten Monaten wurde dieses Ziel in der Partei durch die „Ausmerzung des Sozialdemokratismus", die Durchsetzung des „Leninismus" und die Anerkennung der Sowjetunion als Vorbild bereits realisiert. Im Mai 1948 hatte Pieck eine „strategische Änderung unseres Kampfes" angekündigt und die Perspektive verkündet, daß der Ostteil Deutschlands sich „als selbständiges staatliches Gebilde" mit einer „Planwirtschaft nach sozialistischen Grundsätzen" entwickeln werde.[7] In diesem Jahr vergrößerte sich die Machtfülle der DWK, die zunächst nur als Koordinierungsgremium für die recht eigenständigen ZV gedacht war, von diesen kaum akzeptiert wurde und entsprechend wenig Macht hatte. (vgl. 3.1.1)

Der sowjetische Diplomat Semjonow schreibt in seinen Memoiren die Bestrebungen, schon 1948 zum Sozialismus überzugehen, einigen „Hitzköpfen" in der SED zu, nicht der offiziellen Linie der Sowjetunion, wenngleich diese „Hitzköpfe" sich der Unterstützung eines Teils des Politbüros der KPdSU sicher sein konnten.[8] Die Staatsgründung der DDR ging dann zwar nicht auf die Bestrebungen der „Hitzköpfe" zurück, sondern wurde – aus Sicht der Sowjetunion – nach der Staatsgründung der Bundesrepublik unumgänglich, aber die „Hitzköpfe" gewannen doch erheblichen (negativen) Einfluß auf das gesellschaftliche Klima in der SBZ. Die SED verwandelte sich aus einer vereinigten, sozialistisch-sozialdemokratisch orientierten (Arbeiter)partei in eine kommunistische Partei nach dem Vorbild der KPdSU, in der dann nicht nur in parteipolitischer Hinsicht eine Sozialdemokratie- und Intellektuellen-Feindlichkeit wieder Platz griff, sondern in ökonomischer auch eine Feindlichkeit gegenüber jeder Form des Kapitals bzw. des Privateigentums, ob es der kleine Handwerker, der mittelgroße Industriebetrieb oder der Klein- und Mittelbauer war.[9]

---

7   vgl. Karuscheit, S. 65
8   vgl. Semjonow, Wladimir S.: Von Stalin bis Gorbatschow. Ein halbes Jahrhundert in diplomatischer Mission 1939–1991. – Berlin 1995, S. 261f.
9   Die Feindlichkeit gegenüber Großbauern unter 100 ha und Mittelbauern fand ihren politischen Ausdruck in mehreren Verordnungen und Richtlinien, so in der Verordnung vom 19.2. 1953 betreffend die „Übernahme devastierter Betriebe", die einen Vorwand für die Vertreibung zahlreicher Bauern lieferte, ferner in den Kreditrichtlinien der Deutschen Bauernbank vom 6.12.1952, die die Einzelbauern benachteiligten, sowie in verschärften Strafen bei Nichterfüllung von Ablieferungsverpflichtungen und Steuerzahlungen, in nichterfüllbaren Ablieferungsquoten und im Verwehren des Zugangs zu Maschinen-Traktoren-Stationen. Vgl. hierzu die Veröffentlichung der Aufhebung der entsprechenden Richtlinien und Verordnungen in „Der Freie Bauer", 8.Jg., Nr. 24, 14.6.1953, S. 3; infolge dieser Verordnungen und Richtlinien verließen zahlreiche

Letztlich war die Spaltung Deutschlands erst mit der Ablehnung der Note der Sowjetunion vom März 1952 an die westlichen Alliierten, in der als Reaktion auf den Beschluß, Westdeutschland zu remilitarisieren und in die NATO einzubinden die Wiedervereinigung Deutschlands bei freier Wahl der Gesellschaftsordnung gegen die Verpflichtung zur Neutralität vorgeschlagen wurde, besiegelt. Karuscheit schreibt allerdings eine Mitverantwortung an der Spaltung den „Linksradikalen" in der SED-Führung, Ulbricht vorneweg, zu, die den Beschluß zum Aufbau des Sozialismus auf der 2. Parteikonferenz vom Juli 1952 ohne eigentlich notwendige Absicherung durch einen Parteitag und ohne Diskussion über die ökonomischen, außen- und innenpolitischen Konsequenzen gefaßt hätten. „Zur Schaffung der ökonomischen Grundlagen des Sozialismus beschloß die Parteikonferenz, den Aufbau der Schwerindustrie zu Lasten der Konsumgüterindustrie zu forcieren. Die selbständigen Bauern sollten in landwirtschaftlichen Produktionsgenossenschaften zusammengefaßt, die Handwerker sowie das kleine und mittlere Kapital zurückgedrängt werden. Innenpolitisch wurde der Übergang zum ‚Sozialismus' mit der Verschärfung des Klassenkampfes verbunden. Der bisher ‚antifaschistisch-demokratische' Staat sollte nunmehr die Diktatur des Proletariats ausüben. […] Die von den Sowjets empfangene Staatsgewalt sollte also jetzt als ‚Diktatur des Proletariats' gegen Bauern, Handwerker, Intellektuelle, die Kirchen und überhaupt alle eingesetzt werden, die die neue ‚sozialistische' Orientierung nicht teilten und von nun an als Konterrevolutionäre galten."[10]

Vor diesem gesellschaftlichen Hintergrund sind auch die „mentalen Probleme", die Verständigungsschwierigkeiten, das Mißtrauen, ja die Angst unter Landesplanern zu sehen. Die Polarisierung fand in den Jahren bis 1952 auch unter ihnen statt, wenngleich nicht vorrangig als Polarisierung politischer Grundauffassungen, sondern eher indirekt in Form einer von den politischen Grundauffassungen (bewußt und unbewußt) abgeleiteten Gegnerschaft: „Alte" gegen „Neue", „Bürgerliche" (Intellektuelle) gegen „Angehörige der Arbeiterklasse", so verliefen in etwa die Trennungslinien, wenngleich diese Trennungslinien von einigen „Alten" und „Neuen" unter den Planern auch überwunden wurden.[11] Die „Verschärfung des Klassenkampfes" engte darüberhinaus die Möglichkeiten zur Integration der „kleinen Nazis", die es vereinzelt auch unter den Landesplanern (und mehr noch unter den Landschaftsarchitekten) gab, ein. Wie eine Beteiligte an den Vorgängen jener Zeit berichtete, herrschte z.B. in der HA Landesplanung beim MfA zwischen den „Neuen", die in die Landesplanung kamen und den „Alten", die als „Bürger-

---

Einzelbauern Haus und Hof und flüchteten nach Westdeutschland.
10   Karuscheit, S. 69f.
11   Zu nennen ist hier die Zusammenarbeit etwa zwischen einem „Neuen", Gerhard Schmidt-Renner und den „Alten" Ludwig Küttner bzw. Hanns Lehmann.

liche" galten, keine offene, vertrauensvolle Atmosphäre. Der Anteil von „Studierten" am Personal war außerordentlich gering, die wenigen Akademiker waren latenten Anfeindungen und Mißtrauen ausgesetzt, sie wurden als die „Bürgerlichen" angesehen.[12] Unterstützt wurde die Intellektuellenfeindlichkeit durch die SED-Führung. So hieß es im Beschluß der II. Parteikonferenz u.a., daß zur „Brechung des Widerstandes der gestürzten Klassen und die Liquidierung aller Versuche, die Macht des Kapitals wiederherzustellen" die Pflicht bestehe, „zu erhöhter Wachsamkeit zu erziehen. Die jüngsten Ereignisse haben gezeigt, daß unsere Volkspolizei und unsere Staatssicherheitsorgane bereits ein wirksamer Schutz unseres friedlichen Aufbaus sind. Aber sie bedürfen der aktiven Unterstützung der breitesten Volksmassen, um alle heimtückischen Anschläge des Feindes zunichte zu machen. In der Arbeiterschaft wächst bereits die Erkenntnis der eigenen Verantwortung, die Arbeiter nehmen die Betriebe, Maschinen usw. unter ihren persönlichen Schutz. Leider können wir das von unseren wissenschaftlichen Institutionen, Hochschulen und Universitäten noch nicht in gleichem Maße feststellen. Hier herrschen noch vielfach Leichtgläubigkeit und Sorglosigkeit, wodurch es dem Feinde erleichtert wird, gerade an diesen Institutionen sein schmutziges Handwerk zu treiben. [...] Wir müssen besonders die Gelehrten und Studenten, die aus eigener Anständigkeit leicht geneigt sind, auch den Feind für anständig zu halten, von der Gefährlichkeit der liberalen Sorglosigkeit überzeugen und sie zu wachsamen Erbauern des Sozialismus erziehen."[13]

Ein Licht auf den damaligen Qualifikationsstand in den Plankommissionen der Bezirke und Kreise wirft folgende Übersicht: „Von den etwa 1 650 Beschäftigten (vornehmlich Planer und Mitarbeiter der Materialversorgung) der Plankommissionen in den Bezirken und Kreisen arbeiten gegenwärtig 37 Planungskader mit Hochschulabschluß. Hinzu kommen 78 Mitarbeiter der örtlichen Plankommissionen, die sich gegenwärtig im Hochschul-Fernstudium qualifizieren. Die übrigen Vorsitzenden der Plankommissionen der Kreise beteiligen sich am Fernunterricht der Hochschule für Ökonomie und Planung."[14] Die Mehrzahl des Personals kam aus dem Widerstand gegen das NS-Regime oder wurde – wie z.B. auch Gerhard Schürer – unter der Losung „Arbeiter in die Regierung" aus Betrieben in die Administration delegiert und dann für ihre Aufgaben qualifiziert.[15] Aus Sicht der „Alten" wurden sie kaum als Fachleute akzeptiert.

---

12 Mündliche Mitteilung von Frau Dr. Hoffmann am 11.11.1996 in Berlin
13 Beschluß der II. Parteikonferenz der Sozialistischen Einheitspartei Deutschlands zur gegenwärtigen Lage und zu den Aufgaben im Kampf für Frieden, Einheit, Demokratie und Sozialismus. In: Einheit, 7. Jg., Heft 8, August 1952, S. 720
14 BA, DE 1, 4623, Bl. 32
15 Schürer (S. 35f.) schreibt: „Unter der Losung ‚Arbeiter in die Regierung' fischte mich irgend

Ein weiterer Hinweis auf die Bedeutung der „mentalen" Seite in der Entwicklung der räumlichen Planung ergibt sich daraus, daß es nach Gründung der DDR
und dann vor allem nach dem Beschluß zum „Aufbau des Sozialismus" zunehmend
schwieriger wurde, sich offen an westdeutschen bzw. westeuropäischen Vorstellungen und Arbeiten zu orientieren. Zur Übernahme sowjetischer Vorstellungen von
Planung und Leitung gab es in der DDR grundsätzlich keine Alternative: „Die
Frage, ob die DDR auf der Grundlage der Planwirtschaft oder der Marktwirtschaft
aufgebaut wird, stellte sich unter den vorgefundenen Bedingungen für uns ... gar
nicht, vielmehr aber das Problem, wie wir das sowjetische Instrumentarium der
Planung für uns gestalten und anwenden sollten."[16] Spätestens mit dem Beschluß
vom „Aufbau des Sozialismus" wurde die Orientierung an der sowjetischen Planungstheorie und -praxis zur „conditio sine qua non": Wer sich fachlich äußerte,
bezog sich darauf.

Mit der Polarisierung in Sozialismus-Befürworter und -Gegner wurde insgesamt
das gesellschaftliche Klima schlechter: Die Aufbruchstimmung war bereits vorher
erschüttert. Nun war sie dahin, offene Diskussionen wurden schwieriger, Mißtrau-
en ging um.[17]

Daß die Polarisierung bzw. die Gefahr, sich als „Klassenfeind" zu erweisen, auch
unter den Landesplanern bereits Anfang 1951 präsent war, zeigt folgendes Beispiel:
Kurz nach Schürers Arbeitsantritt bei der SPK wurde in einer von der HA
Landesplanung im MfA einberufenen Beratung der Landesplaner über methodische Probleme der Bestandserhebung diskutiert. Dazu diente das Beispiel einer
detaillierten Kreisbeschreibung von Uelzen (Niedersachsen), die der HA-Mitarbeiter Salz vorstellte: „Diese Kreisbeschreibung stellt eine Bestandsaufnahme dar, die
alle Gebiete wie die Pflanzenwelt, die Tierwelt ebenso wie die Bevölkerungsstruktur
anspricht. Sie gibt einen Einblick, wie man in Westdeutschland die gegenwärtigen
Verhältnisse sieht. Sie ist dadurch typisch, daß man Schlußfolgerungen und
Nutzanwendungen unter dem Gesichtspunkt größerer Entwicklungsperspektiven
überhaupt nicht zieht. Sie läßt den grundsätzlichen Unterschied zwischen den

---

jemand [...] aus dem großen Meer der arbeitenden Menschen und delegierte mich zu einem
dreimonatigen Lehrgang auf eine in Mittweida neu gegründete Wirtschaftsschule der Landesregierung Sachsen. Geschult wurden wir in Marxismus- Leninismus, Betriebswirtschaft, Planökonomie und Sozialwissenschaft. [...] Im November 1947 wurde ich zur Personalabteilung der
Landesregierung bestellt und als ich nachmittags meiner Schwiegermutter den neuen Ausweis
zeigte, auf dem stand, daß ich nun ‚Oberregierungsinspektor' bin, sagte sie entsetzt: ‚Mein Gott,
Junge, du warst doch bisher immer ein anständiger Mensch!'"
16   Schürer, S. 65
17   1950 war die Landesplanung davon insofern (indirekt) betroffen, als etwa Grundlagenerhebun-
     gen für die „Landschaftsdiagnose der DDR" (vgl. 4.4) von örtlichen Organen behindert wurden
     (mündliche Mitteilung von Frau Dr. Hoffmann am 11.11.1996 in Berlin).

Auffassungen in Westdeutschland und in der Deutschen Demokratischen Republik zutage treten. Dort gilt nach wie vor die anarchische Entwicklungstendenz, während bei uns überall die Planmäßigkeit sich durchsetzt."[18] Quandt, ebenfalls HA-Mitarbeiter, stellte alternativ dazu eine Strukturuntersuchung in Warnemünde (Ostsee) vor, die innerhalb von acht Tagen erfolgen mußte. Daraus, so Quandt, „ergeben sich gewisse Nachteile aber auch wesentliche Vorteile, weil sie zeigen, daß man mit der herkömmlichen Praxis bei solchen Ermittlungen ebenfalls nicht unter allen Umständen zu arbeiten braucht."[19] Im Protokoll wird deutlich, daß zu dieser Zeit unter den Planern in MfA und SPK eine rationale Auseinandersetzung mit den Methoden des „Klassenfeindes" kaum noch möglich war. Der „Neue", in diesem Falle der SPK-Mitarbeiter Schürer, sah – anders als heute – damals die traditionellen Methoden der Landesplanung in Deutschland als kapitalistisches Erbe, das es zu überwinden galt. Dabei unterlag er keinerlei Argumentationszwang. Die „alten" Landesplaner unter den Diskussionsrednern hingegen versuchten, den Nutzen der Uelzener Studie für die eigene Arbeit (hier: für die Entwicklung einer einheitlichen Methodik der Bestandsaufnahme in der Landesplanung) zu wahren: „Die Kollegen Dr. Wiedemann und Dr. Lehmann anerkannten, daß Warnemünde als Versuch einer neuen Methodik in der Landesplanung anzusehen ist und daß das Ergebnis der Uelzener Untersuchung allenfalls als eine Bestandsaufnahme, nicht aber als eine landesplanerische Arbeit angesprochen werden könne. [...] Der Kollege Schürer bezeichnete die Darstellung über Uelzen im Vortrag als objektivistisch. Es sei falsch, in Westdeutschland überhaupt von einer Landesplanung zu sprechen, denn wo die kapitalistische Anarchie herrscht, sei Planung unmöglich. Der Kollege Kanow schlägt auf Grund der Erfahrungen in Warnemünde eine Programmstellung für eine Bestandsaufnahme vor. Der Kollege Beltz wünscht ebenfalls ein einheitliches Verfahren als Grundlage für die Bestandsaufnahme. Er kritisierte, daß es bei uns sehr schwierig ist, an das statistische Material heranzukommen. Kollege Dr. Lehmann bringt zum Ausdruck, daß wir bei unserer Landesplanung immer wieder von vorn anfangen. Wir kommen nicht zu Ergebnissen, weil das ganze System noch nicht feststeht. Nach dieser Richtung müßten wir uns um Klarheit bemühen. Kollege Böttcher fasst das Ergebnis der Aussprache zusammen: Die Gegenüberstellung Uelzen-Warnemünde hat trotz der Verschiedenartigkeit der Themen und des Umfangs der Untersuchungen beachtenswerte

---

18   BA, DH 2, DBA/ A/ 28, 0 61. Leitung / 29.3.1951, Niederschrift vom 31.3.1951; Bl. 2; es handelt sich bei dem Dokument um das Protokoll über eine Tagung der HA I mit den Landesplanern in Berlin; anwesend: Schürer (SPK), Dr. Wiedemann (Sachsen), Dr. Lehmann (Thüringen), Dr. Kahnt (Sachsen-Anhalt), Kanow (Brandenburg), Beltz (Mecklenburg), Böttcher (HA I) und alle übrigen Mitarbeiter der HA I
19   ebenda

Ergebnisse gebracht. Bei Uelzen liegt das Wesentliche in der technischen Methode,
darüber hinaus enthält es nichts für uns Wichtiges. Unsere Arbeit geht von anderen
Gesichtspunkten aus und müsse mit anderen Methoden vorgehen, schon allein,
weil die dynamische Kraft der Pläne die unsere Arbeit bewegt, ein anderes Arbeit-
stempo verlangt. Die von den einzelnen Landesplanern vorgetragenen Wünsche
sollen Berücksichtigung finden. [...]"[20]

Und daß der Kalte Krieg damals bereits massiv die Köpfe einiger Akteure
erreicht hatte und wie sich dies im Alltagsleben auswirkte, zeigt auch das Beispiel
einer Denunziation während der Übernahme der HA Landesplanung durch die
SPK. So heißt es in einer Aktennotiz vom 12.9.1951 betreffend eine „Rücksprache
mit Genossin K.": „Frau K., die Funktionärin der SED ist, kam zur Personalabteilung und teilte mit, daß die Mitglieder ihrer Partei sehr verwundert sind, daß in
unsere Abteilung die nachstehenden Mitarbeiter übernommen wurden [es folgen
drei Namen L., R. und S., zu denen dann folgende Bemerkungen gemacht werden,
H.B.]: Zu L.: „Über die FDJ bemerkte sie, daß sie in diese Organisation nur eintritt,
wenn sie gezwungen wird. Anlässlich einer Sitzung über das Jugendgesetz, wo man
sich eingehend mit der Frage ihrer eigenen Förderung beschäftigte, erklärte sie in
einer persönlichen Aussprache ‚was die gesagt haben, geht bei mir in das eine Ohr
rein und in das andere‘ raus". Zu R.: „machte merkwürdige Bemerkungen über die
Sowjetunion, die man so oder so auslegen kann. Anlässlich einer Friedenskund-
bung sagte er ‚wir mußten als Kriegsgefangene in der Sowjetunion Sonderschichten
arbeiten, allerdings lag das nicht an den Russen, sondern an den Deutschen, die
das organisierten.‘ Im übrigen ist er glatt und undurchsichtig. In persönlichen
Unterhaltungen schwärmte er von seiner Stammtischrunde in seiner Heimatstadt,
wo er sich heute noch mit Kameraden aus seiner Verbindung trifft. Im übrigen
redet er allen zu Munde". Zu S.: „ist Kommissionsmitglied der BGL, hat sich aber
sehr wenig an den Aufbauarbeiten anlässlich des Weltjugend-Treffens beteiligt, weil
er angeblich immer keine Zeit hat. Hingewiesen darauf, daß er ja nach Feierabend
genügend Freizeit hat, bemerkte er ‚mit meiner Freizeit kann ich machen was ich
will‘."[21]

Die „Genossin K." arbeitete zu dieser Zeit immerhin schon über ein Jahr mit
den Denunzierten zusammen. Für ein gedeihliches Arbeitsklima in dieser Zeit
spricht die Denunziation nicht.

---

20   ebenda, Bl. 2f.
21   BA, DE 1, 28411, Bl. 27

4.2 Das „Verwaltungsvakuum" in der räumlichen Planung von 1952 bis zum IV. Parteitag und die konzeptionelle Entwicklung einer eigenständigen Territorialplanung

4.2.1 Das „Verwaltungsvakuum"

Am 23. Juli 1952 verabschiedete die Volkskammer in Umsetzung des Beschlusses der II. Parteikonferenz der SED das „Gesetz über die weitere Demokratisierung des Aufbaus und der Arbeitsweise der staatlichen Organe in den Ländern der DDR", das eine Neugliederung des Verwaltungsaufbaus der DDR entsprechend den wirtschaftlichen Schwerpunkten vorsah. An die Stelle der 5 Länder traten zunächst 14 Bezirke: Chemnitz (seit 1953 Karl-Marx-Stadt), Cottbus, Dresden, Erfurt, Frankfurt/O., Gera, Halle, Leipzig, Magdeburg, Neubrandenburg, Potsdam, Rostock, Schwerin und Suhl sowie das Stadtgebiet von Groß-Berlin (später der 15. Bezirk). Die Kreise wurden verkleinert (statt 132 gab es dann 217).

Grotewohl führte damals unter der Losung „die Verwaltung näher an das Volk" die Ziele der Verwaltungsreform aus: „Das Ziel unserer Reform besteht darin, daß von der Spitze des Staatsapparates bis zu seiner Basis, also bis zu den Gemeinden und Kreisen, ein kurzer und schneller Weg geschaffen wird. Auf diesem Wege sind wie eine Barriere die Länder mit Parlamenten und Regierungen dazwischengelagert. Mit der Aufgabenentwicklung aus dem Fünfjahrplan sind die eigentlichen Länderaufgaben praktisch immer mehr zusammengeschrumpft. Die Aufgaben entstehen heute aus dem Fünfjahrplan. Sie sind infolgedessen überwiegend zentraler Natur. Der große Länderapparat wurde dadurch immer mehr in die Rolle eines technischen Vermittlers gedrängt.

Der Apparat griff von den Fachministerien der Regierung zu den Länderministerien immer mehr und mehr zum Papier, zum Fragebogen und zum Rundschreiben. Dadurch wurden viele praktische Aufgaben nach unten immer theoretischer und für viele unverständlicher; denn die Länderministerien wälzten die Papierflut auf die Kreise weiter, von wo aus sie die Gemeinden überschwemmten, um schließlich viel Initiative in den unteren Regionen des Staatsapparates zu ersticken. [...] Von der Wiege bis zur Bahre – Formulare, Formulare! (Heiterkeit und starker Beifall.)[...]

Wir schlagen daher vor, unter grundsätzlicher Aufrechterhaltung der Länder die Arbeit der Landtage und Regierungen innerhalb der fünf Länderterritorien zu verteilen auf vierzehn kleinere Bezirke."[22] Juristisch blieben die Länder also bestehen, de facto gab es sie nicht mehr.

---

22 Protokoll der Verhandlungen der II. Parteikonferenz der Sozialistischen Einheitspartei Deut-

Die „Zerstörung der Landesplanung"[23] war logische Konsequenz aus dieser
Bewertung der bisherigen Verwaltungsstruktur durch die SED-Führung auf der II.
Parteikonferenz. Lehmann beschrieb das Ende der Landesplanung später als „Zerschlagung".[24] Die Begriffe sind allerdings zu relativieren: Eine „Zerstörung" und
„Zerschlagung" fand in administrativer Hinsicht statt. In konzeptioneller Hinsicht
gehörte die Landesplanung (bzw. allgemein die Raumplanung in Deutschland)
neben der sowjetischen Raumplanungs-Theorie und -Praxis zu den beiden Quellen
der Territorialplanung in der DDR.

In der SPK blieb eine kleine Hauptabteilung für Gebietsentwicklungsplanung
(HAG) bestehen, die bereits im Zuge der Auflösung der HA Landesplanung und
der Übernahme eines Teils ihres Personals gebildet worden war und zunächst keine
praktische Bedeutung hatte. Nach Schürers Ausscheiden Ende 1951 (er ging zu
einem dreijährigen Studium in die Sowjetunion) leitete formal Böttcher das
Plangebiet, wissenschaftliche Mitarbeiter waren Dr. Richter und Dahlhelm (dieser
als „Planer für Standorte") sowie Loost (als „Planer für Gebiete"). 1954 wurde Dr.
Unrein, vorher in Thüringen wissenschaftlicher Mitarbeiter der Landesplanung,
stellvertretender Plangebietsleiter.[25] Der Aufteilung in Bezirke folgte keine eigentlich erforderliche Neuorganisation der räumlichen Planung, obgleich bei den
Räten der Bezirke und in einzelnen Kreisen formal Referate für Regionalplanung
gebildet wurden. Diese Referate waren aber nur in Ausnahmefällen mit einer
Personalstelle ausgestattet.

So waren zwar auf zentraler und bezirklicher Ebene formal die Institutionen
einer räumlichen Planung vorhanden, zur Wirkung kamen sie aber zunächst nicht,
so daß hier in gewisser Weise ein zeitweiliges „Verwaltungsvakuum" herrschte.
Zwar gab es mehrfach Forderungen der SPK-Planer, die räumliche Planung wieder
zu verstärken und Konzepte, wie sie aussehen könnte, jedoch tat sich bis 1954, bis
zum IV. Parteitag der SED, wenig. Auch die Forderung, den Blick auf Vorbilder

---

schlands. – Berlin 1952, S. 341. Für die Auflösung der Länder wurden auch subjektive Gründe
angegeben: „Hinzu kam, daß manche Mitarbeiter des Staatsapparates, vor allem in den Ländern,
noch an der alten Arbeitsweise des bürgerlichen Staates festhielten und bürokratische und formale
Methoden anwandten. Andere wiederum hatten nicht die nötigen Erfahrungen und Kenntnisse
erworben, um die neuen Aufgaben bewältigen zu können." [Institut für Marxismus-Leninismus
beim ZK der SED (Hg.): Geschichte der deutschen Arbeiterbewegung, Band 7, Von 1949 bis
1955. – Berlin 1966, S. 186

23 vgl. Kind, S. 777
24 vgl. hierzu BA, DH 2, II/ 02/ 12. Die Akte enthält einen wahrscheinlich von Lehmann verfaßten
    Bericht von einer Delegationsfahrt von Architekten und Planern nach Prag, 22.9.-10.10.1953
25 vgl. BA, DE-1, 4693. Die Akte enthält Qualifikationsmerkmale und Stellenpläne für die HA
    Gebietsentwicklungsplanung bei der SPK, ab 1957 HA Regionalplanung, 1955–1960 Arbeits-
    pläne Bereich Perspektivplanung der Bezirke.

in der Sowjetunion zu lenken, bewirkte zunächst nichts.[26] Allerdings hatte bis dahin allgemein die Rezeption sowjetischer Planungsvorstellungen zugenommen.

4.2.2   Der Begründungszusammenhang einer eigenständigen Territorialplanung in der DDR

Theoriegeschichtlich gab es **zwei Quellen der Territorialplanung der DDR:**
Die **erste Quelle** bestand in der Raumplanungstheorie und -praxis der Sowjetunion und anderer sozialistischer oder volksdemokratischer Länder. „Mit der Ausrichtung auf den Marxismus-Leninismus und der Übernahme des sowjetischen Wirtschaftsmodells beeinflußten Theorie und Praxis der räumlichen Planung in der UdSSR und auch in anderen sozialistischen Ländern Europas die Begründung und Entwicklung der Territorialplanung in der DDR. In den 50er Jahren wirkten sowjetische Gastprofessoren u.a. am Institut für Politische und Ökonomische Geographie der Humboldt-Uni(versität) (Prof. Lesnow) und am Institut für Ökonomische Geographie und Regionalplanung der Hochschule für Planökonomie (Prof. Winogradow)."[27] Die Erfahrungen aus diesen Ländern beeinflußten die Vorstellungen u.a. von den Zielen und Grundsätzen der räumlichen Planung, von den Methoden und vom institutionellen Aufbau.[28]

Eine verstärkte Hinwendung zur sowjetischen Territorial-Planungstheorie und -praxis war bereits seit Anfang der 50er Jahre zu verzeichnen. Im April 1950 weilte erstmals eine Delegation von Planern und Architekten zu einer sechswöchigen Studienreise in der Sowjetunion. Im Vordergrund dieser Delegationsfahrt standen Fragen des Städtebaus, nicht einer darüberhinausgehenden Raumplanung, obwohl Fragen zur Landesplanung in der UdSSR gestellt werden sollten.[29] Ein wesentli-

---

26   vgl. z.B. BA, DE 1, 5106: „Entwurf Grundsätze der Gebietsentwicklungsplanung", SPK, Plangebiet Gebietsentwicklungsplanung, vom 3.11.1953.

27   Kehrer, Gerhard: Schriftliche Anmerkungen zum Manuskript, Januar 1997

28   Kehrer sieht die Vorbildwirkung der Sowjetunion so, daß „bei bestimmten raumplanerischen Aktivitäten in der DDR ‚der Blick zum großen Bruder' ... eine Rolle (spielte). Das betraf z.B. die 16 Grundsätze des Städtebaus vom 27. Juli 1950, die nach sowjetischem Vorbild formuliert worden waren und die Einführung der komplex-territorialen Planung 1957/58, die im direkten Zusammenhang mit den Veränderungen in der Leitung von Industrie und Bauwesen in der Sowjetunion im Jahre 1957 (nach dem Territorialprinzip organisiert) stand. Es handelte sich dabei generell um Veränderungen im Planungssystem der Volkswirtschaft mit starkem räumlichen Bezug." – s.o. Gerhard Kehrer: Schriftliche... (vgl. auch Tonbandprotokoll des Gesprächs Behrens – Kehrer vom 13.1.1997 in Berlin, im StUG)

29   vgl. BA, DH 2, DBA/ A/ 28, 0 61. Leitung; Niederschrift vom 13.4.1950; u.a. Vorbereitung einer Delegationsfahrt nach Moskau: „Fragen der Landesplanung, die von der Delegation in Moskau geklärt werden möchten: 1) Begriff der Landesplanung aus der bisherigen Auffassung und Entwicklung? 2) Das organisatorische und strukturelle Verhältnis der Landesplanung zur Wirtschaftsplanung? 3) Gibt es eine landesplanerische Theorie in der Sowjetunion, und wie heißt

ches Ergebnis dieser Reise war die Erarbeitung und Verabschiedung des Aufbaugesetzes der DDR und der „16 Grundsätze des Städtebaus". Sie bedeuteten die Zentralisierung aller wesentlichen städtebaulichen Planungsentscheidungen und sicherten den staatlichen Zugriff auf den Boden in den Aufbaugebieten, die auf der Grundlage dieses Gesetzes ausgewiesen werden konnten.[30]

In wachsendem Umfang wurden auch Lehrbücher und Aufsätze zur Territorialplanung und zur ökonomischen und politischen Geographie als einer ihrer grundlegenden Wissenschaftsdisziplinen übersetzt.[31] Klitzsch gab 1953 eine kom

das grundlegende theoretische Werk dazu? 4) Wie und wo wird landesplanerische Forschung in der Sowjetunion betrieben? Gibt es ein zentrales Hauptinstitut oder einzelne Institute, werden Forschungsaufträge erteilt, woher und wohin? 5) In welcher Art wird die Landesplanung an der Aufstellung der grossen Wirtschaftspläne beteiligt? 6) Nach welchen Gesichtspunkten vollzog sich in der Sowjetunion in den letzten 32 Jahren die Entwicklung der Landesplanung, gibt es ein überblickliches Werk darüber? 7) Welche allgemeine landesplanerische Fachliteratur gibt es in der Sowjetunion? 8) Welche Arbeitsmethodik wurde bei der Aufstellung des großen Aufforstungsplanes der Sowjetunion angewendet? 9) Wie ist die Organisation des städtischen Berufsverkehrs? 10) Nach welchen Gesichtspunkten ist der Ausbau des Straßen- und Verkehrsnetzes in Moskau erfolgt? 11) Wie Planung des Wohnungsbaues in der Sowjetunion und wie Ausbau des ländlichen Schulwesens?"

30 vgl. zu dieser Reise die vom Institut für Regionalentwicklung und Strukturplanung (IRS) herausgegebene Quellenedition: IRS (Hg.): Reise nach Moskau. – Regio doc 1. – Erkner b. Berlin 1997

31 Die wichtigsten Arbeiten sowjetischer Autoren in der Begründungsphase der Territorialplanung der DDR waren (vgl. BA, DE 1, 4623, „Theoretische Grundlagen der Landesplanung/ Regionalplanung/ Territorialplanung"): Die auf Juni 1951 datierte Rohübersetzung der Arbeit von W. S. Wasjutin von der Hochschule für Planökonomie in Moskau mit dem Titel: „Stalin – der Theoretiker und Organisator der sozialistischen Verteilung der Produktivkräfte" (aus „Fragen der Wirtschaft", Nr. 2/ 1950; mit einer Darstellung der Industrialisierung in sowj. Territorien, Veränderungen Infrastruktur etc.) (BA, DE 1, 4623, Bl. 1–23); ohne Quellenangabe der Aufsatz: „Die Tätigkeit der örtlichen Räte auf dem Gebiet der Wirtschaftsplanung sowie die Organisation der örtlichen Planung" (BA, DE 1, 4623, Bl. 24–32); die in der Hochschule für Planökonomie Berlin, Institut für sozialistische Planwirtschaft der UdSSR und der Länder der Volksdemokratien, erstellte und auf den 14.6.1951 datierte Übersetzung der Arbeit von R. Lischwin: „Über die Unterschiede der einzelnen Bezirke in der Arbeits-Produktivität und in den Selbstkosten der Industrieproduktion in der UdSSR" – aus: „Fragen der Ökonomie", Jg. 1950, Heft 6, S. 30 (BA, DE 1, 4623, Bl. 33–52); die Übersetzung des Aufsatzes von W. S. Wasjutin: „Organisation und Methoden der rayonkomplexen Probleme der Volkswirtschaft" – aus: Iswestija Akademii Nauk SSR 3/1950 – mit der ausführlichen Diskussion von Rayonierungsproblemen, d.h. der Probleme der Abgrenzung von Wirtschaftsgebieten, Kategorisierung in Makro-, Meso- und Mikrorayons (BA, DE 1, 5106, Bl. 1–44); eine Übersetzung der Arbeit von K. Bedrinzew: „Wege der Komplexentwicklung der Wirtschaft im Fergana-Tal" – aus: „Fragen der Wirtschaft" Nr. 10/1951 (BA, DE 1, 5106, Bl. 44–56/ der Aufsatz handelt über eine der Hauptbaumwollbasen der SU, außerdem Obstbauplantagen, Seidenproduktion; Probleme großräumiger Bewässerungsanlagen, 35% der Böden waren in verschiedenem Grad von Versalzung betroffen); eine Abschrift vom 23.9.1955: „Zu den gegenwärtigen Problemen der ökonomischen Rayonierung der UdSSR."; es handelt sich um eine Übersetzung aus der sowjetischen Zeitschrift „Nachrichten

primierte Übersicht über die Beiträge dieser Autoren zur Begründung einer sozialistischen Standorttheorie.[32]

Die sowjetischen Ansätze wurden zuerst von Ökonomen aufgegriffen und für die Verhältnisse in der DDR bearbeitet, an der Hochschule für Ökonomie (und Planung) in Berlin von Gerhard Schmidt-Renner und seinen Schülern, z.b. Hans Roos und Gerhard Mohs, an der Technischen Hochschule Karl-Marx-Stadt/ Chemnitz von Friedrich Klitzsch. Mehr in ideologisch-politischer Absicht trug Heinz Sanke (Humboldt-Universität zu Berlin) zur Begründung einer eigenständigen Territorialplanung bei.

Die **zweite Quelle** bestand in den in Deutschland und anderen kapitalistischen Ländern seit dem 19.Jahrhundert entwickelten Raumordnungstheorien „bei Ablehnung von Geopolitik, geographischem Determinismus, Malthusianismus und insbes. der faschistischen Lebensraumtheorie."[33] Besonders die „alten" Landesplaner wie Lehmann (Deutsche Bauakademie) und Ludwig Küttner (Hochschule für Architektur Weimar) versuchten, die weiter nutzbaren Ansätze aus kapitalistischen Ländern, vornehmlich England, den USA und der BRD sowie aus der Geschichte der Raumplanung in die Entwicklung der räumlichen Planung in der DDR zu integrieren.

4.2.2.1   Zur Entwicklung der räumlichen Planung in anderen sozialistischen Ländern

Wichtigste räumliche Probleme waren in der **Sowjetunion**

• die ausgeprägten Entwicklungsunterschiede zwischen den agrarischen bzw. rohstoffliefernden und z.T. noch gar nicht erschlossenen Gebieten und den

---

der Geographischen Gesellschaft der SU", Nr. 4/1955. Verfasser: O. A. Kibaltschitsch und M. N. Stepanow (BA, DE 1, 4623, Bl. 53–71); das Referat des „Genossen Pieplow, Assistent an der Hochschule für Ökonomie und Planung Berlin, auf der Arbeitskonferenz der Vorsitzenden der örtlichen Plankommissionen vom 10.–16.2.1956 zum Thema: Aufgaben und Bedeutung der örtlichen Bilanzierung und ihre Anwendung in der praktischen Arbeit" (BA, DE 1, 4623); M.M. Shirmunski: Zum Gegenstand der ökonomischen Geographie als Wissenschaft. – In: Sowjetwissenschaft, Berlin 1951, Heft 3; ferner die Monographien I.A. Witwer: Die ökonomische Geographie des Auslandes. – Berlin 1952; N.N. Baranski: Die ökonomische Geographie der UdSSR. – Berlin 1954; W.W. Baburow: „Über den Stand der städtebaulichen Generalplanung und die Maßnahmen zu ihrer Verbesserung" (Referat zur Unionskonferenz der Bauschaffenden Moskau 1954). – Berlin 1955; das an der Hochschule für Ökonomie als Lehrbuch genutzte Werk Fejgin, J.G.: Standortverteilung der Produktion im Kapitalismus und im Sozialismus (Übersetzung). – Berlin 1956

32   Klitzsch, Friedrich: Industrielle Standortplanung. Eine Einführung in ihre Probleme. – Berlin 1953

33   Kehrer, Gerhard: Schriftliche Anmerkungen zum Manuskript, Januar 1997

wenigen Industriezentren um Moskau, Leningrad, Charkow, im Dnjeprgebiet
und bei Baku,

• die krassen sozialen Unterschiede und

• das Nebeneinander vorindustrieller und industrieller Gesellschaftsformen.

Lenin hatte 1918 den Entwurf eines Planes für technisch-wissenschaftliche Arbei-
ten mit ersten Richtlinien für eine „sozialistische Standortplanung" vorgelegt, mit
der diesen räumlichen und sozialen Disparitäten begegnet werden sollte. In der
Rangfolge der von ihm beschriebenen Grundsätze der Standortplanung war die
Lösung des Transport- und des Arbeitskostenproblems weit oben angesiedelt. Die
Transportkosten stellten zu dieser Zeit einen der stärksten Kostenfaktoren dar, und
Lenin hatte sich maßgeblich an Arbeiten Alfred Webers orientiert. Wesentliche
Standortfaktoren, d.h. ausschlaggebende Gründe für die Standortwahl von Unter-
nehmern waren für Weber seinerzeit bekanntlich neben den Transportkosten die
Arbeitskosten. Auch in den ersten Jahren nach Lenins Tod fand Weber „als bis
dahin einzige allgemein anerkannte, wenn auch stark umstrittene theoretische
Konzeption der mit dem Standortphänomen verbundenen Probleme die erhöhte
Aufmerksamkeit sowjetischer Wissenschaftler. [...] Alfred Webers Buch ‚Über den
Standort der Industrien' wurde noch 1926 ins Russische übersetzt, und die
Auseinandersetzungen (z.B. Predöhl, Salin u.a.) füllen einen beträchtlichen Zei-
lenraum in der damaligen sowjetischen Standortliteratur."[34] Die Orientierung auf
die Weberschen Transport- und Arbeitskosten als wesentliche Standortfaktoren
wurde dann Ende der 20er, Anfang der 30er Jahre als realitätsfern verworfen.

Der sog. „Generalplan über die Elektrifizierung der russischen Wirtschaft"
(GOELRO-Plan) gilt als erster Plan, mit dem einige der Forderungen Lenins zur
Lösung von Standortproblemen (bzw. allgemein der Disparitäten im damaligen
Rußland) und zwar insbesondere die Forderung nach einer „rationellen Standort-
verteilung der Industrie vom Standpunkt der Nähe der Rohstoffquellen und der
Möglichkeit geringster Arbeitsverluste beim Übergang von der Bearbeitung der
Rohstoffe zu allen folgenden Stadien [...]"[35] verwirklicht werden sollten. Mit dem
GOELRO-Plan war die Aufstellung eines Schemas der ökonomischen Regionie-
rung der Sowjetunion durch die Staatliche Plankommission verbunden, das in der
Folge mehrfach verändert wurde.[36] Seit Mitte der 30er Jahre wurde auf einen
„ökonomischen Rayon" orientiert, der als ein „territorialer Produktionskomplex
mit höchstmöglicher Entwicklung der inneren Produktionsverbindungen und

---

34   Klitzsch, S. 30
35   zitiert nach Klitzsch, S. 29
36   vgl. hierzu und überhaupt zur räumlichen Planung in der Sowjetunion aus sowjetischer Sicht
     Anfang der 50er Jahre Feigin, J.G.: Standortverteilung der Produktion im Kapitalismus und
     Sozialismus. – Berlin 1956. Zur Rayonierung S. 242 ff.

einer Spezialisierung im Rahmen des Staates" definiert wurde.[37] Seine Merkmale sollten sein: Die „rationelle territoriale Arbeitsteilung innerhalb der Rayons und zwischen den Rayons", „Koordination der Arbeit [...] nach dem Produktionsprinzip und territorialen Prinzip der wechselseitigen Bedingtheit und Koordinierung", „qualifizierte Bestandsaufnahme der Produktivkräfte [...] Auf dem Gebiet der Planung muß solch ein System der Erfassung und territorialen Planung gewährleistet werden, das den objektiv bestehenden und planmäßig sich entwickelnden territorialen Gruppierungen der Produktivkräfte in Form der ökonomischen Rayons mit ihren ökonomischen, naturbedingten und nationalen und kulturellen Besonderheiten, sowie ihrer ökonomisch-geographischen Lage entsprechen würde."[38]

Rayonierungsprobleme waren stets Gegenstand der Raumplanungs-Diskussion in der UdSSR,[39] und sie wurden Anfang der 50er Jahre auch in der DDR (und anderen sozialistischen Ländern) diskutiert. Die Rayonierungs-Diskussion in der UdSSR hatte allerdings für die Planungspraxis in der DDR allein schon wegen der unterschiedlichen räumlichen Ausgangsbedingungen keine große Bedeutung, obwohl Rayonierungsansätze, d.h. Versuche, Wirtschaftsgebiete abzugrenzen, auch für die DDR unternommen wurden.[40] Bedeutung hatte die Diskussion eher theoretisch für die Ableitung standortbildender Faktoren und für die Formulierung von Planungszielen und -grundsätzen. Auch durch die Entwicklung der räumlichen Planung in Polen, der CSR, Ungarn und Bulgarien wurden die konzeptionellen, aber auch die institutionellen Vorstellungen einer räumlichen Planung in der DDR beeinflußt.

Architekten und Planer der Deutschen Bauakademie nahmen mehrfach an Delegationsfahrten in die VR Polen teil, um das Planungssystem und die Methodik der polnischen Kollegen kennenzulernen.[41] In der VR Polen war 1945/46 die „Hauptkommission für Raumplanung" gebildet worden, die dem Wiederaufbauministerium unterstand. Ihre Arbeitsweise unterschied sich nicht wesentlich von derjenigen der Landesplanung in Polen vor dem Krieg. Sie war zunächst losgelöst von der Wirtschaftsplanung.

---

37   Klitzsch, S. 34; vgl. auch Feigin, S. 250–255;
38   vgl. BA, DE 1, 4623: „Zu den gegenwärtigen Problemen der ökonomischen Rayonierung der UdSSR"; es handelt sich um eine Übersetzung aus der sowjetischen Zeitschrift „Nachrichten der Geographischen Gesellschaft der SU", Nr. 4/1955. Verfasser: O. A. Kibaltschitsch und M. N. Stepanow, Bl. 54f.; vgl. auch Feigin, S. 257ff.
39   vgl. Feigin, S. 255–257
40   vgl. z.B. Klitzsch, S. 30 f.
41   vgl. zur Situation in der VR Polen BA, DH 2, II/ 02/ 12; Werner Oehme: Städtebau in der Volksrepublik Polen. Auswertung einer Studienreise im Januar 1955. – Karl-Marx-Stadt, 1.Juli 1955 (Manuskript)

Mit dem Beginn der zentralen Planwirtschaft 1949 wurde die Raumplanung
als Regionalplanung bei der „wirtschaftlichen Plankommission" eingegliedert. Für
die Bearbeitung der Regionalpläne bildete sie 1954 das staatliche Entwurfsbüro für
Regionalplanung. Dieses war ein Betrieb mit insgesamt 75 Arbeitskräften (u.a.
Volkswirtschaftler, Städtebauer, Geographen, Geodäten). Für besondere Aufgaben
richtete das Entwurfsbüro Außenstellen ein, z.b. im Schlesischen Industriegebiet,
in Lodz und Krakow mit je 14–15 Kräften. Aufgabe der Regionalplanung war es,
Richtlinien dafür zu entwickeln, wie sich die in den nächsten 15–20 Jahren
geplante wirtschaftliche Entwicklung in einem „geographischen Milieu" auswirken
würde. Regionalpläne wurden bis 1955 für die wichtigsten Industriegebiete aufgestellt (Schlesien, Krakow, Lodz).

Für die bauliche Planung einzelner Städte in den übrigen Gebieten gab das
zentrale Entwurfsbüro Richtlinien heraus, die von der zentralen Plankommission
bestätigt werden mußten. Die Regionalpläne oder „Richtlinien" waren die Grundlage für städtebauliche („urbanistische") Entwurfsprogramme. In den Fällen, wo
solche Richtlinien noch nicht vollständig vorlagen, aber eine städtebauliche Entwicklung zu erwarten war, forderte der örtliche „Generalinvestor für den Wohnungsbau" (meistens die öffentliche Hand bzw. der staatliche Betrieb) zur Vorbereitung seiner Aufgaben Mindestperspektiven bei der zentralen Plankommission
an.

Die Aufstellung und Abstimmung von Regionalplänen (M: 1: 25 000) geschah
wie folgt: Die Abteilung Regionalplanung bei der zentralen Plankommission
erarbeitete auf Grund von Bestandsaufnahmen und Gutachten von Experten einen
Plan zur Entwicklung „wirtschaftlich zusammenhängender Gebiete". Dieser Plan
wurde der Regierung vorgelegt mit Beschlußvorschlägen über Grundsätze der
wirtschaftlichen Entwicklung des betreffenden Gebietes und Aufgaben für die
einzelnen Fachministerien. Nach der Beschlußfassung erarbeitete das Entwurfsbüro für Regionalplanung die Auswirkungen der zukünftigen Entwicklung des
Gebietes „im geographischen Milieu". Nach der Bestätigung wurden, wo erforderlich, Teilpläne im Maßstab 1:10 000 entworfen. So wurde z.B. das schlesische
Industriegebiet in die Teilgebiete Zentrum, Ost, Nord und West zerlegt. Für die
Teilpläne wurden in geeigneten Fällen Wettbewerbe ausgeschrieben, deren Auswertung zur Verbesserung des Regionalplanes führen sollte. Bevor der Plan endgültig abgeschlossen wurde, war er mit den Regionalplänen der Nachbargebiete
abzustimmen. Bis 1955 wurden nur für einige Schwerpunktgebiete Regionalpläne
bearbeitet. Für die Planung von Städten außerhalb dieser Gebiete gaben die
Plankommissionen der Bezirke (Wojewodschaften) „Richtlinien für die Planung
von Städten" heraus. Diese bedurften der Bestätigung durch die zentrale Plankommission.

In **Ungarn**[42] wurde die Raumordnung Ende der 40er Jahre als Regionalplanung institutionalisiert. Ziel war es, die in Ungarn historisch gewachsenen Disparitäten zu überwinden, wobei der Raumordnung die Aufgabe zukam, die räumlichen Aspekte der Volkswirtschaftsplanung zu bearbeiten. 1949 wurde ein Institut für Raumordnung gegründet, das allerdings 1952 wieder aufgelöst wurde; damals wurden die Planung und sogar die statistischen Daten für geheim erklärt, die Planungstätigkeit selbst wurde umorganisiert, der räumliche Aspekt in der Volkswirtschaftsplanung (die Territorialplanung) trat in den Hintergrund gegenüber der Planung nach Wirtschaftszweigen. Die Regionalplanung wurde zwischen 1952 und 1957 nur im engen Rahmen der technischen Siedlungsplanung weiter betrieben, die Territorialplanung als „räumliche Projektierung" (Standortplanung) im Rahmen der Volkswirtschaftsplanung. Die Volkswirtschaftsplanung war den Ressortplanungen übergeordnet.

Dieser Dualismus zwischen der Regionalplanung (Siedlungsplanung) und der Territorialplanung stellte ein großes Problem dar, das vor allem in der abweichenden Betrachtungsweise und Arbeitsmethodik sowie in der Zuordnung wurzelte. Die Regionalplanung, die dem Bauministerium zugeordnet war, wurde durch Architekten entwickelt und geleitet, und infolgedessen wurde die bauliche Seite begünstigt und die gesellschaftliche Seite vernachlässigt. Die Territorialplanung, die dem Staatlichen Planungsamt zugeordnet war, wurde hauptsächlich durch Ökonomen betrieben, die sich lediglich mit Problemen der Standortplanung für einzelne Wirtschaftszweige beschäftigten. Ein, wie Palotas rückblickend wertete, auf die Dauer unhaltbarer Zustand.[43] Seit 1955 wurde daher an der Implementation einer zunächst mit „Regionalplanung" titulierten Raumordnung gearbeitet. Sie wurde 1958 gesetzlich verankert. Der Dualismus wurde zunächst nicht überwunden. Seit Anfang der 60er Jahre wurden allerdings komplexere Teams gebildet, in denen nicht nur Architekten und Techniker, sondern auch Sozialwissenschaftler, Volkswirte usw. saßen, Rechnung getragen. Eine Aufgabe bestand in dieser Phase in der Klärung der wesentlichen Grundlagen und Zielsetzungen der „volkswirtschaftlichen" Territorialplanung und der bisherigen „technischen" Regionalplanung, die auf Probleme der Siedlungsentwicklung beschränkt war. Das betraf auch Probleme einer für beide Richtungen geeigneten Gebietsabgrenzung und der Bestimmung dessen, welche Raumordnungsprobleme gemeinsam bearbeitet werden sollten.

---

42   Vgl. zu Ungarn Palotás, Zoltán: Ungarn. In: Handwörterbuch der Raumforschung und Raumordnung, III RE-Z. – Hannover 1970, 3443–3455
43   Palotas, S. 3444

Für die (technische) Regionalplanung galt als Planungsgebiet die Region.
Regionalpläne konnten in zwei Größenordnungen ausgearbeitet werden:

- als Generalpläne für „Komitate" (Bezirke) im Maßstab 1:200 000 mit Vorschlägen für allgemeine Flächennutzung und für das Siedlungssyssrem;
- als Detailpläne für kleinere Räume im Maßstab 1:200 000 bis 1:25 000 (prob-
  lem- bzw. bereichsbezogen).

Die Territorialplanung befaßte sich zunächst mit Wirtschaftsgebieten bzw. -rayons.
Diese waren aber nicht genug fundiert, u.a. weil die Grenzen dieser Planungsräume
vielerorts von den Verwaltungsgrenzen abwichen und es zu Kompetenz-Problemen
kam. Als Raumeinheiten der Territorialplanung wurden dann die „Komitate"
(Bezirke) bestimmt. Bei bestimmten Planungsarbeiten wurden die Komitate zu
(sechs) sog. Planungsbezirken zusammengefaßt. Die Erfahrungen sowohl der
Regionalplanung als auch der Territorialplanung gingen dorthin, daß die Bezirksebene als Planungsgebiet der volkswirtschaftlichen Territorialplanung am geeig-
netsten war. Diese Erkenntnis bewirkte zwar eine Annäherung der Planungsme-
thodik von Regionalplanung (Siedlungsplanung) und Territorialplanung, jedoch
kam es in den 50er und auch in den 60er Jahren zu keiner „Vereinigung" beider
Richtungen.[44]

Eine gezielte, mit der Planung verbundene Raumforschung gab es in den 50er
Jahren nicht. Die Raumforschung wurde erst seit Mitte der 60er Jahre wieder
institutionalisiert und in Kooperation mit mehreren Fachinstitutionen an Universitäten, mit Projektierungsbüros etc. betrieben.[45] Von Mitgliedern mehrerer Einrichtungen, die sich mit raumrelevanter Planung beschäftigten (Bauministerium
mit Abteilung Regionalplanung, Hauptbehörde Wasserwirtschaft, geographische
und agrarwissenschaftliche Einrichtungen bzw. Lehrstühle, Rat der Hauptstadt

---

44   Im Gegenteil: die Trennung in Regionalplanung (Gebietsplanung im Rahmen des Städtebaus)
     und Territorialplanung (volkswirtschaftliche Territorialplanung) wurde seit 1963 verbindlich
     festgelegt. Die Territorialplanung wurde mit Regierungsbeschlüssen in den Jahren 1964 und
     1967 dem Aufgabenkreis der volkswirtschaftlichen Planung zugewiesen und als Abteilung in der
     „Sektion für perspektivische Planung im Staatlichen Planungsamt" verankert.
45   An der Akademie der Wissenschaften gab es zwei Ausschüsse (einen für Raumfragen, einen für
     Siedlungsfragen), an der TU Budapest ein Forschungs- und Planungsinstitut für Städtebau, für
     die Siedlungs- und Raumforschung wurde dort eine eigene wissenschaftliche Sektion eingerich-
     tet. Darüberhinaus gab es an der TU ein Planungsamt für Städtebau der Hauptstadt mit einem
     Institut für Bauökonomik und Bauorganisation, in dem 1969 schließlich eine Abteilung für
     Raumforschung gegründet wurde. Das Staatliches Planungsamt hatte bis 1966 kein Forschungs-
     institut, nur eine kleine Gruppe von Territorialplanern beschäftigte sich hauptsächlich mit
     operativen und organisatorischen Aufgaben der Raumplanung (Erarbeitung von Entwicklungs-
     konzeptionen und -instruktionen, Lenkung der Planungsorgane hinsichtlich der Vorarbeiten zur
     Territorialplanung). Im 1966 neugegründeten Forschungsinstitut für Planwirtschaft befaßte sich
     dann eine Abteilung mit Territorialplanung bzw. Raumforschung.

Budapest usw.), wurde später eine Landeskommission für die perspektivische Territorialplanung errichtet. Diese Kommission löste allerdings keine umfangreichen einschlägigen Forschungen aus. Das Ergebnis war jedoch die Klärung der grundlegenden Merkmale und Disproportionen der räumlichen Arbeitsteilung des Landes sowie die Darstellung bestimmter Richtlinien zur Lösung der wichtigsten Entwicklungsfragen und die Bestimmung weiter auszuarbeitender Themen.

In der CSR[46] waren nach 1945 die Planungsvorstellungen von der Systematik und Begrifflichkeit her angelehnt an die der UdSSR (volkswirtschaftliche Planung: GOSPLAN/ territorial-raumstrukturelle Planung: GOSSTROJ). Als wesentlichen Unterschied zwischen der Planung vor 1945 und nach 1945 hob Hruska hervor, daß die Raumplanung nun als Tätigkeit staatlicher Organe „mit überbetonter Direktivität von ‚oben', ohne nötigen regionalen Ausgleich von ‚unten'" erfolgte. Es herrschte die Vorstellung, „daß alle Urbanisationsprozesse nach irgendeinem übergeordneten ‚Plan' verlaufen sollten, am besten verbunden mit Planung wirtschaftlichen Charakters, der zugleich die physisch-geographischen Voraussetzungen des Raumes respektieren würde."[47] Vor dem Krieg war dies nicht realisierbar. Voraussetzung dafür waren die Verstaatlichungen nach 1945. Die höchste administrative Planungseinheit wurde Anfang der 50er Jahre der Bezirk.

Die Volkswirtschaftsplanung war auch hier allen Ressortplanungen übergeordnet. Die volkswirtschaftliche Planung wurde als räumliche Planung in ökonomischen Rayons, als Planung komplexer Entwicklung von Großräumen begriffen. Sie galt als Übergangsstufe von ökonomischer zu räumlicher Planung, wenn sie auch natürlich als volkswirtschaftliche Disziplin angesehen wurde. Ziel dieser Planung war der Ausgleich von Disparitäten, die Beseitigung von Disproportionen und die optimale Planung der Produktivkräfte. Die Gebietsentwicklungsplanung beinhaltete hingegen die Siedlungsentwicklungsplanung. Zugrundeliegendes Problem war hier die zersplitterte Siedlungsstruktur (insbesondere die Unterschiede zwischen dem industrialisierten tschechischen und dem „unterentwickelten" slowakischen Teil der CSR). Die Gebietsentwicklungsplanung galt als technische bzw. technisch-ökonomische Projektierung. Organe waren der Regierungsausschuß für Investitionsaufbau, Bezirks- und Kreis-Kommissionen. Die Gebietsentwicklungspläne (Raumpläne in Entwicklungsregionen und Generalpläne/Detailplanungen für Siedlungsgebiete sowie Aufbauplanungen, die aber eher technische Dokumentationen denn Pläne waren) wurden von staatlichen Projektierungsbüros (Entwurfsbüros für Stadt- und Dorfplanung) erarbeitet.

---

46   vgl. Hruska, Emanuel: Tschechoslowakei. In: Handwörterbuch der Raumforschung und Raumordnung, I A-H, Hannover 1970, S. 3415–3426

47   Hruska, S. 3417

Zusätzliche Informationen zum Stand der räumlichen Planung in der CSR in jenen Jahren gibt das Protokoll über eine Delegationsfahrt von Architekten und Planern der Deutschen Bauakademie nach Prag.[48] Ziel der Reise war das „Studium der Methoden sowie der Organisation des Städtebaus im Zusammenhang mit der Gebietsplanung sowie der Architektur und der Denkmalpflege." Dieses Protokoll wurde wahrscheinlich von Lehmann verfaßt. Er stellte in der CSR denselben Dualismus zwischen ökonomischer und technisch-gestalterischer Territorialplanung fest, wie er auch in der DDR von Anfang an (latent) vorhanden war. Die Staatliche Plankommission mache in der CSR „die ökonomischen Planungen im Zahlenwerk", während die Staatlichen Entwurfsbüros für Stadt- und Dorfplanung das Kartenwerk erstellten. Die „Regionalplanung" der Staatlichen Plankommission sehe „nur volkswirtschaftlich in Zahlen – aber nicht, wie sieht das auf der Landkarte aus. Schwierigkeiten in der CSR: Industrialisierung der Slowakei, sprunghafte Entwicklung, bauen ‚auf die grüne Wiese', System ‚es regnet'."[49] Aber, so Lehmann: „In der CSR ist die Arbeit der 30er Jahre nicht zerschlagen worden".[50] Bestandserhebungen aus den Vorkriegsjahren und methodische Vorarbeiten würden systematisch verwendet und z.T. fortgeschrieben. Lehmann war seinerzeit geradezu begeistert von den Arbeitsbedingungen der Gebietsentwicklungsplaner in den Entwurfsbüros und den Forschungsinstituten in der CSR. So gab es, wie er schrieb, für den Bezirk Brünn ein sehr großes Kartenwerk (Planungsatlas und Karten im Maßstab 1:200 000), das im Abstand von 5 Jahren fortgeschrieben wurde, eine Planungsgrundlage, von der die Planer in der DDR nur träumen konnten, ebenso wie von der Personalausstattung. Allein 40–70 Mitarbeiter arbeiteten im Bezirk Brünn. Darüberhinaus gab es dort ein Institut für Architektur und Raumplanung mit insgesamt ca. 35 Mitarbeitern.

„Das Institut hat in 2jähriger Arbeit sowjetische Übersetzungen herausgebracht sowie eine Anzahl selbständiger Arbeiten veröffentlichungsreif vorbereitet. Hierzu gehören: Komposition der Stadt, Ausstattung der Siedlungen, Wirtschaftlichkeit des Städtebaus, Grundsätze der Urbanistik für die Kommunikation, Verunreinigungen der Luft, Das Grün in der Siedlung, Historische Entwicklung der Städte in Böhmen und Mähren, Terminologie der Siedlungsplanung, russisch-tschechisches Wörterbuch. Die Verbindung der

---

48   vgl. BA, DH 2- II/ 02/ 12 ; Delegation DC 442- K/II Bericht von der Delegationsfahrt von
        Prof. Edmund Collein, Vizepräs. der DBA, Arch. Kurt Leucht, Dir. des Instituts für Städtebau
        bei der DBA, Dr. Johannes Lehmann, Abt.Ltr. für Gebietsplanung im Institut für Städtebau,
        Walter Pisternik, Leiter der HA Architektur . Städtebau im Ministerium für Aufbau (Ltr. der
        Del.) nach Prag, 22.9.-10.10.1953.
49   vgl. BA, DH 2- II/ 02/ 12 ; Delegation DC 442- K/II, S. 6
50   vgl. ebd.

Gebietsplanung mit der Stadtplanung ist noch nicht gewährleistet. Begriffsbestimmungen: Urbanistische Planung, Urbanistische Projektierung; Stufen der Arbeit: Perspektive (für 20 Jahre), Bebauungsplan (Aufbauplan) – für 5 Jahre; Teilbebauungsplan (für das Volkswirtschaftsjahr). [...] In der CSR werden Rayonprojekte gemacht (gehen über die Verwaltungsgrenzen hinaus), weil aus technischen Gründen nicht alles zugleich bewältigt werden kann. Beim Rayon-Projekt bestehen folgende Arbeitsstufen:

1. Bestandsaufnahme mit Analyse

2. Vervollständigung der Unterlagen

3. Planaufstellung für den Rayon mit Bestätigungen

4. Aufstellen des Rayon-Projektes (drei Anlagen: a) Plan des Bestandes mit sämtlichen Einrichtungen; b) der Entwurf mit verschiedenen Varianten; c) Erläuterungsbericht für die ausgewählte Variante)." [51]

Beim Ministerium für Aufbau wurde ein Planungskataster geführt, „zur Sicherung der flächenmäßigen Kartierung des Volkswirtschaftsplanes und der Perspektive. Die Planungskommission hat die Ökonomische Planung und die statistische Übersicht; es fehlt ihr die Aufschluß gebende Flächenübersicht. Die Übersicht der Plankommission ist ein Zahlenwerk, das Plankataster ist ein Kartenwerk – ständige Fortschreibung mit gesetzlicher Meldefrist alle 5 Jahre." [52]

Hruska bewertete den Dualismus zwischen ökonomischer Territorialplanung und Gebietsentwicklungsplanung später wie folgt: „In ökonomischer Abhängigkeit, aber verwaltungsmäßig getrennt, verläuft die ,räumliche Planung': Gebiets-, Territorial- oder Raumplanung ähnlich wie im ,Gosstroj' in der UdSSR. Hier beginnt schon die Verwirrung, da bei dem Sammelbegriff für alle Planungen im Raume jedenfalls die Bezeichnung ,Landesplanung-Regionalplanung' für *höhere* Stufen der Planung im Raume reserviert werden muß." [53] [...] „Die Aufteilung in zwei rivalisierende Ressorts (ökonomischer ,Gosplan' und räumlich-planender ,Gosstroj', wo ursprünglich die Ökonomen diktierten, während dann die Raumplaner versuchten, zu Worte zu kommen, wo also einer den anderen von seinen Vorstellungen abhängig machen will), zeigte, daß es nur auf einer gemeinsamen räumlich-ökonomischen Basis möglich ist, wirklich zu planen." [54] Diese Erkenntnis sollte jedoch erst in den 70er Jahren zu Fortentwicklungen des Planungssystems führen.

---

51   vgl. BA, DH 2- II/ 02/ 12 ; Delegation DC 442- K/II, S. 22
52   vgl. ebd.
53   Hruska, S. 3416
54   Hruska, S. 3424f.

Zunächst entstand also in allen hier genannten Ländern (außer der UdSSR) wie auch in der SBZ eine eher „traditionelle" Raumordnung mit der engeren Zielstellung, über Flächennutzungspläne, Siedlungs- und Infrastrukturplanung indirekt die regionale Wirtschaftsentwicklung zu beeinflussen. Das entsprach der Ausgangsbedingung einer noch weitgehend auf Privateigentum an Produktionsmitteln fußenden Ökonomie.

4.2.2.2   Zur Entwicklung der wissenschaftlichen Diskussion über räumliche Planung in der DDR bis Mitte der 50er Jahre

Bis Mitte der 50er Jahre war in der DDR eine theoretische Auseinandersetzung mit einer über die Probleme des Städtebaus hinausgehenden räumlichen Planung insgesamt nur sehr schwach entwickelt. Es gab nur die geschilderten Auseinandersetzungen um die „alte" Landesplanung und ihr Verhältnis zur Wirtschaftsplanung. Diese Auseinandersetzungen gingen aber mehr von Kompetenzstreitigkeiten aus als von dem Wunsch, Ziele, Aufgaben und Organisation der räumlichen Planung neu zu bestimmen. Roos stellte noch 1955 fest: „Es gibt in unserer Republik bis heute nur ein einziges wissenschaftliches Werk, das die theoretischen Probleme der Organisation und Methodik der Regionalplanung in der DDR behandelt. Das ist die im Jahre 1953 in der Reihe ‚Diskussionsbeiträge zu Wirtschaftsfragen' erschienene Broschüre von Dr. Gerhard Schmidt-Renner über ‚Räumliche Verteilung der Produktivkräfte'."[55] In der ökonomischen Geographie gebe es auch keine größere Arbeit über die Entwicklung der Wirtschaftsgebiete, und die „verfügbaren theoretischen Arbeiten auf dem Gebiet der ökonomischen Geographie sind daher vorwiegend von sowjetischen Autoren verfaßt."[56] Lehmann sah Jahre später *einen* Grund für die fehlende wissenschaftliche Auseinandersetzung mit der räumlichen Planung nach einer Delegationsfahrt von Architekten und Planern der DBA in die CSR in einer verfehlten Personalpolitik: „Was haben wir falsch gemacht? Wir haben wissenschaftliche Mitarbeiter zu praktischen Arbeiten herangezogen oder Männer mit wissenschaftlichen Arbeiten betraut, die in die Projektierung oder in die Verwaltung gehörten." [57]

Dennoch gab es – aus den genannten zwei Quellen „Raumplanungsgeschichte in Deutschland" und „Erfahrungen der UdSSR und anderer sozialistischer Länder" gespeist – einige bemerkenswerte konzeptionelle Vorarbeiten für eine theoretische Begründung und eine (Neu-) Organisation der räumlichen Planung als „Territorialplanung" in der DDR. Diese Vorarbeiten liefen allerdings zunächst nicht unter

---

55   Roos, S. 1
56   Roos, S. 2
57   vgl. BA, DH 2- II/ 02/ 12 ; Delegation DC 442- K/II, S. 22

dem Stichwort „räumliche Planung" oder „Territorialplanung", sondern unter „Standortplanung".

Wichtige „institutionelle Motoren" für die konzeptionelle Entwicklung der räumlichen Planung waren dabei seit Gründung der DDR weniger die HA Landesplanung im MfA und die SPK mit ihrer Abteilung Gebietsentwicklungsplanung, sondern mehr die wissenschaftlichen Einrichtungen.

In der Deutschen Bauakademie (DBA), die am 1.1.1951 ihre Arbeit aufnahm, wurde u.a. ein Institut für Städtebau und Landesplanung gebildet. „Alte" Landesplaner wie Hanns Lehmann (Thüringen), Ernst Kanow (Brandenburg) und Werner Giese (Mecklenburg) wurden im Laufe des Jahres 1951 im Zuge der Auflösung der HA Landesplanung im MfA Mitarbeiter in diesem Forschungsinstitut, das unter Leitung von K.W. Leucht stand. Stellvertretender Institutsleiter war bis 1957 Hanns Lehmann, danach Prof. Dr. Boesler, der später „Republikflucht" beging. Das Institut hieß nur kurze Zeit Institut für Städtebau und Landesplanung, später nur Institut für Städtebau, dann wiederum Institut für Städtebau und Siedlungswesen, danach schließlich ISA – Institut für Städtebau und Architektur. Hans Mucke von der DWK wurde in der Deutschen Bauakademie Direktor des Forschungsinstituts für die Architektur ländlicher Bauten. Von Bedeutung für die Entwicklung der Territorialplanung war darüberhinaus die am 4.10. 1950 gegründete Hochschule für Ökonomie (und Planung) in Berlin-Karlshorst.[58] In der HfÖ fand seit 1952 am Institut für Standortplanung[59] entsprechend den praktischen Anforderungen der Standort- und Investitionsplanung zunächst die Ausbildung von Standortplanern und später die von Territorialökonomen und -planern statt. Damit sollte dem o.g. „Kaderproblem" abgeholfen werden. Von der HfÖ gingen die stärksten Impulse für die Entwicklung einer neuen, marxistisch begründeten Raumplanungstheorie (und später für ihre Umsetzung) unter Auswertung der sowjetischen Planungstheorie und -praxis aus. Von Bedeutung für die konzeptio-

---

58   Die Hochschule hieß von 1950 bis 1956 „Hochschule für Ökonomie und Planung", ab 1956 „Hochschule für Ökonomie" (HfÖ). Die Hochschule für Ökonomie wurde mit Wirkung vom 1.8.1956 durch Zusammenschluß der Hochschule für Ökonomie und Planung und der Hochschule für Finanzwirtschaft neu gegründet.

59   Das Institut für Standortplanung wurde am 10.1.1952 gegründet; 1. Leiter war Gerhard Schmidt-Renner, Mitarbeiter Hans Roos, Werner Gringmuth, Gerhard Mohs, Erhard Meyer. Das Institut wechselte mehrfach seinen Namen: Institut für Standortplanung 1952–1954; Institut für Politische und Ökonomische Geographie (1954–1956); Institut für Ökonomische Geographie und Regionalplanung (1956–1968). Seit 1968 gab es den Wissenschaftsbereich Territorialökonomie. Vgl Kehrer, Gerhard: Zur Entwicklung des Wissenschaftsbereiches Territorialökonomie und seine weiteren Aufgaben. – In: Hochschule für Ökonomie „Bruno Leuschner", Wissenschaftsbereich Territorialökonomie (Hg.): Wissenschaftliches Kolloquium – Beiträge: 30 Jahre territorialökonomische Lehre und Forschung an der Hochschule für Ökonomie „Bruno Leuschner". – Berlin 1982, S. 7–17

nelle Entwicklung der Territorialplanung war auch die Arbeit von Geographen und
Ökonomen an verschiedenen anderen Hochschulen der DDR und an der Deut-
schen Akademie der Landwirtschaftswissenschaften (DAL), von der bereits 1953
ein Memorandum zur räumlichen Planung vorgelegt wurde. Als wichtige Vertreter
dieser Einrichtungen sind hier insbesondere zu nennen: Gerhard Schmidt-Renner
(Hochschule für Ökonomie), Friedrich Klitzsch (Technische Hochschule Karl-
Marx-Stadt/Chemnitz) Hanns Lehmann (DBA), Ludwig Küttner (Hochschule für
Architektur und Bauwesen Weimar), Heinz Sanke (Humboldt-Universität zu
Berlin) sowie Kurt Wiedemann (nach 1952 RdB Dresden).

    Die Grundposition aller dieser Planer war, eine den neuen gesellschaftlichen
Verhältnissen und den ökonomischen und raumstrukturellen Bedingungen in der
DDR entsprechende Raumordnungstheorie und -praxis zu begründen und die
gegebenen gesellschaftlichen Möglichkeiten der räumlichen Ordnung durchzuset-
zen. Zu diesen Möglichkeiten gehörte z.B. die (zentrale) Investitions- und Standortplanung, die gerade auch von den „alten" Landesplanern begrüßt wurde. „Die
Territorialökonomen, auch die Ökonomischen Geographen der DDR waren
bestrebt, eine den spezifischen Bedingungen der DDR (anfangs auch noch stark
vom Gedanken der Wiederherstellung der Einheit Deutschlands beeinflußt[60])
entsprechende ‚neue Raumordnungslehre' zu schaffen, die auf der Basis der ‚von
Ausbeutung und Anarchie freien neuen gesellschaftlichen Verhältnisse' beruhte.
Ihr primäres Anliegen bestand längere Zeit (etwa bis Ende der 50er Jahre) darin,
die staats- und wirtschaftsleitenden Organe der DDR von der Notwendigkeit zu
überzeugen, daß auch in einem so kleinen Land, wie der DDR, eine Raumplanung
notwendig sei."[61] Schmidt-Renner sprach gar von einem Vorbildcharakter einer
sozialistischen Raumplanung für ganz Deutschland. Auf der Grundlage dieser
Grundposition gab es insbesondere unter den Wissenschaftlern eine konstruktive
Zusammenarbeit zwischen den Vertretern der „neuen" räumlichen Planung
(Schmidt-Renner et al. von der HfÖ) und den „alten" Landesplanern (wie Lehmann, Küttner, Wiedemann et al.).

    Die Arbeiten dieser Wissenschaftler war anfangs stark durch die praktischen
Anforderungen gekennzeichnet, die sich aus der Investitions- und Standortplanung in der DDR Anfang der 50er Jahre stellten. Eine bemerkenswerte Abhandlung erschien 1953: „Industrielle Standortplanung" von Friedrich Klitzsch, einem
Betriebswirtschaftler von der **Technischen Hochschule in Karl-Marx-Stadt/**

---

60   Für Klitzsch, (vgl. ebenda, S. 43) stellte „die möglichst rasche Wiederherstellung der deutschen
      Einheit" das „Zentralproblem" dar. Jede „Neuverteilung der Produktivkräfte" innerhalb der
      DDR müsse auf ihre Auswirkungen auf die „Gestalt einer künftigen gesamtdeutschen Wirt-
      schaftspolitik" hin gesehen werden.
61   Kehrer, Gerhard: Schriftliche Anmerkungen zum Manuskript, Januar 1997

Chemnitz. Der Titel drückte bereits den Erkenntnisgegenstand aus. Klitzsch befaßte sich darin zunächst mit der Geschichte der Theorien zum „Standortproblem". Er untersuchte kursorisch die Standorttheorien „bürgerlicher" Ökonomen und Geographen wie Johann Heinrich von Thünen, Wilhelm Roscher, Albert Schäffle, Wilhelm Launhardt, Alfred Weber, Hans Ritschl, Hans Weigmann, August Lösch, Alfred Hettner, Alfred Rühl, Nikolaus Creutzburg und Carl Troll.[62] Ziel der Untersuchung war es, herauszuarbeiten, welche Faktoren diese Autoren für die Standortbildung (einschließlich der Agglomerationen) als maßgeblich betrachteten und welche davon noch von Bedeutung waren. Dabei kritisierte Klitzsch die Überbetonung des Transportkostenproblems oder die Webersche Beschränkung auf die Transport- und Arbeitskosten. Dem „geographischen Determinismus", d.h. der Auffassung von der dominierenden bzw. determinierenden Rolle des „geographischen Milieus" nicht nur für die industrielle Standortbildung, sondern für die gesellschaftliche Entwicklung überhaupt, erteilte er eine deutliche Absage. Das „geographische Milieu" habe lediglich einen modifizierenden Einfluß. Überhaupt seien sämtliche Standortfaktoren keine unveränderlichen Größen, sondern abhängig von der gesellschaftlichen Entwicklung. So ändere sich z.B. die Rolle der Transportkosten mit der technischen Entwicklung oder den Rohstoffpreisen.

Klitzsch stellte dann am Beispiel des GOELRO-Planes dar, daß sich die Territorialplanung in der Sowjetunion anfangs stark an den Arbeiten Webers und hier vor allem an dessen Deutung des Transportkostenproblems orientierte. Aber: „Die sozialistische Planwirtschaft gehorcht ihren eigenen Gesetzen [...] Die Planwirtschaft gestattet – [...] – die Schaffung völlig neuer, buchstäblich aus dem Boden gestampfter Industriestandorte, an denen entweder eine Neuansiedlung von Arbeitskräften erfolgt oder – [...] – durch den Bau neuer Verkehrslinien eine Verbindung mit älteren Wohngebieten herbeigeführt wird. Durch diese neuen Transportverbindungen erfährt aber wiederum der Transportkostenfaktor eine Änderung, ganz abgesehen davon, daß durch die neuen Bahnverbindungen neue, zusätzliche Absatzgebiete gewonnen werden können, was wiederum auf die Kalkulation zurückwirken muß – kurzum, diese wenigen Beispiele beweisen zur Genüge, daß in der sozialistischen Planwirtschaft die Weberschen Standortfaktoren – wenn wirklich ernsthaft mit ihnen gearbeitet würde! – sich fortlaufend derartige Modifikationen gefallen lassen müßten, daß sie in der praktischen Planungsarbeit als unbrauchbar beiseite gelegt werden müßten."[63] Hier zeigte sich auch ein zentrales Anliegen Klitzschs: Es bestand darin, die Rolle der sozialistischen

---

62   Klitzsch, S. 22–39
63   Klitzsch, S. 30 und 31

„Produktionsverhältnisse", hier: der staatlichen Planung zu betonen, die in Klitzschs Sicht fast schon eine beliebige Modifikation der Standortfaktoren ermöglichte.

Den Hauptteil der Untersuchung machte die Erörterung des „Standortproblems im Fünfjahrplan der Deutschen Demokratischen Republik" aus. Hier stellte er dar, daß die sowjetischen Rayonierungsansätze für die DDR nur begrenzt anwendbar seien. Als einen möglichen Ordnungsansatz für eine ökonomische Rayonierung nannte er die Zentrale-Orte-Theorie Christallers , zumal im §1 des Gesetzes über den (1.) Fünfjahrplan der DDR ausdrücklich auf die Notwendigkeit hingewiesen worden sei, bei der Durchführung des Wohnungsbauprogramms insbesondere die neuen Industriezentren und die zentralen Orte auf dem Lande zu berücksichtigen.[64] Klitzsch ging auch kurz auf Ansätze deutscher Wirtschaftsgeographen und Ökonomen zur Abgrenzung von Wirtschaftsgebieten ein. Ausgehend von einer Arbeit des Wirtschaftsgeographen Erwin Scheu aus dem Jahre 1928 schlußfolgerte er, daß in der DDR – wenn überhaupt – lediglich die Südbezirke Magdeburg, Halle, Erfurt, Suhl, Gera, Leipzig, Karl-Marx-Stadt und Dresden einen „territorialen Produktionskomplex" bildeten (gemäß Scheu die „mitteldeutsche Wirtschaftsprovinz"), während die von den Bezirken Potsdam, Frankfurt/Oder und Cottbus gebildete „märkische Wirtschaftsprovinz" (Scheu) und das „agrarische Kernland der Republik", die Bezirke Neubrandenburg, Schwerin und Rostock, eher als zu entwickelndes „industrielles Neuland" zu betrachten seien, denen die wichtigsten Merkmale eines „territorialen Produktionskomplexes" noch fehlten.[65] Im Norden forderte er verstärkte Industrialisierung, im Süden aufgrund der begrenzten Aufnahmekapazität für neue Industriekomplexe bei gleichzeitig vorhandenen besten landwirtschaftlichen Böden besonders sorgfältige Standortplanungen.

In jedem Fall müßte die Standortplanung, von der Staatlichen Plankommission über die Planungsorgane auf Bezirksebene bis zu den Fachressorts, auf detaillierten regionalen Bestandsaufnahmen der Standortfaktoren fußen, an deren Bearbeitung die geographischen Institute der Hoch- und Fachschulen beteiligt werden müßten. Als Negativbeispiel einer Standortplanung diente ihm das Eisenhüttenkombinat Stalinstadt (Eisenhüttenstadt), bei dem „die Forderung der komplexen Entwicklung dieses großangelegten Planvorhabens weder bei der Festlegung der einzelnen Plandispositionen, noch bei der Kontrolle des erreichten Leistungsstandes mit der erforderlichen Gewissenhaftigkeit beachtet wurde", weil eine komplex angelegte Analyse der Standortfaktoren fehlte und Ressortgeist die eigentlich notwendige

64   Klitzsch, S. 45
65   Klitzsch, S. 45

Zusammenarbeit bzw. Abstimmung der Fachministerien, Ämter und Organisationen verhinderte.[66] Aufgabe der Standortplanung im laufenden Fünfjahrplan sei mindestens, einige Prinzipien für zukünftige Planungsvorhaben zu erarbeiten.

Gerhard Schmidt-Renner von der **Hochschule für Ökonomie (und Planung) in Berlin-Karlshorst** faßte Anfang der 50er Jahre die mit Blick auf die DDR als wesentlich betrachteten Prinzipien der Standortplanung zusammen, unter Bezugnahme auf Lenin, auf den GOELRO-Plan, auf Forderungen Stalins im Zusammenhang mit der Begründung des zweiten Fünfjahrplans der Sowjetunion 1930 und auf Erfahrungen aus der CSR:

- Annäherung der Industrie an die Rohstoff- und Brennstoffquellen und an den Konsum zur Vermeidung unnötiger Transporte;
- rationelle Fusion und Konzentration der Produktion (bei Ablehnung aller Gigantomanie);
- maximale Ausnutzung örtlicher Reserven;
- Elektrifizierung von Industrie, Verkehr und Landwirtschaft;
- Schaffung von industriellen und landwirtschaftlichen Stützpunkten in zurückgebliebenen Gebieten;
- Allseitigkeit der bezirklichen Entwicklung bei gleichzeitig komplexer Entfaltung der bezirklichen Spezialproduktionen;
- schrittweise Aufhebung des Gegensatzes von Stadt und Land.[67]

Es gehe allerdings nicht darum, Erfahrungen aus der Sowjetunion schematisch zu übertragen, sondern um „eine sinngemäße Anwendung der Prinzipien unter den besonderen Verhältnissen, die bei uns herrschen. Mit der Herstellung richtiger räumlicher Proportionen auf dem Gebiete der Deutschen Demokratischen Republik schaffen wir aber auch ein Beispiel, das nach der Wiederherstellung der deutschen Einheit ganz Deutschland zum Vorbild dienen kann. Es wäre völlig absurd, die Lösung dieser Aufgabe erst nach der Vereinigung des gespaltenen Deutschlands in Angriff nehmen zu wollen."[68]

Schmidt-Renner forderte eine Rekonstruktion der räumlichen Planung mit Verweis auf die ungleichmäßige ökonomisch-geographische Situation in der DDR, auf vom Kapitalismus ererbte räumliche Disproportionen und auf Verschwendung an „vergegenständlichter und lebendiger Arbeit, vor allem durch Transporte".[69]

---

66 Klitzsch, S. 57
67 vgl. Schmidt-Renner, Gerhard: Zum Problem der räumlichen Planung in der Deutschen Demokratischen Republik. In: Wirtschaftswissenschaft, 3.Jg., 1955, H. 2. – Berlin 1955, S. 199
68 Schmidt-Renner, zum Problem…, S. 200
69 vgl. z.B. Schmidt-Renner, S. 197–205; ferner Schmidt-Renner, Gerhard: Regionale Probleme der Städteplanung in der Deutschen Demokratischen Republik. Über Zusammenhänge zwischen Städtebau, Stadtplanung, Gebiets- und Volkswirtschaftsplanung. In: Diskussionbeiträge zu Wirtschaftsfragen, Heft 19: Regionale Probleme der Städteplanung. – Berlin 1955, S. 5–42

Die bisherige Konzentration auf Schwerpunktaufgaben des Städtebaus, der Landwirtschaft (Planung von MTS) sowie auf Investitions- und Standortentscheidungen einzelner Industriezweige sei in den ersten Jahren nach dem Krieg verständlich
gewesen, reiche nun aber nicht mehr aus.

Eine maßgebliche Voraussetzung für eine Rekonstruktion der räumlichen Planung unter dem Ziel: „planmäßige Herstellung richtiger Proportionen in der
räumlichen Verteilung der Wirtschaft und des von ihr abhängigen gesamten
gesellschaftlichen Lebens"[70] sei durch die Überführung der entscheidenden Pro-
duktionsmittel in Volkseigentum hergestellt worden. Er schlug ein fünfstufiges
Verfahren für den Aufbau eines Planungssystems und entsprechender Institutionen
vor:

1. umfassende Bestandsaufnahme der Verteilung von „Naturvorkommen, der
   sonstigen Naturbedingungen, der sachlichen und menschlichen Produktivkräfte (einschl. Familien), der verkehrsmäßigen, politischen, administrativen, kulturellen, sozialen, verteilenden, sanitären u.a. Einrichtungen, der örtlichen
   Produktionswerte und des örtlichen Niederschlages der verschiedenen Produk-
   tionsformationen (volkseigene, genossenschaftliche, kapitalistische und einfache Warenproduzenten, ...). Die Ergebnisse sind festzuhalten in Gemeinde-
   pässen oder -ausweisen. [...] Analyse dieses Strukturbildes [...]. Bilanzierung
   der Ergebnisse in regionalem Maßstab nach Ist und Soll als Ausgangsbasis für
   die anschließende regionale Koordinierung (Stufe 2) [...]. Fortschreibung der
   regionalen Bilanzen [...]"[71];
2. Regionale Koordinierung von Vorgaben der SPK für die einzelnen Wirtschaftsbereiche einerseits und Vorschlägen aus den Gebieten (Gemeinden, Kreise und
   Bezirke) andererseits mit dem Ziel, Disproportionen zu überwinden;
3. Aufstellen regionaler Entwicklungspläne und gesetzliche Verankerung dieser
   Pläne in den Fünfjahrplänen. Regionale Aufschlüsselung volkswirtschaftlicher
   Planziffern auf der Basis der regionalen Bilanzen und Aufstellung langfristiger
   regionaler Perspektivpläne, für die der Zeitrahmen eines Fünfjahrplanes nicht
   ausreicht (Wasserversorgung, Energie, Verkehr usw.);
4. Ableitung von Entscheidungen über örtliche Investitionen bzw. Kapazitätser-
   weiterungen aus den regionalen Entwicklungsplänen;
5. Aufstellung und Durchführung von Stadt- und Dorfplänen als Aufgabe des
   Ministeriums für Aufbau „in engster Zusammenarbeit mit der Zentrale der
   regionalen Planung in der Staatlichen Plankommission (HA Gebietsentwicklungsplanung), welche nach der vorangegangenen Skizze dieses Verfahrens

70   Schmidt-Renner, Zum Problem..., S. 198
71   Schmidt-Renner, Zum Problem..., S. 201f.

imstande sein würde, auch die zur Städte- und Dorfplanung erforderlichen volkswirtschaftlichen Planunterlagen und -perspektiven zu liefern. Nötig ist ferner dauernde Konsultation und Abstimmung mit der Staatlichen Zentralverwaltung für Statistik, den Fachministerien und Staatssekretariaten mit eigenem Geschäftsbereich sowie allen in den Bezirken und Kreisen nachgeordneten, im einzelnen zuständigen Organen der Staatlichen Verwaltung und Fachinstitutionen. Die spezifische Aufbereitung der Unterlagen ist Aufgabe des Ministeriums für Aufbau."[72]

Die Zuständigkeit für die ersten vier Stufen sollte bei der SPK und den ihnen nachgeordneten Bezirksplankommissionen (BPK) liegen, die Durchführung der Planung auf lokaler Ebene beim Ministerium für Aufbau.

Als organisatorische Maßnahmen schlug er „in erster Linie eine [..] Zusammenfassung der bisher zersplittert arbeitenden Kräfte" vor durch Verstärkung des Personals und der Kompetenzen der HA Gebietsentwicklungsplanung der SPK; Intensivierung der Zusammenarbeit zwischen HAG und MfA; Aufbau eines wissenschaftlichen Apparates, um Grundlagen und Methoden der räumlichen Planung zu schaffen und Einrichtung einer zentralen wissenschaftlichen Forschungsstelle der räumlichen Planung in der Sektion für Wirtschaftswissenschaften (in der Schmidt-Renner Mitglied war, H.B.) der Akademie der Wissenschaften; Zusammenarbeit und zugleich strenge Arbeitsteilung von Forschung und Administration statt „unrationelle(r) Beschäftigung operativer Stellen mit wissenschaftlichen Grundsatzarbeiten"; und „engste Verbindung mit dem ‚Nationalen Aufbauwerk in den Kreisen', um die Initiative, Aktivität und Kontrolle der Bevölkerung heranzuziehen."[73]

Schmidt-Renner war wohl der Wissenschaftler, der maßgeblich zur theoretischen Begründung einer marxistischen Territorialplanung und des sie (später) kennzeichnenden Begriffsapparates beitrug. Bereits seine (nicht veröffentlichte) Habilitationsschrift „Standort, Stadt, Territorium" (1957) und die vorhergehenden Forschungsarbeiten in der HfÖ *(vgl. Übersicht 10)* waren erste Versuche, hierfür ein Grundlagenwerk zu schaffen. Zu einem solchen wurde dann seine „Elementare Theorie der ökonomischen Geographie", zuerst erschienen 1961[74], mit einer systematischen Ableitung der zentralen Begriffe

---

72   Schmidt-Renner, Zum Problem…, S. 203
73   Schmidt-Renner, Zum Problem…, S. 203f.
74   vgl. Schmidt-Renner, Gerhard: Elementare Theorie der ökonomischen Geographie nebst Aufriß der Historischen Ökonomischen Geographie. Ein Leitfaden für Lehrer und Studierende – 2. Auflage, Gotha/ Leipzig 1966

- Arbeit, Arbeitsmittel, Arbeitsgegenstände, Arbeitsprozeß, gesellschaftliche Arbeitsteilung und Kombination der Arbeit, Standort des Arbeitsprozesses (Standortbegriff); menschliche Arbeitskraft (Bevölkerung) als Hauptproduktivkraft;
- Produktionsverhältnisse, Produktivkräfte, Produktionsprozeß, Produktionsweise und ihre Rolle für die „geographische Verbreitung der Produktion" bzw. für die „Verteilung der Produktivkräfte";
- Wirkung des „geographischen Milieus" auf die „gesellschaftliche Standortbildung und auf die geographische Verbreitung der Produktion";
- Standortfaktorengruppen ("Natur"; „Bevölkerung"; „Produktivkräfte"; „Produktionsverhältnisse"; „Überbau");
- Bildung von „Standortkomplexen" (Agglomerationen) als Folge der „Vergesellschaftung der Produktion" sowie der „zweigmäßigen und territorialen Arbeitsteilung";[75]
- historischer Abriß der „Territorialstrukturen der Produktion" in Urgesellschaft, Sklavenhaltergesellschaft, Feudalismus, Kapitalismus, Monopolkapitalismus („anhand deutscher Beispiele bis 1945"). Der Sozialismus fehlte.

Insgesamt entwickelte Schmidt-Renner, dessen „Elementare Theorie" international Beachtung fand und ins Dänische, Japanische und Russische übersetzt wurde, eine für damalige Verhältnisse bemerkenswerte Theorie der „Verteilung der Produktion", die er – vereinfacht – als Resultat des komplexen Wirkens komplexer Standortfaktoren sah, von Standortfaktoren, deren Bedeutung von der jeweiligen Gesellschaftsformation und dem jeweiligen Stand der wissenschaftlich-technischen Erkenntnisse (und Praxis) bestimmt und damit veränderlich war. Unter den Standortfaktoren schrieb er dem Transportproblem eine sehr große Bedeutung zu, der damaligen Bedeutung von Transportkosten entsprechend.

Mitte der 50er Jahre erschienen auch die ersten Dissertationen von Schülern Schmidt-Renners, so die von Gerhard Mohs und Hans Roos.[76]

Hans Roos, der später in der SPK in der Abteilung Regionalplanung/ Gebietsentwicklungsplanung tätig wurde, sprach in seiner Dissertation der „alten" Landesplanung jegliche Existenzberechtigung ab, und er versuchte gar nicht erst, dies zu begründen: „Die ‚Landesplanung', die nach 1945 in der DDR aufgebaut wurde, war im Grunde genommen nichts weiter als eine Wiederbelebung und Fortführung der im kapitalistischen Deutschland (und in Westdeutschland sowie

---

75   vgl. Schmidt-Renner, Elementare Theorie…, S. 76; er nannte die Agglomerationen „Integrationen", die strukturell als „lokale und regionale Agglomerate, als Wirtschaftsorte (Städte und Dörfer) und als Wirtschaftsgebiete" erscheinen.

76   vgl. Mohs, Gerhard: Die Standortverteilung der Industrie im Bezirk Frankfurt/ Oder. Eine ökonomisch-geographische Analyse. – Berlin 1956; Roos, Hans: Die Regionalplanung in der Deutschen Demokratischen Republik. – Berlin 1955

in vielen anderen kapitalistischen Ländern noch heute) bestehenden ‚Landesplanung'. Da die kapitalistische ‚Landesplanung' in ihrer Existenz vom Bestehen großer Monopolverbände abhängig ist und überdies ein Instrument des faschistischen deutschen Staates zur Vorbereitung des zweiten Weltkrieges war, hat sie natürlich in unserer Republik keinerlei Existenzberechtigung und wurde 1952 mit der weiteren Demokratisierung des Staatsapparates und der Einführung unserer heutigen Verwaltungsstruktur beseitigt."[77]

In seinem historischen Rückblick hob Roos hervor, daß der Regionalplanung bisher zu wenig Beachtung beigemessen worden sei und das Schwergewicht auf der „Planung der Wirtschaftszweige, des gesellschaftlichen Gesamtprodukts und seiner Verteilung, auf der Koordinierung der Zweigpläne im zentralen Maßstab und auf einigen synthetischen Gebieten, wie die Planung der Investitionen, der Arbeitskräfte usw (lag). [...] Die planmäßige Lenkung der wirtschaftlichen *Gesamt*entwicklung unserer Gebiete war indessen nur im Keimzustand vorhanden."[78]

Wirtschaftliche und materielle Not habe zur Aufrechterhaltung des alten, im Kapitalismus entstandenen Bildes der Standortverteilung der Produktion und damit zur Aufrechterhaltung von regionalen Disproportionen gezwungen. In der Wiederaufbauperiode seien hauptsächlich die Schwerindustrie und verschiedene Zweige des Maschinenbaus entwickelt worden. Mit Ausnahme der Werftindustrie und des Eisenhüttenkombinats in Stalinstadt (Eisenhüttenstadt) „waren das aber vornehmlich die mitteldeutschen Gebiete, die eben aufgrund ihres Reichtums an Bodenschätzen und bestimmter historischer Besonderheiten schon im Kapitalismus zu den wirtschaftlich entwickelten Gebieten zählten."[79]

„Die ersten deutschen Organe, die für die planmäßige Leitung der Wirtschaft gebildet wurden, nämlich die Deutschen Zentralverwaltungen, waren zentrale Verwaltungen der Wirtschaftszweige. Durch Zusammenschluß dieser Zentralverwaltungen wurde die Deutsche Wirtschaftskommission gebildet, die ebenfalls kein Organ für die Lösung der regionalen Probleme unserer Volkswirtschaft besaß. [...] Auch nach der Gründung der Deutschen Demokratischen Republik war die Regionalplanung anfangs nicht in dem damaligen Ministerium für Planung (der heutigen Staatlichen Plankommission) vertreten. Soweit derartige Probleme zu lösen waren, wurde damit die Hauptabteilung ‚Landesplanung' beim damals gebildeten Ministerium für Aufbau betraut. Auch der Hauptabteilung ‚Landesplanung' beim Ministerium für Aufbau hafteten die gleichen Schwächen an wie den Abteilungen ‚Landesplanung' bei den Landesregierungen, waren doch in der

77   Roos, S. 50
78   Roos, S. 47
79   Roos, S. 48f.

Mehrzahl die gleichen Menschen in ihr beschäftigt, die schon im kapitalistischen Deutschland auf dem Gebiete der ‚Landesplanung' tätig waren. [...] In dem Maße jedoch, wie die Planung in unserer Republik gefestigt und der Staatsapparat demokratisiert wurde, ergab sich die Notwendigkeit, die mit kapitalistischen Theorien belastete ‚Landesplanung' durch eine marxistisch begründete Regional-planung zu ersetzen." [80]

Solche schroffen Abgrenzungsversuche gegenüber der „alten" Landesplanung waren aber unter den mit räumlicher Planung befaßten *Wissenschaftlern* selten. Auch als es nicht mehr opportun war, bezogen sich diese immer wieder positiv auf die Traditionen der Raumplanung in Deutschland und anderen kapitalistischen Ländern.[81] Auch Roos war wohl nicht ganz wohl in seiner Haut, denn in einer Fußnote bemerkte er: „In dieser Arbeit wird auf die Frage der kapitalistischen Landesplanung nicht näher eingegangen. Es sei lediglich festgestellt, daß die Regionalplanung, als Bestandteil der sozialistischen Planung der Volkswirtschaft, allein in der Lage ist, die Entwicklung der Wirtschaftsgebiete planmäßig voraus-zubestimmen. Dazu ist die Landesplanung aufgrund ihres kapitalistischen Wesens nicht in der Lage. Trotzdem muß untersucht werden, ob und in welchem Maße bestimmte Arbeitsergebnisse (z.B. Strukturuntersuchungen) und Methoden der Landesplanung für die Zwecke der Regionalplanung übernommen werden kön-nen."[82]

Ziel der Regionalplanung im Sozialismus sei eine „neue Standortverteilung der Produktion und ein neues System von Beziehungen zwischen den Wirtschaftsge-bieten" auf der Grundlage des „Gesetzes der planmäßigen proportionalen Entwick-lung"[83] Die DDR habe es mit einer vom Kapitalismus hinterlassenen regionalen Struktur der Volkswirtschaft mit Zügen anarchischer und widerspruchsvoller Standortverteilung zu tun. Die räumlichen Disparitäten seien im Kapitalismus auf allen Ebenen als „Gebietsantagonismus", als Gegensatz von wenig und stark entwickelten Gebieten, sichtbar, auf der internationalen Ebene als Folge des Kolonialismus, auf der nationalen in den Formen:

- Gegensatz von Stadt und Land;
- Gegensatz von Industriegebieten und Agrargebieten;
- Existenz permanenter Notstandsgebiete;
- Existenz von Industriegebieten mit monopolistischer Struktur und solchen ohne;

---

80   Roos, S. 50f.
81   mdl. Mitteilung von Gerhard Kehrer, Gespräch Kehrer-Behrens am 13.1.1997 in Berlin
82   Roos, S. 50
83   vgl. Roos, S. 7

- Spezialisierung der Industrie, die sich immer mehr von den Rohstoffquellen und Verbrauchergebieten ablöse; die wirtschaftliche Entwicklung der einzelnen Gebiete werde immer einseitiger, ihre Komplexität immer geringer.

Diese Widersprüche („Gebietsantagonismen") zeigten sich auch in Deutschland und damit auch in der DDR. Roos verwies auf die Situation in Berlin-Brandenburg und den Gegensatz zwischen den Agrargebieten im Norden und den Industriegebieten im Süden der DDR. Viele Industrien seien rohstoffseitig nicht mit ihrem Umland verbunden. Ziel der Regionalplanung im Sozialismus, der weder einen Interessengegensatz zwischen Nationen noch solche zwischen Regionen kenne, müsse die Überwindung der Disproportionen sein, u.a. durch Versuche der Industrialisierung rückständiger Gebiete. Als positive Beispiele führte er die Maschinenausleihstationen (MAS) als Beispiel für die Strukturentwicklung in Agrargebieten und das Eisenhüttenkombinat in Eisenhüttenstadt als Industrialisierung in einem rückständigen Gebiet an.[84]

Roos skizzierte ein Wunschbild von einer sich harmonisch ergänzenden und planmäßig proportional vollziehenden räumlichen Entwicklung im Sozialismus. Zentrale Kategorie räumlicher Planung seien die „Wirtschaftsgebiete" oder „regionalen Einheiten der Volkswirtschaft", die sich im Kapitalismus infolge historisch gewachsener territorialer Arbeitsteilung mit einem hohen Grad der Spezialisierung entwickelt hätten. Roos unterschied Dorfkomplexe, Wirtschaftsgebiete vom Typ eines Kreises, Wirtschaftsgebiete vom Typ eines Bezirkes, Städte mit ihren Stadtrandzonen.[85]

Die Wirtschaftsgebiete seien kennzeichnet durch:

- Verteilung der Produktion nach Branchen und Spezialisierung mit Bildung von Zentralfunktionen und Teilung in örtliche und überörtliche Bedeutung;
- Abhängigkeit der Spezialproduktionen von Verflechtungsbeziehungen (müssen sich „auf mannigfaltige Komplexproduktionen" stützen können);
- Schlüsselbetriebe seien die „konstituierenden Faktoren der regionalen Einheiten".[86]

Die Regionalplanung habe die Aufgabe, „Probleme der inner- und zwischengebietlichen Verflechtungen der Wirtschaftszweige und der Verbindung der zentralgeleiteten mit der örtlichen Wirtschaft planmäßig zu lösen. Weiterhin hat sie im Rahmen der Wirtschaftsgebiete die Entwicklung der Wirtschaft mit der Entwicklung der kulturellen, sozialen und sonstigen Nachfolgeeinrichtung zu koordinie-

---

84   vgl. Roos, S. 14–25; lt. Gerhard Schürer wurde die Ansiedlung des Eisenhüttenkombinats an dem Standort Eisenhüttenstadt betrieben, um das Werk wenigstens etwas näher an die polnische Steinkohle zu bringen.
85   Roos, S. 45
86   vgl. Roos, S. 37ff.

ren."[87] Die *Regionalplanung* sei nicht mit der *Gebietsplanung* zu verwechseln.
„Während die Regionalplanung ein Instrument zur Herstellung richtiger Proportionen in der ökonomischen Entwicklung der Wirtschaftsgebiete ist, beschäftigt
sich die Gebietsplanung mit der rationellen Organisation des Territoriums. Obwohl die Tätigkeit der Gebietsplanung ebenfalls wirtschaftlichen Zielen dient, hat
sie doch vor allem technisch-gestalterische Aufgaben zu lösen, wie die Frage der
Flächennutzung, der Landschaftsgestaltung, die Organisation des Stadtgebietes
usw."[88]

Roos systematisierte mit Blick auf sowjetische Erfahrungen das vorhandene
Wissen über Gesetzmäßigkeiten und Prinzipien der Regionalplanung, ihre Aufgaben und Methoden nach folgenden Aspekten:

1. Gesetzmäßigkeiten und Prinzipien der Regionalplanung

   - Aufhebung von Disproportionen;
   - Heranbringen der Industrie an die Rohstoffquellen; planmäßige territoriale
     Arbeitsteilung;
   - Aufhebung des Gegensatzes von Stadt und Land;
   - Herstellen von Verflechtungsbeziehungen;
   - rationelle internationale Arbeitsteilung

2. Aufgaben der Regionalplanung bei der Planung der wirtschaftlichen Entwicklung

   - bezirksweise Aufgliederung und Koordinierung der Pläne;
   - Planung der städtebildenden Faktoren;
   - Ausarbeitung der Bezirksentwicklungspläne

3. Methoden der Planung der wirtschaftlichen Entwicklung des Bezirkes in bezug
   auf

   - ökonomische Analyse der Bezirke;
   - Koordinierung der Pläne der Wirtschaftszweige und Fachgebiete;
   - Durchsetzung der Prinzipine der Regionalplanung bei der Aufstellung der
     Bezirksentwicklungspläne]

Die folgende *Übersicht 10* enthält weitere Forschungsarbeiten zur räumlichen
Planung in der Hochschule für Ökonomie (und Planung).

Mehr mit Blick auf die Lösung städtebaulicher Probleme wurden konzeptionelle
Vorstellungen zur Territorialplanung auch in der **Deutschen Bauakademie** entwik-

---

87   Roos, S. 44
88   Roos, S. 44f.

Übersicht 10 Forschungsarbeiten und Dissertationen zur Territorialplanung/
Standortplanung an der Hochschule für Ökonomie,
1952–1960 (Auswahl)

Institut für Standortplanung

1953	Räumliche Verteilung der Produktivkräfte	G. Schmidt-Renner

Institut für Politische und Ökonomische Geographie

1954	Gebietsplanung und Städtebau	G. Schmidt-Renner
1955	Regionale Probleme der Städteplanung in der DDR	G. Schmidt-Renner
1955	Die Planung der Gebietsentwicklung	Autorenkollektiv
1955	Zur Lehre von der räumlichen Verteilung der Produktivkräfte	G. Schmidt-Renner
1955	Die Regionalplanung in der Deutschen Demokratischen Republik (Diss.)	H. Roos

Institut für Ökonomische Geographie und Regionalplanung

1957	Die Regionalplanung	H. Roos
1957	Standort, Stadt, Territorium (habil.)	G. Schmidt-Renner
1958	Standort, Stadt, Territorium	G. Schmidt-Renner
1958	Methoden und Organisation der Perspektivplanung von Wirtschaftsgebieten	H. Roos/ W. Menge
1959/ 60/62	Wirtschaftsterritorium Deutsche Demokratische Republik	Autorenkollektiv
1959	Territoriale PlanungArbeitsgruppe	Ltg.: G. Schmidt-Renner
1960	Territoriale und regionale Perspektivplanung – Intern. Symposium/Referate	Hg.: G. Schmidt-Renner
1961	Elementare Theorie der ökonomischen Geographie	G. Schmidt-Renner
1961	Probl. d. Wechselbeziehungen zw. zweigmäßiger u. territorialer Arbeitsteilung	G. Streibel
1961	Über die Produktionsweise und die Standortbildung der Produktion	G. Schmidt-Renner
1961	Untersuchungen zur regionalen Agrarstruktur des Bezirks Dresden	W. Gringmuth

Quelle: Wissenschaftsbereich Territorialökonomie der Hochschule für Ökonomie „Bruno
Leuschner" / Berlin (Hg.): 30 Jahre territorialökonomische Lehre und Forschung an
der Hochschule für Ökonomie „Bruno Leuschner". – Berlin 1982, S.63 und 72

kelt. In den verschiedenen Abteilungen im Institut für Städtebau und Landesplanung der Deutschen Bauakademie saßen Fachleute aus Garten- und Landschafts-
architektur und Landesplanung in den Arbeitsberatungen an einem Tisch. Manche
davon waren bereits zuvor im Institut für Bauwesen der Deutschen Akademie der
Wissenschaften, so wie Reinhold Lingner und Frank-Erich Carl, beschäftigt,
andere kamen aus dem Forschungsinstitut für Städtebau im Ministerium für
Aufbau und aus der aufgelösten Hauptabteilung Landesplanung des gleichen
Ministeriums.[89]

Hervorzuheben ist unter den Forschungarbeiten diejenige, die in Verantwortung der ehemaligen Landesplaner Lehmann, Kanow und Giese zum Thema
„Gebiets- und Stadtplanung. Beiträge zur methodischen und organisatorischen
Grundlegung" durchgeführt wurde.[90] Der Forschungsauftrag, der im wesentlichen
1954 beendet wurde, diente dazu, wissenschaftliche Voraussetzungen und Methoden der Siedlungsplanung im Sinne einer gebietsumfassenden Stadtplanung auf
der Grundlage einer regionalen und vergleichenden Siedlungsforschung zu erarbeiten und zwar unter Auswertung sowjetischer Arbeitserfahrungen, „um damit
die bisher fehlenden wissenschaftlichen Grundlagen für den Städtebau im Rahmen
einer gebietsumfassenden Siedlungsplanung zu schaffen."[91] Zu den Aufgaben
gehörte, die Beziehungen zwischen lokaler und übergemeindlicher Planung zu
klären und die Aufgaben des Städtebaus von denen der Gebietsentwicklungsplanung abzugrenzen.

Die *Teilaufgabe I*: „Gebietsplanung und Siedlungsforschung. Bemerkungen zur
Konkretisierung der 16 Grundsätze des Städtebaus" (Verfasser: Lehmann) beinhaltete eine erste Grundlegung des gesamten Arbeitsgebietes in der Form einer
Auswertung der 16 Grundsätze des Städtebaus unter gebietlichen Gesichtspunkten. Die *Teilaufgabe II* beinhaltete eine Darstellung der Entwicklung der „Gebietsentwicklungsplanung" seit 1945 und der historischen Zusammenhänge zwischen Gebietsentwicklungsplanung und Städtebau sowie die Unterbreitung „kon-
krete(r) Vorschläge für eine organisatorische und verwaltungsmässige Durchführung der zurzeit unentwickelten Aufgabenbereiche [..]. Die hier dargelegten Ge-
dankengänge sind eingeflossen in die verwaltungsmässigen und organisatorischen

---

89   Vgl. die Auflistung von Mitarbeitern und Mitarbeiterinnen des DBA-Instituts Kapitel 3,
     Abschnitt 3.2.2, Quelle zu Übersicht 9
90   vgl. BA, DH 2, F 2/3, Bd. 1: DBA, Forschungsinstitut für Städtebau. Gebiets- und Stadtplanung.
     Beiträge zur methodischen und organisatorischen Grundlegung – Teilaufgabe I: Gebietsplanung
     und Siedlungsforschung. Bemerkungen zur Konkretisierung der 16 Grundsätze des Städtebaus
     (Verfasser: H.Lehmann); Bearbeiter im Gesamtprojekt: Dr. Hanns Lehmann/ Ernst Kanow/
     Werner Giese, alle: Inst. f. Städtebau; o.J. (wahrscheinlich 1954)
91   BA, DH 2, F 2/3, Bd. 1, S. 2

Vorschläge für die praktische Entwicklung des Arbeitsgebietes im Ministerium für Aufbau."[92] Die *Teilaufgabe III* sah eine Klassifizierung von Siedlungstypen mit vier Probekartierungen vor. Auch sie wurde von Lehmann durchgeführt.[93] Darin setzte er sich mit den Theorien Gradmanns, Christallers u.a. auseinander.

Lehmanns 1955 veröffentlichte Arbeit „Städtebau und Gebietsplanung" ging aus den Teilaufgaben I und II des Forschungsauftrages hervor.[94] Die räumliche Planung war 1952 im Zuge der Gebiets- und Verwaltungsreform in die „ökonomische" und die „technisch-gestalterische" Gebietsplanung geteilt worden. Gebietsplanung in „technisch-gestalterischem" Sinne sollte laut Lehmann erweiterte Ortsplanung sein, „übergemeindliche Planung der Flächennutzung, [..] Ortsplanung auf der Grundlage einer umfassenden *Siedlungspolitik* [...]." Zur Zeit (1954) gebe es „in der Deutschen Demokratischen Republik eine verwaltungsmäßige Institution oder ein *praktisches Planungsinstitut für die zusammengefasste Bewältigung dieser erweiterten und übergeordneten Flächennutzungsaufgaben nicht*",[95] und auch die bezirklichen Stadtplanungsbehörden bzw. die zuständigen Abteilungen des Ministeriums für Aufbau könnten sich dieser Aufgaben z.Zt. nicht annehmen.

Die „ökonomische Gebietsplanung" habe eine andere Aufgabe: „Die im Rahmen der Staatlichen Plankommisison verankerte Regionalplanung hat neben den spezifischen Standortaufgaben und der räumlichen Verteilung der Produktivkräfte und Kapazitäten vor allem eine umfassende ökonomische Gebietsentwicklung zu betreiben. Das Planungsgebiet wird deshalb seit kurzem mit dem Begriff ‚Gebietsentwicklungsplanung' bezeichnet. Bei aller Enge der sachlichen Beziehungen, denen in einer fruchtbaren Zusammenarbeit Rechnung zu tragen ist, kann jedoch die eigentliche Flächennutzungsplanung mit ihren von den *technischen und gestalterischen Bedürfnissen* der Flächeninanspruchnahme (in erster Linie durch den Städtebau) ausgehenden Zielen von dieser Stelle aus nicht durchgeführt werden, während andererseits die ehemaligen Abteilungen Landesplanung praktisch als aufgelöst zu betrachten sind." [96]

Die ökonomische und die technisch-gestalterische Gebietsplanung hätten jedoch die gemeinsame „Aufgabe, die Anarchie der kapitalistischen Wirtschaftsland-

92 BA, DH 2, F 2/3, Bd. 1, S. 5
93 vgl. BA, DH 2, F 2/3, Band 2, DBA, Forschungsinstitut für Städtebau-, Gebiets- und Stadtplanung. Beiträge für methodischen und organisatorischen Grundlegung – Band 2: Teilaufgabe 3: Die Siedlungstypen – Versuch einer Klassifizierung der Gemeinden auf funktioneller Grundlage (Autor: Hanns Lehmann); vgl. auch später die Veröffentlichung von Lehmann, Hanns: Die Gemeindetypen. Beiträge zur siedlungskundlichen Grundlegung von Stadt- und Dorfplanung. – Berlin 1956
94 vgl. die bereits zitierte Arbeit von Hanns Lehmann: „Städtebau und Gebietsplanung" (1955)
95 vgl. BA, DH 2, F 2/3, Bd. 1, S. 3
96 vgl. BA, DH 2, F 2/3, Bd. 1, S. 4f.

schaft, die sehr zu Unrecht eine ‚Kulturlandschaft' genannt wurde, durch einen geplanten Ordnungszustand zu überwinden, der von den Bedingungen des Gebietes her die Voraussetzungen für eine maximale Entfaltung der Produktivkräfte und der gesellschaftlichen Produktion bietet. *Der Weg dazu führt über die Perspektiven der ökonomischen Gebietsentwicklung* (Regionalplanung der Staatlichen Plankommission) *zum Flächennutzungsplan als Mittel einer geordneten Flächenbewirtschaftung der Gemeinden und Grundlage aller sichtbaren Gestaltungsmassnahmen auf der Gemeindefläche.*"[97]

Weitere Forschungsthemen, in deren Rahmen in der DBA von Mitarbeitern des Instituts für Städtebau, aber auch anderer Forschungsinstitute landesplanerische Probleme behandelt wurden, waren u.a.: „Die Wirtschaftlichkeit im Städtebau", „Methodik und Praxis städtebaulicher Richtzahlen", „Richtlinien für die Dorfplanung" und „Grundbegriffe des Städtebaus",[98] „Standortprobleme in der Dorfplanung",[99] „Planung der Stadtrandzone",[100] „Planungsgrundlagen des Dorfbaues",[101] „Planungsrahmen für die Dorfplanung"[102] oder „Landschaftsdiagnose der DDR".[103] (vgl. auch *Übersicht 11, S. 134*)

97 vgl. BA, DH 2, F 2/3, Bd. 1, S. 5
98 vgl. Leucht, Kurt W.: Wissenschaft und Praxis im Städtebau der Deutschen Demokratischen Republik. In: Deutsche Bauakademie (Hg.): Städtebau und Siedlungswesen, H. 1. – Berlin 1955, S. 7f.
99 vgl. z.B. Lehmann, Hanns und Niemke, Walter: Neue Aufgaben der Dorfplanung. In: Deutsche Bauakademie (Hg.): Städtebau und Siedlungswesen, H. 2. – Berlin 1955, S. 46–62; Lehmann, Hanns: Standortprobleme in der Dorfplanung. In: Deutsche Bauakademie (Hg.): Städtebau und Siedlungswesen, H. 3. – Berlin 1956, S. 32–43; darin Entwurf für ein Siedlungsnetz in den Kreisen Nordhausen und Sondershausen
100 vgl. z.B. Kanow, Ernst: Probleme der Stadtrandzone – dargestellt am Beispiel einiger Aufbaustädte. In: Deutsche Bauakademie (Hg.): Städtebau und Siedlungswesen, H. 3. – Berlin 1956, S. 44–59; mit Darstellung von Stadt-Umland-Problemen der Städte Leipzig und Karl-Marx-Stadt. Auf S. 45 zitiert Kanow die Definition der „Stadtrandzone" aus dem Handbuch für Architekten, Berlin 1954, S. 111: „Die Stadtrandzone ist die wichtigste und bedeutsamste unter den Entwicklungs- und Organisationsformen der Beziehungen zwischen Stadt und Gebiet. Der Begriff sollte im allgemeinen nur bei großstädtischen Planungsaufgaben zur Anwendung kommen. Unter den Bedingungen der deutschen Siedlungsstruktur deckt er sich mit dem unmittelbaren großstädtischen Einflußbereich, dem Planungsraum der Großstadt."; ferner Hauke, M.O.: Die Planung der Stadtrandzone. Studienmaterial der Deutschen Bauakademie, H. 6. – Berlin 1953
101 vgl. BA, DH 2, DBA II/08/1, Planungsgrundlagen des Dorfbaues (1953)
102 vgl. Niemke, Walter: Planungsrahmen für die Dorfplanung. Planungsrahmen zur Aufstellung von Bebauungsplänen für Dörfer mit landwirtschaftlichen Produktionsgenossenschaften. – Berlin 1954
103 vgl. BA, DH 2, DBA II/09/17, Abteilung Grünplanung: Landschaftsdiagnose der DDR (Band enthält Karten von Thüringen) (1950/52) und BA, DH 2, DBA II/09/18, Abteilung Grünplanung: Landschaftsdiagnose der DDR; Bergbau (Band enthält Karten von Meuselwitz) (1950/52); der Gesamtbestand der Landschaftsdiagnose befindet sich im Archiv des IRS – Institut für

Von einzelnen Wissenschaftlern, z.B. Kanow, Küttner und Lehmann, wurden westdeutsche Landesplaner zitiert oder aber auf beachtenswerte Vorarbeiten der Landesplanung bis zur Machtübernahme durch die Faschisten verwiesen. Häufig wurde in diesem Zusammenhang die Dissertation von Schmerler: „Die Landesplanung in Deutschland" (1932) genannt.[104]

Nicht nur an der Hochschule für Ökonomie und Planung und der DBA, sondern auch an anderen Hochschulen, z.B. der **Hochschule für Architektur in Weimar**, wurden wichtige konzeptionelle Beiträge erarbeitet. Wiederholt meldete sich Ludwig Küttner, Inhaber des Lehrstuhls für Standort- und Städteplanung an der Hochschule in Weimar, zu Wort. Er hatte bereits 1951 in einer Arbeit über den Zusammenhang von Investitionen und Standort, Standort und umgebendem Raum als Ziel der räumlichen Planung bezeichnet: a) einerseits die Beseitigung von Disproportionen in der Produktion; b) andererseits die Beseitigung von Disproportionen in der regionalen Raumstruktur und c) eine gleichmäßige Weiter- und Höherentwicklung der gesamten Gesellschaft.

Es sollte in der praktischen und theoretischen Arbeit auf der „Landesplanung" aufgebaut werden, aber bei kritischer Beurteilung.[105] Bürgerliche und fortschrittliche Standortplanung unterscheide sich allein schon durch die enge Verbindung mit dem Volkswirtschaftsplan. Ein Teil der früher erarbeiteten Technik der räumlichen Untersuchungsmethoden sei jedoch weiter verwendbar.

Küttner forderte:

• Berücksichtigung von Stadt-Umland-Beziehungen, von Transportentfernungen;

• Ausrichtung einer Reihe von Produktionen nach „örtlichen Reserven" (z.B. Rohstoffvorkommen), Ziel der ausgewogenen Entwicklung der einzelnen Wirtschaftsräume, mit dem Ziel, „soweit wie möglich die örtlichen Bedürfnisse auch örtlich zu decken";[106]

• Differenzierung von Standortaufgaben nach Zuständigkeit (Land oder DDR) und Dringlichkeit;

Regionalentwicklung und Strukturplanung, Erkner bei Berlin.

104   vgl. Schmerler, Wolfgang: Die Landesplanung in Deutschland. Dissertation. – Berlin 1932; Kanow bezog sich in einer Arbeit auch auf Schumacher, Fritz: Wesen und Organisation der Landesplanung im Hamburgisch-Preußischen Planungsgebiet. – Hamburg 1932

105   BA, DE 1, 4625, Prof. Dr. Ludwig Küttner, Prof. f. Wirtschafts-, Stadt- und Landesplanung an der HA Weimar: Über Investitionen, Standorte und Städtebau. (4.Durcharbeitung) Ein Beitrag zur Frage der Zusammenhänge von Wirtschaftsplanung, Standortplanung und Städtebau (Blätter 1–38) (o.O., o.J.; wahrscheinlich 1951, da Literaturangaben bis dahin gehen und noch die Ländereinteilung existierte)

106   BA, DE 1, 4625, S. 26

- Berücksichtigung der sog. „städtebildende Faktoren" (Industrie, Verwaltungs-
  organe und Kulturstätten, Verkehrslage/-anbindung);
- Unterscheidung von Planungsebenen wie zentral, Länderebene, Kreis, Gemein-
  de, Betrieb, für jede einzelne Festlegung der Investitionen durch SPK, raum-
  planerische Aufgaben der nachgeordneten Dienststellen: Untersuchung der
  Ausstrahlung der anzusiedelnden Betriebe, Standortauswahl, Verteilung von
  Mitteln auf Kommunen bzw. Kreisen;
- Abwägung konkurrierender Nutzungsansprüche;
- Planarten: Fluchtlinienplan, Bebauungsplan, Flächennutzungsplan, regionale
  Analysen als Bindeglied zw. Volkswirtschaftsplan und den unteren Plänen,
  Volkswirtschaftsplan;
- Datenbeschaffung / Unterlagenerstellung für die Bedürfnisse aller Planungse-
  benen, vom Volkswirtschaftsplan bis zu Fluchtlinienplänen als den untersten
  der räumlichen Pläne;
- Zuständigkeiten: operative Fachorgane, Koodinierungsorgane; letztere brauch-
  ten von ersteren umfassende Daten, um Einblick in die vorhandene Raumstruktur nehmen zu können. [107]

Einige Jahre später verarbeitete Küttner in seinen „Anregungen zu einer umfassenden gesetzlichen Regelung der räumlichen Planung in der DDR" (1955) die
damaligen Auseinandersetzungen über Aufgabenstellung und Zuordnung der
Raumplanung und die in anderen sozialistischen Ländern, aber auch aus Westeu-
ropa, über die er im gleichen Jahr in einem Aufsatz berichtete.[108] Er hatte
Fachkollegen in den genannten Ländern besucht, und die Erfahrungen und die
mitgebrachte Literatur motivierten ihn zu einer öffentlichen Stellungnahme.[109]

In den „Anregungen" führte er aus, daß seit Gründung der DDR Wissenschaftler und Praktiker die Staatsorgane darauf hinwiesen, „daß wir in der DDR eine
realistische räumliche Planung dringend benötigen." Die DAL habe bereits vor 2
Jahren eine Denkschrift „Über Mängel in der Raumplanung und deren Beseitigung" bei Regierungsstellen der DDR eingereicht. [110] Die DAL sprach darin von
ernster Sorge um die landeskulturelle Entwicklung und stellte eingehend raum-

---

107 BA, DE 1, 4625, a.a.O.
108 vgl. Küttner, Ludwig: Regionale Probleme der Städtentwicklung in Westdeutschland und
     England. In: Diskussionsbeiträge zu Wirtschaftsfragen, Heft 19: Regionale Probleme der Städ-
     teplanung. – Berlin 1955, S. 43 ff.
109 Küttner erhielt u.a. Veröffentlichungen zur Organisation und Arbeit der „englischen Town and
     Country-Planning". Er zitiert in seinem Beitrag auch westdeutsche Autoren, z.B. einen Beitrag
     von Hans-Joachim Gaede in: Mitteilungen aus dem Institut für Raumforschung, Bonn, März
     1953
110 BA, DE 1, 4624, Küttner, Ludwig: „Anregungen zu einer umfassenden gesetzlichen Regelung
     der räumlichen Planung in der DDR" (Blatt 1–33), o.O., o.J. (wahrsch. 1955), Bl. 1

wirtschaftliche Mängel, hervorgerufen durch Fehlplanungen, dar. Trotz detaillierter Vorschläge sei bisher nichts geschehen. „Kein sozialistischer Staat kann aber ohne eine planmäßige rationelle räumliche Planung auskommen".[111] In der DDR seien die vorhandenen Ansätze völlig unzureichend, wie sich in jedem Entwurfsbüro für Stadt- und Dorfplanung feststellen lasse. Mit Verweis auf ein Lehrbuch der Politischen Ökonomie an der Akademie der Wissenschaften der UdSSR beschrieb er Gefahren einer disproportionalen Entwicklung der Volkswirtschaft. „Jetzt gilt es, den nächsten Schritt zu tun, nämlich, die gesetzlichen Grundlagen einer realistischen räumlichen Planung unter den Fachleuten der DDR zu diskutieren. Dabei kommt es nicht nur darauf an, daß wir uns auf die Erfahrungen der SU und der Volksrepubliken stützen, sondern auch die mehr als 35-jährigen Erfahrungen der deutschen ‚Landesplanung' für uns auszuwerten; besonders die aus dem Ruhrgebiet. Wenn es dort auch keine Planung in unserem Sinne gegeben hat, so wäre es jedoch ein Zeichen von Engstirnigkeit, anzunehmen, daß uns die Erfahrungen im Ruhrgebiet nicht interessieren, die sich – um nur einiges zu nennen – aus den Schwierigkeiten der Wasserversorgung, der Wasserverunreinigung, des Verkehrs, der Bodensenkung von 6 bis 7 m in nur 20 Jahren oder aus den Problemen der Umkehrung des Gefälles von Kanälen oder von Straßen mit ihren Entwässerungsleitungen usw. ergaben. Diese hier nur angedeutete Situation im Ruhrgebiet zwang zur Ausarbeitung übergemeindlicher Entwürfe, für die wir Interesse haben sollten. Ähnliches gilt von den englischen Erfahrungen, die vor allem in den mittelenglischen Agglomerationsgebieten gesammelt werden konnten. Es kam also darauf an, auch die im Kapitalismus gesammelten Erfahrungen für unsere räumliche Planung in der DDR auszuwerten."[112]

---

111 BA, DE 1, 4624, Bl. 2
112 BA, DE 1, 4624, Bl. 4; vgl. Bl. 9: In der kapitalistischen Wirtschaft sei Raumplanung Reparatur der Auswüchse privater Sonderinteressen der Wirtschaftssubjekte, und es sei nicht verwunderlich, daß die Landesplanung im Ruhrgebiet bzw. in Agglomerationen entstand. Darüberhinausgehende Planung sei – im Faschismus – nur aus militaristischen Gründen erfolgt. Raumplanung habe übergeordnete, im Interesse des ganzen Volkes liegende Gesichtspunkte im Blick, die aber in Widerspruch mit den „Sonderinteressen der Wirtschaftserscheinungen" geraten müssten. Raumplanung beseitige Störungen im Interesse der Sonderinteressen („Beseitigung von Fesseln der alten Freizügigkeit der Einzelinteressen"). Raumplanung sei also nicht „eine Planung im eigentlichen Sinne, der sich grundsätzlich alle, also auch die großen Industriebetriebe, u. U. gegen ihre Sonderinteressen zu Gunsten der Interessen der Bevölkerung zu unterwerfen hätten." Dieses sei gerade Zweck der Volkswirtschaftsplanung im Sozialismus, wobei zugleich ein Ausgleich zwischen dem staatlichen und privaten Sektor der Wirtschaft und den demokratischen Interessen der Werktätigen herbeizuführen sei. Küttner hob mit Rückgriff auf Marx und Stalin die Bedeutung der räumlichen komplexen Planung und darin das Problem der Indikatoren (Meßwerte) für Versorgung, Infrastruktur, Besiedelungsdichte und ihr Verhältnis untereinander mit dem Ziel der rationellen Verteilung der Produktivkräfte hervor.

Küttner suchte nach einer engeren Beziehung zwischen räumlicher Planung und Städtebau. Bei der Organisation der Planung sei ein „dialektisches Zusammenwirken" zwischen der ökonomischen (Schaffung eines Zentralbüros für räumliche Planung bei der SPK und von Büros für räumliche Planung bei den Plankommissionen der Bezirke) und der technisch-gestalterischen Planung (Entwurfsbüros Hochbau, Stadt- und Dorfplanung, Industriebau, Wasserwirtschaft, Straßenwesen, Reichsbahn, Konstruktions- bzw. Projektierungbüros der einzelnen Industriezweige) notwendig. Eine entscheidende Voraussetzung, die notwendige Koordinierung der Vorstellung von Fachministerien „in einer räumlichen Planung, insbesondere der Bezirke," sei nicht vorhanden. Küttner vertrat die *Auffassung, daß die technisch-gestalterische Planung Hauptaufgabe der räumlichen Planung sei.* Die Kopplung von ökonomischer und technisch-gestalterischer Planung sei aber „nur dann erreichbar, daß man die räumliche Planung nicht einem Fachministerium, wie Aufbau, Landwirtschaft oder einem der anderen Ministerien unterstellt, sondern einer außerhalb der Fachministerien stehenden Stelle oder Institution. Dabei ist gleichzeitig notwendig, daß zwischen dem Entwurfsbüro für räumliche Planung (im Bezirk) und den übrigen Entwurfsbüros eine sehr enge Zusammenarbeit sichergestellt wird und daß die Entwurfsbüros für räumliche Planung schrittweise in die Lage versetzt werden, grundlegende Projektierungs-Voraussetzungen an die Projektierungsbüros für Stadt-und Dorfplanung, für Straßenwesen, für Kohle, für Chemie usw. zu geben." Räumliche Planung müsse als Koordinierungsinstrument wirken; dabei dürfe man „nicht in den Irrtum verfallen, die Aufgaben der Entwurfsbüros für Stadt- und Dorfplanung mit den Aufgaben der Entwurfsbüros für räumliche Planung zu verquicken; denn die Bindung der Stadt- und Dorfplanung zur Architektur, zu den künstlerischen und zu den bautechnischen Problemen ist eine außerordentlich enge und kann daher nur unter dem Ministerium für Aufbau stehen. ... Es ergibt sich aus alledem, daß auch die verwaltungsmäßige Unterstellung der Entwurfsbüros für räumliche Planung außerhalb der Fachministerien liegen und auf Grund der koordinierenden Aufgaben der räumlichen Planung bei der Staatlichen Plankommission verankert sein muß." [113]

In Küttners Anregungen leben noch Erfahrungen mit den Landesplanungsgemeinschaften fort. Die demokratische Mitwirkung der Gemeinden sollte durch Planungsausschüsse der im Plangebiet liegenden kreisfreien Städte und Kreise sowie aus Vertretern des RdB gesichert werden; die Mitglieder sollten durch die Räte der Gemeinden, Kreise und Bezirke gewählt werden. Die Planungsausschüsse sollten eng mit dem Städtebau zusammenarbeiten (Entwurfsbüros für Stadt- und Dorfplanung). Die Entwurfsbüros hätten die Gebietsentwicklungspläne zu

---

113   BA, DE 1, 4624, Bl. 10

entwickeln, setzten Fluchtlinien fest, müßten sämtliche Pläne und Vorhaben auf lokaler Ebene nach übergeordneten Gesichtspunkten in Übereinstimmung mit den Abteilungen Aufbau der Bezirke prüfen und sollten Standortgenehmigungen für Industriebauten und Ansiedlungsgenehmigungen sowie Aufträge für Vermessungs- und andere Arbeiten erteilen. Der DBA und anderen wissenschaftlichen Einrichtungen sollte eine Beratungsaufgabe für die Büros zufallen. Die Gebietsentwicklungspläne sollten schließlich verwirklicht werden durch

• Meldung aller bodenbeanspruchenden Investitionen oder nutzungs- oder kapazitätsändernden Investitionen;

• Erteilung von Standortgenehmigungen für bodenbeanspruchende industrielle Investitionen, ggf. verbunden mit Auflagen;

• Bestätigung der Projekte nach Vorliegen von Standortgenehmigungen;

• Kontrolle der im Bau befindlichen Vorhaben hinsichtlich der Einhaltung der Standortbedingungen, die von der Planung vorgegeben worden seien.

Der dann folgende Gesetzentwurf spiegelt neben diesen erweiterten klassischen Vorstellungen der „alten" Landesplanung auch die sowjetischen Planungsvorstellungen und insbesondere die in der Sowjetunion gebräuchliche Begrifflichkeit wider; desgleichen aber auch noch – wie gesehen – westdeutsche Erfahrungen. Das Planungspersonal sollte ein einschlägiges Raumplanungsstudium absolviert haben. Seine Vorstellungen faßte Küttner schließlich 1958 in einer Monographie zusammen.[114]

---

114   vgl. Küttner, Ludwig: Zur Gebiets-, Stadt- und Dorfplanung. – Berlin 1958

Übersicht 11: Arbeitsschwerpunkte im Ministerium für Aufbau, sowie Forschungen an der Deutschen Bauakademie in den 50er Jahren nach Akten im Bundesarchiv, Bestände DH1 und DH2 (Auswahl)

Min. für Aufbau, Akten („Sekretariat des Ministers", der „HA Städtebau und Dorfplanung" und des Bereichs „Städtebau und ländliches Bauwesen".)

DH 1, 5886	Vorschläge zur Regelung der Verfahren zur Ermittlung der städtebaulichen Faktoren und zur Durchführung städtebaulicher Bestandsaufnahmen (1954)
DH 1, 5887	Arbeitsrichtlinien für die gebietsumfassende Stadtplanung in der DDR (1952)
DH 1, 5889	Vorschlag zur Rekonstruktion der Städteplanung (12/1953)
DH 1, 5441	Verkehrsplanungen 1951–1956
DH 1, 5400	Städtebildende Faktoren der Städte (1950–1953)
DH 1, 5413	Städtebildende Faktoren (1952–1957)
DH 1, 38714	1. Baukonferenz der DDR im April 1955 (Unterlagen)
DH 1, 39049/ 39050	Dorfplanungen in den Bezirken Erfurt, Frankfurt/O., Gera, Magdeburg, Neubrandenburg, Schwerin und Suhl (1951–1954)

Deutsche Bauakademie, Institut für Gebiets-, Stadt- und Dorfplanung

DH 2, II/09/5	Landschaftsdiagnose (u.a. ein Bericht über die Entwicklung der Landschaftsgestaltung in der DDR) (1950–1953)
DH 2, II/09/7	Landschaftsgestaltung (1953–1956)
DH 2, F 2/10	Lingner, Reinhold: Die Bedeutung der Landschaftsdiagnose für die Gestaltung der Produktionsgenossenschaften (1952)
DH 2, II/62/4	Manuskripte Dorfplanung (1953)
DH 2, II/04/2	Beispiele für Gebietsplanung und Strukturuntersuchungen von Gebieten der DDR (1954–1958)
DH 2, II/61/1	Reiseberichte der Architektendelegation des Ministeriums für Aufbau nach Polen (1955)
DH 2, II/62/6	Dorfplanung und Dorfgestaltung, Anlagenband (1958)
DH 2, II/09/8	Landschaft und Planung (Manuskripte der gleichnamigen Tagung) (1958)
DH 2, F 2/52	Lehmann, Hanns und Leucht, K.H.: Beiträge zur siedlungskundlichen Grundlegung des Städtebaues und zu Fragen der Gebietsplanung (1958)
DH 2, F 2/19	Kanow, Ernst: Grundlagenforschung zur Planung der Gebiete, Städte und Dörfer (1960)
DH 2, F 2/20	Carl, F.E.: Planmethodische Arbeiten für charakteristische Erholungslandschaften in der DDR (1960)

Übersicht 11: Arbeitsschwerpunkte im Ministerium für Aufbau, sowie Forschungen an der Deutschen Bauakademie in den 50er Jahren nach Akten im Bundesarchiv, Bestände DH1 und DH2 (Auswahl) (weiter von voriger Seite)

Deutsche Bauakademie, Institut für Städtebau (Institut für Städtebau und und Standortplanung/ Institut für Städtebau und Architektur

DH 2, F 2/16	Lingner, Reinhold: Lufthygienische Untersuchungen am Beispiel der Großstädte und Industriegebiete der DDR (1952)
DH 2, II/09/17	Abteilung Grünplanung: Landschaftsdiagnose der DDR (Band enthält Karten von Thüringen) (1950/52)
DH 2, II/09/18	Abteilung Grünplanung: Landschaftsdiagnose der DDR; Bergbau (Band enthält Karten von Meuselwitz) (1950/52)
DH 2, II/08/1	Planungsgrundlagen des Dorfbaues (1953)
DH 2, F 2/3	Lehmann, Hanns: „Gebiets- und Stadtplanung", Beiträge zur methodischen und organisatorischen Grundlegung (enthält auch Klassifizierung von Siedlungstypen) (1953)
DH 2, F 2/56	Giese, Werner: Beiträge zu Fragen der Dorfplanung (1953)
DH 2, F 2/7	Lingner: Grundlagen der Grünplanung", 5 Bände: Band 1: Teilergebnisse der Grundlagenermittlung; Band 2: Freilichtbühne im Kulturpark; Band 3: Begrünung von Straßen und Plätzen; Band 4: Grünflächen an Grund- und Oberschulen, Kinderkrippen und -gärten; Band 5: Wettbewerb Schule in Stalinstadt (1953)
DH 2, F 2/8	Lingner, Reinhold: Grundlagen der Grünplanung in der 1. sozialistischen Stadt (1953)
DH 2, F 2/11 und 11a	Dr.Ruth Günther/ Ernst Kanow: 1.Erarbeitung eines erweiterten Flächennutzungsplanes für Stalinstadt; 2. Erarbeitung weiterer Grundlagen (1953)
DH 2, F 12 a	Lehmann, Hanns: Gebiet und Sttadtrandzone: Gebietsplanung als Grundlage der Stadtplanung; Erarbeitung von Beispielen des Zusammenwirkens der Stadtrandzone mit der Stadt und den angrenzenden Gebieten (1954)
DH 2, II/08	Dorfplanungen in den 50er und 60er Jahren
DH 2, II/09/1	Beiträge über Fragen der Grünplanung in der DDR
DH 2, II/09/13	Erholungsgebiet Müritz-Seen-Park (1967/68)

Deutsche Bauakademie, Institut für die Architektur ländlicher Bauten

DH 2, F 6/2	Beispielplanung Linum (1955)
DH 2, F 6/10	Grundlagen sozialistischen Dorfbaues (1953)
DH 2, F 6/10a	Planungsrahmen Dörfer mit LPG (1954)
DH 2, F 6/12	Dorfbau (1954)
DH 2, F 6/18	Reichert, H.: Kritische Grobanalyse der Architekturpraxis in der DDR auf dem Gebiet des ländlichen Bauwesens anhand der nach 1945 gebauten Objekte (1954)

Übersicht 11: Arbeitsschwerpunkte im Ministerium für Aufbau, sowie Forschungen an der Deutschen Bauakademie in den 50er Jahren
nach Akten im Bundesarchiv, Bestände DH1 und DH2
(Auswahl) (weiter von voriger Seite)

Deutsche Bauakademie, Institut für Städtebau und Architektur, Abt. Information

DH 2/ II/ 04/ 2   Der Aktenband enthält Beispiele für Gebietsplanung und Strukturuntersuchungen von
Gebieten der DDR (Abbildungen von Kartenwerken)

- Landschaftsarchitekt Otto Schweitzer, Dresden: Osterzgebirge – Unwetter und Land-
schaft (hauptsächlich Darstellung von Erosionsgefährdungen) 1:25 000, 9/1958
- Entwurfsbüro für Gebiets-, Stadt- und Dorfplanung des RdB Dresden: Erholungsgebiet
Talsperre Malter. Kreis Dippoldiswalde. Perspektivplanung Landschaftsgestaltung und
Objektverteilung; 1: 5 000; Bearb.: Schramm; 10.1.1957
- Entwurfsbüro für Gebiets-, Stadt- und Dorfplanung des RdB Dresden: Erholungsgebiet
Talsperre Malter. Kreis Dippoldiswalde. Perspektivplanung Landwirtschaftliche Ent-
wicklung; 1: 5 000; Bearbeiter: Mittag, Geißler; o.J. (1957)
- Landschaftsarchitekt Otto Schweitzer, Dresden: Landschaftsraum N.P. Sächsische
Schweiz; Standortprobleme der Erholungseinrichtungen; Dez. 1954
- Landschaftsarchitekt Otto Schweitzer, Dresden: Landschaftsraum N.P. Sächsische
Schweiz; Landschaftsplangebiete – Flächenstruktur; 1954·
- Landschaftsarchitekt Otto Schweitzer, Dresden: Landschaftsraum N.P. Sächsische
Schweiz; Verkehrsprobleme, Raststättenstandorte; 1954·
- Landschaftsarchitekt Otto Schweitzer, Dresden: Oybin – Landschaftsraum; Landschafts-
abgrenzung nach typischen Objekten der Landschaftsgestaltung; o.J.
- Landschaftsarchitekt Otto Schweitzer, Dresden: Oybin – Landschaftsraum; Kaltluft-
Erosion; o.J.
- Landschaftsarchitekt Otto Schweitzer, Dresden: Oybin – Landschaftsraum; Landschafts-
wichtige Objekte; o.J.
- Landschaftsarchitekt Otto Schweitzer, Dresden: Osterzgebirge und Westteil Sächsische
Schweiz; Gewässernetz; 1:50 000; 11/1958
- Insel Rügen; Bestandskarte Gebietsgliederung 1:200 000; Stand: Juli 1957
- Insel Rügen; Perspektivplan der Gebietsgliederung 1:200 000
- Entwurfsbüro für Hochbau, Brigade Stadt- und Dorfplanung des Bezirkes Halle;
Umgebungskarte Industriegebiet Bitterfeld . Entwicklung der Baugebiete und Grünflä-
chen; 1:25 000; 29.7.1954
- Entwurfsbüro für Hochbau, Brigade Stadt- und Dorfplanung des Bezirkes Halle:
Umgebungskarte Industriegebiet Bitterfeld ; Räumliche Verteilung und berufliche Glie-
derung der Bevölkerung im Jahre 1946; 1:25 000; 1954
- Entwurfsbüro für Hochbau, Brigade Stadt- und Dorfplanung des Bezirkes Halle:
Umgebungskarte Industriegebiet Bitterfeld ; Plan des Bergbaugebietes; 1:25 000;
29.7.1954
- Entwurfsbüro für Hochbau, Brigade Stadt- und Dorfplanung des Bezirkes Halle:
Umgebungskarte Industriegebiet Bitterfeld ; Verkehrsplan; 1:25 000; 29.7.1954
- Entwurfsbüro für Hochbau, Brigade Stadt- und Dorfplanung des Bezirkes Halle:
Umgebungskarte Industriegebiet Bitterfeld ; Komplexe Perspektiv-Planung; 1:25 000;
29.7.1954

Übersicht 11: Arbeitsschwerpunkte im Ministerium für Aufbau, sowie Forschungen an der Deutschen Bauakademie in den 50er Jahren nach Akten im Bundesarchiv, Bestände DH1 und DH2 (Auswahl) (weiter von voriger Seite)

Deutsche Bauakademie, Institut für Städtebau und Architektur, Abt. Information (weiter von voriger Seite)

- Entwurfsbüro für Gebiets-, Stadt- und Dorfplanung des RdB Dresden: Kreis Görlitz, Pendlerbewegung, Stand Dezember 1954; Quelle: Strukturanalyse der Plankommission des Rates des Kreises; Bearb. : Müller, graf. Darst.: Schröter
- Entwurfsbüro für Gebiets-, Stadt- und Dorfplanung des RdB Dresden: Gliederung eines Siedlungsnetzes nach dem Zentralitätsgrad seiner Orte; o.J. (ca. 1954)
- ohne Autor: (Entwurfsbüro für Gebiets-, Stadt- und Dorfplanung des RdB Dresden): Ausschnitt Kreis Sebnitz; 1: 50 000
- Entwurfsbüro für Gebiets-, Stadt- und Dorfplanung des RdB Dresden: Kreis Sebnitz, Objektkartierungen Lohsdorf und Heeselicht; 1957
- Entwurfsbüro für Gebiets-, Stadt- und Dorfplanung des RdB Dresden: Oberreitscher Landesatlas von Sachsen, Ausschnitt Blatt XI Stolpen v. 1821; – Heeselicht / Lohsdorf

Quellen: Bestand DH 1 und DH 2 im Bundesarchiv.

Heinz Sanke[115] von der **Humboldt-Universität Berlin** reflektierte die sowjetischen Ansätze mehr politisch-ideologisch. Er nahm 1954 am Allunionskongreß der geographischen Gesellschaft der UdSSR teil und forderte danach die größere Beachtung des Themas „Abgrenzung von Wirtschaftsgebieten" im DDR-Wissenschaftsbetrieb, insbesondere den Wirtschaftswissenschaften und der Geographie. Während in kapitalistischen Ländern regionale, nationale und internationale Disparitäten herrschten, so sei unter sozialistischen Bedingungen das Prinzip der politischen und ökonomischen Gleichberechtigung zwischen den einzelnen Ländern, aber auch den einzelnen Landesteilen gegeben; dies erlaube eine gänzlich neuartige territoriale Spezialisierung und gleichzeitig eine komplexe Entwicklung der Wirtschaft bei rationeller allseitiger Nutzung der natürlichen Ressourcen. Die Standortentwicklung sei abhängig von der Lage (Gunst oder Ungunst des geographischen Milieus), von Disparitäten, die z.T. Erbe der alten Produktionsweise

---

115   vgl. z.B. BA, DE 1, 5106, Bl. 32–41, Prof. Dr. Sanke, Institut für Politische und Ökonomische Geographie: „Zu Fragen der geographischen Verteilung der materiellen Produktion und der Rayonierung in der DDR" (Diskussionsbeitrag für die Tagung des wirtschaftswissenschaftlichen Instituts der Akademie der Wissenschaften)

seien, z.T. durch Neuordnungsprobleme verstärkt würden sowie von der geographischen Verteilung der Produktion und der Produktivkräfte. Ziel der „Gebietsentwicklungsplanung" sei die Überwindung der Disproportionen, eine richtige territoriale Spezialisierung, eine komplexe Entwicklung der Wirtschaft, eine dem entsprechende Rayonierung und die Schaffung eines rationellen Systems „unserer inner- und zwischenbezirklichen ökonomischen Verbindungen, des Heranbringens der Produktion an die Energie- und Rohstoffquellen sowie an die Verbrauchsgebiete und damit der Beseitigung der übermäßig weiten und nicht rationellen Transporte, und schließlich der rationellsten allseitigen Nutzung unserer natürlichen Ressourcen."[116] Aufgabe der Wissenschaften sei die Erforschung der geographischen Verteilung der materiellen Produktion als Faktor der Wirtschaftsentwicklung, die Planung der Standorte, der Standortbeziehungen und Standortkomplexe. Bei Lehmann[117] fand sich der Hinweis, daß der Begriff „Gebietsplanung" oder „Gebietsentwicklungsplanung", später „Territorialplanung", der dann in der DDR an Stelle der „Landesplanung" oder „Raumplanung" verwendet wurde, von der Akademie für Architektur in Moskau entwickelt wurde.

Auch Sanke sprach sich dafür aus, sowjetische Erfahrungen nicht schematisch in der DDR anzuwenden. Unter den Bedingungen der Zusammenarbeit der volksdemokratischen und sozialistischen Länder und des „demokratischen Weltmarktes" sei die DDR als Makrorayon zu sehen, „der vollkomplex entwickelt werden kann, während seine Meso- und Mikrorayons infolge ihrer viel geringeren Größe und Differenziertheit optimal komplexe Züge aufweisen können."[118] Bei der Abgrenzung von Wirtschaftsgebieten sei in der Übergangsperiode zunächst der Gegensatz zwischen „juriditischen politisch-administrativen und den objektiven wirtschaftsterritorialen Grenzen notwendig, wobei diese Überwindung als der langwährende Prozeß einer immer größeren Annäherung der juriditischen an die objektiven Grenzen anzusehen ist. Die ökonomische Geographie und die räumliche Planung und Entwicklung muß folglich bei ihren Arbeiten von den bestehenden Bezirken ausgehen, sie korrigieren und mit den sich ändernden objektiven Bedingungen weiter vervollkommnen."[119]

Sanke trug auch zur Widerlegung bzw. Kritik von Auffassungen bei, die als Fehlentwicklungen der Geographie galten (z.B. geographischer Determinismus) oder zur faschistischen Ideologie gehörten, z.B. die Lebensraumtheorie.[120]

116   BA, DE 1, 5106, Bl. 35f.
117   vgl. BA, DH 2, F 2/3, Bd. 1
118   BA, DE 1, 5106, Bl. 38
119   BA, DE 1, 5106, Bl. 39
120   vgl. Sanke, Heinz: Die Lüge vom Lebensraum. In: Zeitschrift für den Erdkundeunterricht, Heft 1/1955

4.3   Die Rekonstruktion der räumlichen Planung nach dem IV. Parteitag der SED 1954

Was war das Ergebnis dieser Diskussionen? Mitte der 50er Jahre lagen die konzeptionellen Vorarbeiten für eine eigenständige Territorialplanung, d.h. *einer in die Volkswirtschaftsplanung integrierten räumlichen Planung unter den spezifischen Bedingungen der DDR und theoretisch begründet aus „zwei Quellen"* vor. Es gab mehr oder weniger umfangreiche und detaillierte Vorstellungen für die Ziele, Grundsätze, Aufgaben und die institutionelle Aufgabenverteilung zwischen der „ökonomischen" Territorialplanung und der „technisch-gestalterischen" Planung. Darüberhinaus gab es bereits im wesentlichen den Begriffsapparat der späteren Territorialplanung, und es existierte mit dem von der Sowjetunion übernommenen Begriff des „territorialen Produktionskomplexes" bzw. der „komplex-territorialen Planung", verbunden mit dem Ausgleichsziel (Abbau der in der DDR gravierenden Disparitäten zwischen den Nord- und Südbezirken) ein Entwicklungsleitbild. Nach hier nicht näher prüfbarer Auffassung von Kind herrschte bis in die 60er Jahre die These von der Deglomeration, dem Abbau der Ballungsgebiete und der Industrialisierung der nördlichen Gebiete vor, eine Auffassung, die durch Arbeiten von Neef gestützt wird (siehe unter 5.4).[121]

Bereits seit 1952 bestand bedingt durch die Tagesaufgaben, die die Umsetzung des Aufbaugesetzes und der „16 Grundsätze des Städtebaus" mit sich brachten, die „technisch-gestalterische Gebietsplanung" bei den Abteilungen Aufbau der Räte der Bezirke bzw. bei den Bezirksbauämtern, die der klassischen Form der Landesplanung entsprach (Siedlungsplanung durch FNP, BP usw.). Die „technisch-gestalterische Gebietsplanung" wurde in neu gebildete „Entwurfsbüros für Gebiets-, Stadt- und Dorfplanung" eingeordnet und dem Bauwesen bzw. letztlich dem MfA unterstellt.[122] Die wissenschaftliche Zuarbeit und/ oder Anleitung leisteten Forschungsinstitute an der Deutschen Bauakademie bzw. an einzelnen Hochschulen. Mit dem Entwurf der „Deutschen Bauordnung" wurde denn auch die gesetzliche

---

121   vgl. Kind, S. 780; In den zwei Forschungsgemeinschaften „Nordgebiete" (unter Leitung von O.Rühle) und „Ballungsgebiete" (unter Leitung von G. Mohs und Mitarbeit u.a. von F. Klitzsch) „wurden Grundlagen für die weitere Entwicklung der beiden extrem unterschiedlichen Gebietstypen erarbeitet, die zu extrem verschiedenen Auffassungen führten. Es ist das Verdienst der noch über Jahre fortgeführten Ballungsgebietsforschung in Halle (Mohs/ Scholz), die potentiellen Vorzüge der Ballungsgebiete herausgearbeitet zu haben. Unter dem Zwang der Entwicklungsprozesse wurde die ‚Nutzung der Ballungsvorteile' nach 1975 – eingeordnet in die wirtschaftliche Strategie der Intensivierung als Reproduktionstyp – zur grundlegenden territorialpolitischen Maxime." (ebenda)

122   vgl. Kind, S. 777

Regelung der technisch-gestalterischen „Gebiets-, Stadt- und Dorfplanung" eingeleitet.[123]

Eine Rekonstruktion der gesamten räumlichen Planung in administrativer
Hinsicht leiteten dann die Beschlüsse des IV. Parteitages der SED 1954, wo die
Forderung nach Erarbeitung von Perspektivplänen für die komplexe Planung und
Projektierung ganzer Gebiete (Bezirke) und Anlagen sowie von Städten und Orten
erhoben wurde,[124] die Baukonferenz der DDR vom 3. bis 6.4.1955 und der
Beschluß des Ministerrates über die wichtigsten Aufgaben im Bauwesen vom
21.4.1955 ein, Beschlüsse, die mit der Maßgabe an die Bezirke verbunden waren,
Bezirksentwicklungspläne aufzustellen und an die SPK, dafür Grundlagen und
Verfahren auszuarbeiten.

Von Roos wurden als weitere wichtige Anlässe für eine Rekonstruktion der
räumlichen Planung genannt:

• die Notwendigkeit, Entwicklungsperspektiven für die Wirtschaftszweige als
  Voraussetzung für die Regionalpläne (als Entwicklungsperspektiven der Wirtschaftsgebiete). Regionalplanung habe die gebietsmäßige Koordinierung und
  Bilanzierung der Aufgaben für die Entwicklung der einzelnen Wirtschaftsgebiete zum Inhalt. 1955 gab es erst einen Perspektivplan für einen Wirtschafts-
  zweig (Kohlenindustrie).

• Die Forderung nach Plänen des Nationalen Aufbauwerkes der Kreise, Städte
  und Gemeinden als die Form, „die werktätigen Massen und auch die nicht
  berufstätigen Bevölkerungsteile [...] in die Planung und den wirtschaftlichen
  und kulturellen Aufbau einzubeziehen."[125]

Im Zusammenhang mit den Beschlüssen des IV. Parteitages stand offenbar die
Anfrage der Kontrollabteilung beim Präsidenten des Ministerrates der DDR an die
SPK vom 15.3.1954, wie die Aufgaben der Gebietsplanung von dort wahrgenom-
men würden. Erst im Oktober 1954 teilte die HAG mit, daß seit Mai 1954 die
Arbeit der HA in der SPK wieder „offiziell in einem Umfang, der im Rahmen der
derzeitigen Stellenbesetzung möglich ist" (1 Leiter, 4 Mitarbeiter), durchgeführt
werde. Der Stellenplan sehe allerdings 1 Leiter und 10 Mitarbeiter vor. Erste
Voraussetzung für eine erfolgreiche Arbeit sei die Erarbeitung von komplexen

123 vgl. Ministerium für Aufbau: Deutsche Bauordnung. Entwurf. – Berlin 1956, Abschnitt I
124 vgl. Protokoll des IV. Parteitages der Sozialistischen Einheitspartei Deutschlands, Band 1 (1. bis
     4. Verhandlungstag). – Berlin 1954. Im Rechenschaftsbericht Ulbrichts „Die gegenwärtige Lage
     und der Kampf um das neue Deutschland" heißt es auf S. 99: „Im Interesse der Durchführung
     der großen Aufgaben, vor allem im Wohnungsbau, halten wir folgende Maßnahmen für
     notwendig: 1. Die komplexe Planung und Projektierung ganzer Gebiete und Anlagen, ebenso
     der Städte und Orte ist einzuführen."
125 Roos, S. 49

politisch-ökonomischen Strukturuntersuchungen und Strukturanalysen. Diese müßten über die Plankommissionen in den Kreisen und Bezirken unter Anleitung und Hilfe der Hauptabteilung der SPK erstellt werden.

Die Praxis sah bis dahin so aus: In einigen Kreisen und in den Bezirken bestand zwar formal ein Referat Regionalplanung. Gewöhnlich war aber keine Stelle bzw. kein für diese Aufgaben verantwortlicher Mitarbeiter vorhanden, in wenigen Fällen gab es nur bedingt eine solche Stelle bzw. einen Mitarbeiter, der ausschließlich für diese Arbeiten verantwortlich war. „Bei der Plankommission beim Rat der Kreise, dem Hauptträger in der Durchführung von Strukturuntersuchungen, ist diese verantwortliche Stelle und dieser verantwortliche Mitarbeiter unseres Wissens nirgends vorhanden."[126] Sie müßte erst geschaffen werden, jedoch hätten, so stellte die HAG fest, „manche Vorsitzende der Räte der Bezirke und Kreise noch nicht den Sinn und das hohe Ziel der Aufgaben der Gebietsentwicklungsplanung erkannt bzw. ihnen nicht die entsprechende Bedeutung" zugemessen. Demzufolge gebe es keine qualifizierten Stellen, „ja sogar ablehnende Haltung für diese Arbeiten". Die HAG bat die Kontrollabteilung um Prüfung, ob die Räte der Bezirke und Kreise durch den Ministerpräsidenten der DDR angewiesen werden könnten, aus dem Gesamtstellenplan eine Stelle bereitzustellen und dem Stellenplan der jeweiligen Plankommission einzugliedern.[127]

Die Hauptaufgaben der HAG waren 1954:

- Ausarbeiten von überörtlichen Standortgutachten für Investitionsvorhaben über 5 Mio DM;
- Ausarbeiten der volkswirtschaftlichen Perspektive (städtebildende Faktoren) bestimmter Städte laut Aufbaugesetz vom 6.9.1950;
- Vorarbeiten zur Entwicklung von Perspektivplänen der Bezirke;
- Versuche, die Erhebung und Darstellung der sozial-ökonomischen Struktur der Kreise der DDR (durch die Räte der Kreise) zu organisieren.[128]

Bis Anfang 1955 war jedoch noch keine offizielle Beschlußfassung über die Aufgaben der HAG erfolgt. Aus heutiger Sicht mutet ein auf den 12.1.1955 datierter Brief des damaligen Stellvertreters des Vorsitzenden der SPK Opitz an den „sowjetischen Berater Gen. Kokurkin" peinlich an, zeigt aber recht deutlich die defizitäre Situation:

„Die Staatliche Plankommission hat dem Plangebiet Gebietsentwicklungsplanung bisher noch keine genaue Anleitung zur Arbeit gegeben. Das hängt damit

---

126   BA, DE 1, 5106, Bl. 10: Schreiben der HA Gebietsentwicklungsplanung an die Kontrollabteilung
       beim Präsidenten des Ministerrates, 5.10.1954
127   BA, DE 1, 5106, Bl. 10
128   vgl. BA, DE 1, 5106, Bl. 19

zusammen, daß wir uns mit der regionalen Verteilung der Produktivkräfte bisher noch wenig beschäftigt haben.

Auf dem IV. Parteitag unserer Partei wurde jedoch festgelegt, daß wir zur komplexen Planung von Städten und Gebieten übergehen müssen. Das Gesetz ‚Über den Aufbau der Städte in der Deutschen Demokratischen Republik und der Hauptstadt Deutschlands, Berlin (Aufbaugesetz)‘ vom 6. September 1950, § 8, verpflichtet die Staatliche Plankommission außerdem zur Bekanntgabe der städtebildenden Faktoren. Im Dokument unserer Partei über die neuen Aufgaben im Bauwesen (‚Neues Deutschland‘ vom 29.10.1954) wird wiederum auf die komplexe Entwicklung der Gebiete und Städte eingegangen.

Ich bitte Sie deshalb um Ihre Beratung, in welchem Umfang und mit welcher Aufgabenstellung wir die Gebietsentwicklungsplanung jetzt durchführen sollen.“[129]

Ein weiterer Brief von Opitz vom Januar 1955 an den stellvertretenden Leiter der Kontrollabteilung des Ministerrates der DDR Korn unterstreicht die defizitären Arbeitsbedingungen und Aufgaben der HAG.[130] Konzeptionell war das Aufgabengebiet schon soweit entwickelt, daß es bereits auf den Anspruch einer „langfristig orientierten räumlichen Struktur- und Funktionsplanung“ (Schmidt-Renner) zugeschnitten war. Zu den Aufgaben wurden von der HAG gezählt[131]:

1. Entwicklung ausgewählter bestimmter Gebiete mit stufenweiser Erarbeitung von komplexen Perspektivplänen, regionaler Koordinierung der fachlichen Planvorschläge und Perspektiven, Aufstellung regionaler Entwicklungspläne der Volkswirtschaft in Form konkreter komplexer Gebietsentwicklungspläne der einzelnen Gebiete, Anleitung und Kontrolle der Plankommissionen der Bezirke und bestimmter ausgewählter Kreise zur Erarbeitung von Strukturanalysen und Perspektivplänen ihrer Gebiete;

2. Ermittlung und Festlegung der volkswirtschaftlichen Perspektive und Bestimmung der städtebildenden Faktoren (Industrie, Verwaltungsorgane und Kulturstätten von überörtlicher Bedeutung) für die Planung und den Aufbau von Städten nach festgelegter Ordnung und Reihenfolge;

3. Ausarbeitung von regionalen Empfehlungen und Vorschlägen zur Entwicklung der zentralen Dörfer im Zuge der Entwicklung der agraren Gebiete und der Landwirtschaft insgesamt (schwerpunktmäßig nach festgelegter Ordnung und Reihenfolge);

129 	BA, DE 1, 5106, Bl. 18
130 	BA, DE 1, 5106, Bl. 19
131 	BA, DE 1, 5106, Bl. 20–60; u.a. „Aufgaben der Gebietsentwicklungsplanung der Staatlichen Plankommission“ (18.1.1955).

4. Wohnungsplanung: Regionale Planung des Wohnraumes gemäß der Verteilung und Entwicklung der Produktivkräfte;

5. Standortplanung: Empfehlungen und Vorschläge an die Plankommission der Bezirke und an die zentralen Planträger für die Wahl der Standorte neuer Investitionsvorhaben, Ausarbeitung von überörtlichen Standortgutachten für neue Investitionsvorhaben, Kontrolle der Realisierung;

6. Ausarbeitung und laufende Überarbeitung neuer Richtlinien, Methodiken und Prinzipien, Durchführung von Strukturuntersuchungen und Strukturanalysen.

Die praktische Umsetzung jedoch war gleich null, und die oben genannten Beschlüsse kamen wahrscheinlich erst dadurch zustande, daß die Unterschätzung der Bedeutung der „komplex-territorialen" Planung zu ernsten Disproportionen und erheblichen wirtschaftlichen Verlusten geführt hatte. Roos nannte beispielsweise

- den Verlust von Millionen Tonnen Kohle, weil Produktionsanlagen und Wohnungen des Eisenhüttenkombinats Stalinstadt auf kohleführendem Gelände gebaut wurden und die Verlängerung von Transportwegen durch falsche Standortentscheidung der Eisenwerke Calbe;
- die auf der Baukonferenz vom April 1955 festgestellten fehlenden Abstimmungen zwischen den Investitionsvorschlägen der zentralgeleiteten Wirtschaft und den Perspektivplänen der örtlichen Plankommissionen;
- Fehlplanungen in der Stadt- und Dorfplanung. Sie hätten zu den schwerwiegendsten Problemen geführt. Hunderttausende DM seien durch illusorische Projektierungsarbeiten verschwendet worden.

Die Regionalplanung sei daher objektive Notwendigkeit. Sie ermögliche eine richtige Standortverteilung der Produktion, die territoriale Spezialisierung und Kooperation. [132]

Es sollte aber noch Jahre dauern, bis sich die Territorialplanung der DDR institutionalisiert hatte, denn bis Anfang der sechziger Jahre herrschte die „vorhabenbezogene selektive Planung" (Inselplanung) vor (u.a. für das Eisenhüttenkombinat Ost und den Aufbau von Stalinstadt/ Eisenhüttenstadt). Diese Schwerpunktvorhaben wurden hauptsächlich von den Landesplanern in der Deutschen Bauakademie und anderen wissenschaftlichen Einrichtungen (mit)konzipiert. „Die Mitwirkung der Territorialökonomen und -planer an der Sicherung dieser volkswirtschaftlichen Schwerpunktvorhaben erbrachte zwei wesentliche wissenschaftliche Ergebnisse:

- die Erkenntnis von der Notwendigkeit der komplexen territorialen Planung aus den Ergebnissen der Inselplanung und

---

132   vgl. Roos, S. 51

• die Herausarbeitung der ökonomischen Kategorie des gebietswirtschaftlichen
Aufwandes [diese allerdings erst ab 1963, H.B.].

Als Resultat dieser Erkenntnisse wurde 1958 im Gesetz über die Arbeit des
Staatsapparates festgelegt, daß die ‚Planung der einzelnen Zweige und Bereiche der
Volkswirtschaft komplex und territorial zu erfolgen' habe."[133]

Dadurch wurde die Gebietsplanung als komplex-territoriale Planung sanktio-
niert. Bis dahin gab es nur einzelne gesetzliche Bestimmungen, auf die sich die
Landesplaner/ Gebietsplaner berufen konnten, so das Aufbaugesetz von 1950, Teil
II, § 8 (Ermittlung städtebaulicher Faktoren durch das Ministerium für Planung
und das Ministerium für Aufbau) oder die Investitionsverordnungen aus den
Jahren 1952, 1954 und 1955. 1954 war die Investitionsverordnung („Instruktion
zur Vorbereitung von Investitionsvorhaben") insofern erweitert worden, daß nun
bei Vorhaben eine „Vorplanung" erforderlich war. Sie umfaßte bei Vorhaben über
250 000 Mark ein überörtliches Standortgutachten von der Bezirksplankommissi-
on, bei Vorhaben über 5 000 000 Mark ein überörtliches Standortgutachten von
der SPK, HA Gebietsentwicklungsplanung.[134]

Gegen Ende der 50er Jahre wurde die in die Volkswirtschaftsplanung integrierte
„ökonomische Territorialplanung" auf Bezirksebene institutionalisiert, wenngleich
ihre Position noch schwach blieb. Ab 1957 wurden – schließlich flächendeckend
– sog. *Bezirksökonomiken* erarbeitet und für ausgewählte Schwerpunktvorhaben
„komplex-territoriale" Planungen durchgeführt, so z.B. die „Konzeption über die
komplexe räumliche Entwicklung des MTS-Bereiches Golzow", aus der „erste
allgemeingültige Erkenntnisse über die komplexe gebietliche Gestaltung eines
größeren landwirtschaftlichen Raumes gewonnen" wurden.[135] Die Bezirksökonomiken hatten den Sinn, Potentiale, Stärken und Schwächen von Gebieten sichtbar
zu machen. Es entstanden erstmalig umfassende Dokumente über den Zustand
und die Entwicklung der Regionalstruktur. Sie enthielten jedoch kaum Aussagen
über die Perspektiven der Gebiete. Nach 1960 wurden sie eingestellt.[136]

Letztlich wurde die „doppelte Landesplanung" bzw. die „dualistische Territorialplanung" zunächst fortgeführt. Solange die ökonomische Territorialplanung
schwach blieb, störte dieser Dualismus nicht. Mit der Rekonstruktion der ökono-

---

133   Kind, S. 780
134   vgl. Kalisch, Karl-Heinz: Entwicklungslinien der territorialen Planung in der Deutschen Demo-
      kratischen Republik. In: Geographische Berichte, Jg. 92, Heft 3/1979, S. 148 und BA, DE 1,
      5106, Bl. 6, SPK, Gebietsentwicklungsplanung, betr.: Gesetzliche Grundlagen für die Arbeit der
      Gebietsentwicklungsplanung, Berlin, den 6.3.1954
135   Kalisch, S. 149
136   vgl. die entsprechenden Ausführungen von Kehrer, Gerhard zur Geschichte der Territorialpla-
      nung in der DDR auf der Arbeitstagung der Fachgruppe Geographie und Raumplanung der
      Gesellschaft für Deutschlandforschung e.V. am 7.11.1996 in Berlin; vgl. auch Kind, S. 780

mischen Territorialplanung über die SPK brach der Dualismus jedoch wieder auf, der Ende der 40er Jahre bereits überwunden schien: Die klassische, eingeschränkte Aufgabenstellung (Flächennutzungs-, Siedlungs- und Infrastrukturplanung) der Landesplanung lebte in der technisch-gestalterischen Gebietsplanung fort, die erweiterte Form der Landesplanung, die als „komplex-territoriale" verstandene ökonomische Planung als räumlicher Niederschlag der Volkswirtschaftsplanung war zu schwach entwickelt.[137] Der „Streit" zwischen beiden Richtungen wurde Anfang der 60er Jahre beigelegt,[138] als erste Gebietsentwicklungskonzeptionen eine praktische Grundlage für die Zusammenarbeit boten. Eine Modellplanung war auch in dieser Hinsicht die „Gebietsentwicklungskonzeption für die Sicherung des Aufbaus des Erdölverarbeitungswerkes in Schwedt".[139]

Die Meinungsverschiedenheiten betrafen allerdings weniger die Zielstellung, die Grundsätze und die Aufgaben, sondern eher die Schwerpunktsetzung in der Aufgabenzuweisung, die von den „ökonomischen Territorialplanern" anders gewichtet wurde (Vorrangstellung für die Volkswirtschaftsplanung in der räumlichen Planung) als von den „technisch-gestalterischen" Planern (Hauptaufgabe der räumlichen Planung = technisch-gestalterische Planung).

4.4   Fachliche Querbezüge der räumlichen Planung am Beispiel der „Landschaftsdiagnose der DDR"

4.4.1   Die „Landschaftsdiagnose der DDR"

Die Forschungsarbeit „Landschaftsdiagnose der DDR", die zwischen 1950 und 1952 unter der Leitung der Landschaftsarchitekten Reinhold Lingner[140] und Frank-Erich Carl bearbeitet wurde, gilt wohl als die bedeutendste Arbeit jener Zeit auf dem Gebiet der Grundlagenerhebung, hier: der Landschaftsanalyse. Lingner und Carl waren damals beide zunächst im Institut für Bauwesen (Abteilung Landschaft) an der Deutschen Akademie der Wissenschaften zu Berlin (DAW, bis

---

137 Dieser Dualismus bzw. die unterschiedliche Auffassung von der Aufgabe der Landesplanung lebt bis heute fort: So stellt Kind die Entwicklung so dar, als ob mit der Integration der Entwurfsbüros für Gebiets-, Stadt- und Dorfplanung in die neu entstehenden Büros für Territorialplanung der Bezirke (1965) die Traditionslinie der Landes- und Regionalplanung endgültig abgebrochen worden sei (vgl. Kind, S. 777f.), während andere (z.B. Casper u.a., a.a.O.) darin eher eine qualitative Fortentwicklung sahen.

138 vgl. Kehrer, a.a.O.

139 Kalisch, S. 150

140 vgl. zu dessen Lebenswerk ausführlich die Dissertation von Kerstin Nowak: Reinhold Lingner – sein Leben und Werk im Kontext der frühen DDR-Geschichte. – Hamburg 1995

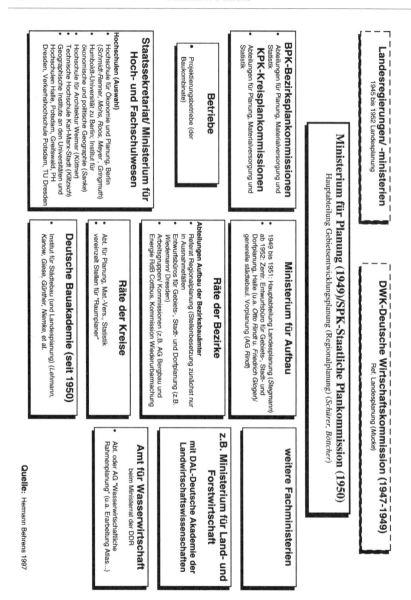

Abbildung 3: Institutionen der Landesplanung bis Mitte der 50er Jahre in der DDR

1950) und dann in der Deutschen Bauakademie (DBA), im später so genannten Institut für Gebiets-, Stadt- und Dorfplanung tätig.

Lingner und Carl entwickelten schon 1948 die Idee, in der DDR Landschaftssanierungsmaßnahmen auf der Grundlage einer detaillierten, aussagekräftigen Schadens- und Ursachenerhebung durchzuführen. Durch die kartographische Darstellung hofften sie, den Entscheidungsträgern auf staatlicher und betrieblicher Ebene etwas auf den Tisch legen zu können, was diese sogleich verstanden und überzeugte.

Vier Themen wurden im Rahmen der Landschaftsdiagnose bearbeitet:[141]

1. Erforschung und Kartierung von Gehölzschutz entblößter Kulturflächen bzw. erosionsgefährdeter Gebiete „Kultursteppen");

2. Erforschung der Störungen des Wasserhaushalts;

3. Kulturbodenzerstörung durch den Bergbau;

4. Feststellung der Landschaftsschäden durch Rauch, Staub und Abgase der Industrie.

Lingner und Carl hielten darüberhinaus – wegen der Bedeutung für alle vier vorgenannten Themen – die Erforschung und Kartierung des Waldzustandes für wichtig, was aber nicht erfolgte.[142]

Die Idee zu einer flächendeckenden Grunddatenerhebung war wohl einem komplexen Ursachenzusammenhang zu verdanken: Zum einen war da die Aufbruchstimmung, nachdem endlich der Krieg zuende war. Verbreitet war die Stimmung, etwas Sinnvolles und gleichzeitig etwas Neues tun zu wollen, auch auf dem Gebiet der Landschaftsgestaltung. Großräumige Landschaftszerstörungen hatte der Krieg hinterlassen, vor allem auf dem Gebiet der DDR. Vorbildhaft wirkten Beispiele aus dem Ausland, aus den USA, England und der Sowjetunion, vorangetrieben wurde die Idee zu einer flächendeckenden Schadenserhebung durch geeignete Vorarbeiten (Pilotprojekte) und das Engagement der daran arbeitenden ersten Mitarbeiter und Mitarbeiterinnen.

Was war das Ziel der Landschaftsdiagnose? Auf ihrer Grundlage sollten Maßnahmen zur Sanierung der Landschaft diskutiert und beschlossen werden, im Vertrauen auf eine einsichtige Staats- und Parteiführung und auf eine positive Wirkung der neuen gesellschaftlichen Grundlagen: Volkswirtschaftsplanung und staatliches (gesellschaftliches) Eigentum an den Produktionsmitteln, hier besonders an Grund und Boden.

---

141 vgl. Lingner, Reinhold: Landschaftsgestaltung. [Wissenschaft und Technik – verständlich dargestellt, H. 3. – Herausgegeben vom Kulturbund zur demokratischen Erneuerung Deutschlands] – Berlin 1952, S. 28–41
142 vgl. Lingner, S. 41–46

Lingner hatte in seiner kleinen Schrift „Landschaftsgestaltung" großräumige
Landschaftszerstörungen in der DDR unter dem Stichwort „Alarmzeichen" beschrieben: Borkenkäferepidemie in Thüringen 1947–49, Unwetterkatastrophe
1950 in Bruchstedt, Wassermangel im mitteldeutschen Raum, Wassernot in
Senftenberg, Wassernot im Schecktal in der Niederlausitz, Wassernot im Flußtal
der Elbe, … „es sind Alarmzeichen, Symptome einer schweren Erkrankung unserer
Landschaft."[143]

Für Lingner, der überzeugter Sozialist war, waren diese Störungen des Natur-
haushaltes ein Erbe des Kapitalismus, wenngleich es Raubbau schon in der Antike
gegeben habe, den er anhand des Verfalls alter Kulturlandschaften im römischen
Imperium beschrieb. Als Beispiel für Verheerungen von Kulturlandschaften in der
kapitalistischen Epoche, aber auch als Beispiel für staatliche Sanierungsmaßnahmen diente ihm – ähnlich wie Landesplanern aus der SBZ oder Geographen aus
den Westzonen bzw. der BRD[144] – das Tennessee-Valley in den USA, wo in den
zwanziger und dreißiger Jahren d.Jh. die Raubbauwirtschaft insbesondere in
Gestalt von Ausräumung der Landschaft infolge von Waldentblößung großflächig
der Erosion den Weg bereitete. „Erst als die Rüstungsindustrie im Tennesseetal
empfindlich gestört wurde, griff der Staat dort ein, um die Landschaft dieses
Stromtals zu sanieren. Ein Stauwerk am Unterlauf des Stromes, das die Energie für
ein Phosphatwerk liefern sollte, war in kurzer Zeit durch Verschlammung aktions-
unfähig geworden. Amerika, das in diesem Jahre 1933 seine Rüstung verstärkte,
setzte im Tennesseetal eine besondere Verwaltung ein, die man TVA, das ist:
Tennessee-Stromtal-Verwaltung nannte. Die TVA ließ die Ursachen der Verschlammung wissenschaftlich untersuchen. Man stellte fest, daß der Schlamm, der
die Turbinen unbrauchbar machte, nichts anderes war, als die von den abgeholzten
Quellgebieten und von den Äckern des ganzen Stromgebietes abgeschwemmte und
ausgeblasene Erde. Von den 3 $\frac{1}{2}$ Millionen Hektar Kulturland im Tennesseetal
waren 3 Millionen Hektar durch Erosion zerstört oder gefährdet."[145]

Um der Erosionsursachen Herr zu werden, entwickelte ein staatlicher Bodener-
haltungsdienst in der Folge an Ort und Stelle neue Landbaumethoden und neue
landwirtschaftliche Maschinen zur Vermeidung von Erosion und zur Schonung
des Bodens. Es wurden unter Anleitung von Agronomen Musterfarmen eingerichtet, auf denen die Farmer unterrichtet wurden. Durch Umlegungen wurde für eine
günstigere Anordnung der Schläge gesorgt, wodurch das Pflügen parallel zu den

---

143   Lingner, S. 22
144   vgl. z.B. Fleck, Rudolf: Planmässige Umgestaltung der Landschaft im Dienste grossregionaler
      Wirtschaftsentwicklung. In: Petermanns Geographische Mitteilungen, 96.Jg. (1952), Heft 1, S.
      32–35
145   Lingner, S. 18

Höhenlinien und Pflanzungen von feldschützenden Hecken, Wald- und Grünlandstreifen ermöglicht wurde. Insgesamt dauerte die Sanierung etwa zwölf Jahre, unter Einsatz erheblicher staatlicher Mittel und Vergünstigungen für die dort tätigen Privatunternehmen. Lingner machte hier im übrigen aus seiner Weltanschauung keinen Hehl, wenn er schrieb, daß die „ganzen fortschrittlichen Maßnahmen nicht etwa zugunsten der Bevölkerung, sondern ausschließlich im Interesse der eingangs erwähnten Rüstungsindustrie durchgeführt (wurden)."[146]

Dennoch diente ihm die TVA offensichtlich als ein positives Beispiel, um auch der Landschaftszerstörungen, die es in Deutschland gab, Herr zu werden. Hier stünden die Bemühungen aber erst am Anfang. Obwohl es seit der Jahrhundertwende „an Erkenntnissen und Warnrufen Einsichtiger nicht gefehlt" habe – er nennt stellvertretend den Gartenarchitekten Leberecht Migge und den Arzt August Bier –, sei mit der Sanierung der Landschaft nicht einmal begonnen worden, „das Staatsinteresse lief in anderer Richtung und die Besitzverhältnisse standen ihr ohnehin entgegen. Erst in der Nazizeit kam etwas von den neuen Erkenntnissen aus Anlaß der Kriegsvorbereitungen – also ähnlich wie bei der Tennessee-Stromtal-Verwaltung – in einem gewissen Umfang zur Anwendung, nämlich bei der Autobahn. Die Führung der Straßen wurde von den Landschaftsgestaltern entscheidend mitbestimmt."[147]

Ein weiteres Beispiel, das unmittelbar nach dem II. Weltkrieg von vielen Landes- und Landschaftsplanern in der SBZ, aber auch in den Westzonen begeistert (und dem Zeitgeist gemäß meist unkritisch) wahrgenommen wurde, war der gigantomanische Plan zur „Umgestaltung der Natur" in der Sowjetunion, das sogenannte Dawidow-Projekt, mit dem ganze Flußsysteme verändert und Fließrichtungen großer Flüsse umgekehrt werden sollten, um eine Bewässerung der Trockengebiete der UdSSR zu erreichen. Die Gigantomanie wird in einem Artikel des Kieler Geographen Rudolf Fleck aus jenen Jahren deutlich:

„Ähnlich umfassend, ja noch kühner in seinen Grundkonzeptionen, ist das in der UdSSR in jüngster Zeit zur Verwirklichung vorgeschlagene Dawidow-Projekt, [...] das nach Umgestaltungsgrad und oberflächenmäßiger Inanspruchnahme ein Vielfaches von dem aufzeigen wird, was bei dem gelungenen TVA-Unternehmen ersichtlich war. Handelt es sich doch um eine beabsichtigte Landschaftswandlung in nahezu erdteilhaftem Ausmaß. [...] Die Hauptziele gehen darauf hinaus, 1. zwei

146   ebenda und S. 19
147   Lingner, S. 25 – Heute ist angesichts einschlägiger Forschungsergebnisse zu ergänzen, daß hierbei maßgebliche Landschaftsgestalter (Landespfleger) wie Alwin Seifert sich als eifrige Nazis erwiesen. Vgl. hierzu Gröning, Gert/ Wolschke-Bulmahn, Joachim: Liebe zur Landschaft. Teil 1: Natur in Bewegung [Arbeiten zur sozialwissenschaftlich orientierten Freiraumplanung, Bd. 7]. – Münster 1995, S. 27f., 45, 49

große sibirische Ströme, den Ob und den Jenissei, in ihrer bisherigen Laufrichtung, in der Hauptsache Süd zu Nord, zu unterbrechen. Gewollt ist, das nicht nutzbare Abfließen in die subarktische Taiga und das Polarmeer zu verhindern. Die gesamte Flußabströmung aus dem sowjetischen Festland ins Meer wird auf jährlich insgesamt 4 000 Kubikkilometer Wasser geschätzt; davon werden rd. 60 vH ins Nördliche Eismeer abgegeben; Ob und Jenissei liefern etwa 940 Kubikkilometer Wasser. Das 2. Hauptziel ist die Aufstauung der beiden unterbrochenen Ströme, des Ob, dessen Spiegel um etwa 70 m erhöht werden soll, des Jenissei, um etwa 100 m. Mittels dieser Flußwasserstauung soll die Ausbildung eines Stausees erreicht werden, der sich zwischen Ob und Jenissei erstrecken soll, im Raume ungefähr begrenzt von der Stadt Belogorje im Norden, von der Millionenstadt Nowosibirsk im Südosten, von Omsk und Kurgan im Süden. Das sibirische Binnenmeer soll – neben einem besonderen Jenissei-Stausee östlich davon – durch 15 bis 20 Jahre lange Wasserauffüllung entstehen und eine Oberfläche von 250 000 Quadratkilometern erreichen, somit zum zweitgrößten Binnenmeer der Erde werden, das nur durch den Kaspisee übertroffen wird. Das 3. Hauptziel wird sein, künstliche Wasserwege im Stauseengebiet und von ihm weg zum Aralsee und Kaspisee in Mittelasien zu schaffen."[148] Mehr als 100 Millionen Menschen sollten durch dieses Projekt neuen Siedlungsraum bekommen, so die Utopie.

Ob Lingner wahrhaftig überzeugt war von solcherlei Voluntarismen oder ob er sich hier taktisch verhielt, um gegenüber Verantwortungsträgern, die ihrerseits von solcherart Machbarkeitswahn ergriffen waren, „Sanierungsinteressen" besser durchsetzen zu können, kann nicht mehr geklärt werden. Jedenfalls sah er aufgrund der Unterschiede in den naturräumlichen Verhältnissen die Möglichkeit kaum gegeben, den sowjetischen Plan zur „Umgestaltung der Natur" in der DDR zu übernehmen. Fest steht allerdings, daß Lingner seine persönlichen Kontakte zu Mitgliedern der Staatsführung der DDR und Parteiführung der SED hatte und diese für einen „Plan zur Entwicklung der Natur" in der DDR zu gewinnen versuchte.[149]

Überaus wichtig, auch für die Entstehung des Begriffs „Landschaftsdiagnose", waren einzelne Vorarbeiten, die noch vor Gründung der DBA unter dem Dach des Instituts für Bauwesen der DAW durchgeführt wurden. Die erste noch kleinräumige „Landschaftsdiagnose" wurde auf der Grundlage eines Werkvertrages zwischen der Abteilung Landschaft im Institut für Bauwesen der DAW und einer zwei

---

148   Fleck, S. 32 und 33

149   vgl. hierzu Gelbrich, Helmut: Landschaftsplanung in der DDR in den 50er Jahren. In: Natur und Landschaft, 70. Jg. (1995), Heft 11, S. 542 und Knoth, Nikola/ Nowak, Kerstin: Eine „grüne" SED? Aus dem Protokoll einer ZK-Sekretariatssitzung. In: Beiträge zur Geschichte der Arbeiterbewegung. – 35. Jg., Heft 4, S. 72–79

Mitarbeiter und eine Mitarbeiterin zählenden Gruppe junger Geographen der Humboldt-Universität als Pilotstudie im Zeitraum von Juni bis August 1949 in dem durch den Braunkohlenbergbau extrem geschädigten Gebiet Klettwitz (Niederlausitz) auf einer Fläche von ca. 120 qkm durchgeführt. Ziel war es, die Landschaftsveränderungen zwischen 1846 (1. aussagekräftige Karte) und 1949 zu

Abbildung 4   Die drei großen Stromsysteme im Plan zur „Umgestaltung der Natur" in der Sowjetunion

Quelle: Lingner, S.62f.

kartieren.[150] Es zeichnete sich schnell ab, daß das Gebiet zu klein war, um zu aussagekräftigen, überzeugenden Ergebnissen zu kommen. Daher wurden in einem Folgeauftrag die im Klettwitzer Gebiet ausprobierten Erfahrungen zur Erforschung des gesamten Niederlausitzer Braunkohlenreviers verwendet. Die Gruppe führte diesen Folgeauftrag von November 1949 bis Februar 1950 aus.[151] Der Zweck des Folgeauftrags im Niederlausitzer Braunkohlenrevier „war: 1. die zusammenhängende Erfassung aller schädigenden Einflüsse des Menschen; 2. die Auswertung der Ergebnisse zu einer planmäßigen Sanierung der ganzen Landschaft des Braunkohlenreviers. Die Abteilung Landschaft entwarf nun das Programm einer komplexen Landschaftsuntersuchung für die ganze Deutsche Demokratische Republik unter dem Thema: ,Landschaftsdiagnose', und legte es zusammen mit den Untersuchungsergebnissen aus dem Niederlausitzer Braunkohlengebiet dem Ministerium (für Planung, H.B.) vor. Das exakte, wissenschaftliche und mit Photos ergänzte Kartenwerk aus dem Braunkohlengebiet redete eine weit eindringlichere Sprache als alle bisherigen Aufsätze und Vorträge. Das Ministerium bewilligte die Mittel für die ,Landschaftsdiagnose der DDR' in Form eines Forschungsauftrages. Damit wurde in Deutschland zum erstenmal der Versuch unternommen, eine systematische Übersicht über die Gesamtheit aller Landschaftsschäden zu erhalten. [...] Die Arbeit sollte in allen fünf Ländern der Republik zur gleichen Zeit beginnen. Dafür war ein größerer Apparat erforderlich. In jedem der Länder wurde ein dort ansässiger, geeigneter Landschaftsgestalter als Leiter einer wissenschaftlichen Arbeitsgruppe eingesetzt. So kam ein Arbeitskreis zustande, der mit den

---

150 Lingner, S. 27f. – Abenteuerlich mutet an, wie diese Untersuchung ablief: „Mit Fahrrad, Zeichenblock und Karten ausgerüstet, bezogen die jungen Leute in Klettwitz Quartier. Sie wanderten und radelten durch das Gebiet, um alles genauestens zu messen und zu untersuchen: die Ausdehnung der Gruben, Kippen und Halden, ihre Oberflächengestalt, die Bodenqualität, die Grundwassertiefen, die Verschmutzung der Gewässer, die Vegetation der Kippenflächen und Steilhänge und den Kulturzustand der restlichen Landschaft. Sie brauchte wasserwirtschaftliche, botanische, landwirtschaftliche, forstwirtschaftliche und klimatologische Kenntnisse dazu. Sie durchstöberten sämtliche Archive der Gemeinden, Städte und Bergbauverwaltungen, der Forst- und Wasserbauämter. Sie verglichen den Zustand der Landschaft mit dem Bild der veralteten Karten und trugen die Veränderungen ein. [...] Viele Wochen lang arbeiteten die jungen Geographen, bis tief in den Winter hinein. [...]."

151 mdl. Mitteilung von Frau Dr. Hoffmann am 11.11.1996 in Berlin. – Tagsüber wurden im Gelände die erforderlichen Daten erhoben und vorläufig kartiert, spätabends bei Kerzenlicht wurden die Ergebnisse in „Reinschrift" in eine zweite Karte übertragen. Gleichzeitig wurde eine Kladde, ein Tagebuch geführt mit zusätzlichen Informationen, die kartographisch nicht aufbereitet werden konnten. (Ein Problem sollte es später werden, diese Eintragungen zu interpretieren, da die ehemaligen Mitarbeiter und Mitarbeiterinnen nun nicht mehr da waren: Warum hatten sie dieses und jenes notiert, warum war es ihnen wichtig?)

Professoren und Studenten wissenschaftlicher Institute fast neunzig Personen umfaßte."[152]

Arbeitsgruppenleiter waren in Thüringen Rudolf Ungewitter und – nach der Flucht Ungewitters – Dr. Ruth Günther (heute Hoffmann), in Sachsen Werner Bauch, in Sachsen-Anhalt Otto Rindt, in Mecklenburg Martin Ehlers und in Brandenburg Hermann Göritz. Ca. 900 Karten entstanden, mit recht unterschiedlich intensiven Erhebungen in den einzelnen Ländern.[153]

Die Ergebnisse der „Landschaftsdiagnose" schilderte später der Arbeitsgruppenleiter Bauch: „Erstmalig ergab sich eine Übersicht über die markantesten Landschaftsschäden. Sie wurden durch Karten, Texte und Fotobeispiele belegt. Der Zustand der Agrarlandschaften wurde vor allem veranschaulicht durch die Ermittlung jener landwirtschaftlichen Anbauflächen, die im extremen oder vorgeschrittenen Aussmaß von Gehölzschutz entblößt sind. Desgleichen konnten ausgeprägte Wasserhaushaltsstörungen aufgezeigt und die Verunreinigung der Gewässer im Rahmen einer einheitlichen Kartierung in die Forschungsarbeit einbezogen werden. Mit einer Ermittlung extremer Luftverunreinigungen durch Industrie, Siedlung und Verkehr wurde die Aufmerksamkeit auf diese beachtlichen Wirkungen gelenkt. Bei den Bergbaugebieten standen die abbaubedingten Veränderungen der Landschaft, besonders der Zustand der Kippen und Ödländereien im Vordergrund. In den weitflächigen Braunkohlenrevieren wird die Rekultivierung und Aufforstung der Halden und Ödländereien mit Sorgfalt behandelt. Die vom Bergbau verursachten Bodengüte-Veränderungen konnten bei der Forschungarbeit in einzelnen Bereichen vergleichend durch Bodenwertzahlen ermittelt werden. Von besonderer Wichtigkeit für die Weiterarbeit ist schließlich die Tatsache, daß Schwerpunktgebiete herausgearbeitet werden konnten."[154]

Wie gesagt, hofften Lingner und Carl, ein „schlagendes Beispiel", eine überzeugende visuelle Begründung für Sanierungsmaßnahmen zu schaffen. Das Vertrauen in die Einsichtsfähigkeit der Staats- und Parteiführung dürfte gemessen am Anspruch Lingners doch arg enttäuscht worden sein. So mußten die Arbeiten an der „Landschaftsdiagnose" aus bisher noch nicht hinreichend aufgearbeiteten Gründen durch Beschluß „von oben" Mitte 1950 unterbrochen werden. Am 14.8.1950 erfolgte die Sperrung der Arbeiten an der „Landschaftsdiagnose" seitens der

---

152 Lingner, S. 27f.
153 Sie liegen heute im Archiv einer der Nachfolgeeinrichtungen der Bauakademie der DDR (vorher Deutsche Bauakademie – DBA), dem Institut für Regionalentwicklung und Strukturplanung (IRS), einem „Blaue-Liste-Institut", in Erkner bei Berlin. – Blaue-Liste-Institute werden bis zu 50 Prozent vom jeweiligen Land und bis zu 50 Prozent vom Bund finanziert.
154 BA, DH 2/ II/ 09/ 7, Prof. Werner Bauch, TH Dresden: Entwicklung der Landschaftsgestaltung in der DDR (1957)

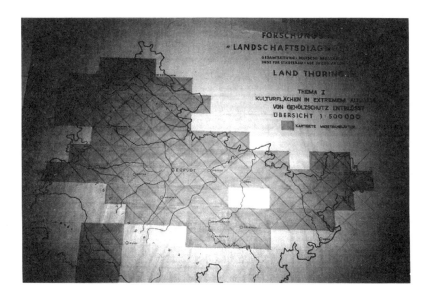

Abbildung 5   Kartenbeispiel der Landschaftsdiagnose
(Foto: Behrens)

Hauptabteilung Wirtschaft und Technik des Ministeriums für Planung der DDR. Einsprüche von Lingner und Carl halfen nicht, das Material mußte zwischen dem 21. und 23.8.1950 abgegeben werden. Es landete im Haus der Ministerien in der Leipziger Straße in Berlin. Zum 31. 8. 1950 wurde allen Mitarbeiterinnen und Mitarbeitern, die im übrigen über die Hintergründe im unklaren gelassen wurden, gekündigt. Ein Brief Lingners vom Dezember 1950 scheint auf Kompetenzstreitigkeiten hinzuweisen, offensichtlich versuchte damals die Hauptabteilung Landesplanung im Ministerium für Aufbau die „Landschaftsdiagnose" unter ihre Regie zu bekommen.[155] Gelbrich[156] vermutet hinter dem Abbruch den ersten flächendeckenden Einsatz des aus der „Hauptverwaltung zum Schutz der Volkswirtschaft" hervorgegangenen Ministeriums für Staatssicherheit. Hintergrund war möglicherweise, wenngleich noch nicht hinreichend belegt, die im Kalten Krieg geschürte und verbreitete Angst vor „Diversanten, Terroristen, Spionen (und) Wirtschaftssaboteuren", Angst, die vor Ort angesichts der umfangreichen Gelän-

---

155   Vgl. hierzu den Vortrag von Hiller, Olaf, auf der Tagung „Landschaftsdiagnose der DDR" am 15.11.1996 in Berlin (TU Berlin); Veranstalter: TU Berlin, Institut für Management in der Umweltplanung und Institut für Umweltgeschichte und Regionalentwicklung e.V., Berlin
156   vgl. hierzu ausführlich Gelbrich, S. 539f.

dearbeiten (Kartierungen und Befragungen), die auch militärisch und volkswirtschaftlich sensible Bereiche umfaßten, begründet schien. Es finden sich auch Hinweise auf Gelbrichs oben genannte Vermutung, das aus der „Hauptverwaltung zum Schutz der Volkswirtschaft" hervorgegangene Ministerium für Staatssicherheit habe in diesem Zusammenhang seinen ersten flächendeckenden Einsatz gehabt. Hiller präsentierte auf einer Tagung zur „Landschaftsdiagnose" Briefe des damaligen Staatssekretärs Warnke aus dem Ministerium des Innern mit Andeutungen für Sicherheitsbedenken.[157] Fest steht, daß alle Mitarbeiter und Mitarbeiterinnen überprüft wurden. Dabei stellte sich heraus, daß alle Arbeitsgruppenleiter entweder NSDAP-Mitglieder gewesen waren oder Anträge auf Mitgliedschaft gestellt hatten. Die Arbeit war aus all diesen Gründen für einzelne Mitarbeiter und Mitarbeiterinnen in den Ländern verbunden mit Unannehmlichkeiten bis hin zu Denunziationen, in deren Folge sich einzelne Mitarbeiter zur Flucht aus der DDR genötigt sahen, so wie Ungewitter, der später beim Siedlungsverband Ruhrkohlebezirk tätig war. Die DDR verließen später auch Martin Gruhler und Martin Ehlers, der Arbeitsgruppenleiter in Mecklenburg.

Lingner wies 1951 in mehreren Arbeitsbesprechungen in der Deutschen Bauakademie darauf hin, daß nach erfolgter Überprüfung die Arbeiten an der „Landschaftsdiagnose" fortgesetzt werden sollten, was dann aber nicht erfolgte.[158]

Ausgerechnet Dr. Ruth Günther (heute Hoffmann), die in Thüringen das Material abgeben mußte, danach kurzzeitig arbeitslos und durch glückliche Zufälle in der damaligen Hauptabteilung Landesplanung im Ministerium für Aufbau (damaliger Leiter: Leo Stegmann) gelandet war, mußte das Material sichten.[159] Sie fand einen großen ungeordneten Haufen Karten und Tagebücher vor, aber es war augenscheinlich noch alles vorhanden. Die Arbeit konnte 1952 nach langem Hin und Her auch insofern zuendegeführt werden, als die bis Mitte 1950 erhobenen

---

157 Vgl. hierzu wiederum den Vortrag von Olaf Hiller auf der Tagung „Landschaftsdiagnose der DDR" am 15.11.1996 in Berlin (TU Berlin)

158 BA, DH 2- II/ 02/ 12 Aktennotizen und Protokolle der Arbeitsbesprechungen DBA, Institut für Städtebau und Landesplanung, 1952 und 1953; Protokoll vom 16.2.1951: „Herr Lingner berichtet, daß die Weiterführung der Landschaftsdiagnose von der Zustimmung der Personalabteilung über die Frage der Mitarbeiter abhängt." 9.4.1951: „Herr Lingner gab einen Überblick über die bisherigen Arbeiten der Landschaftsdiagnose der DDR"; 26.4.1951: „Koll. Lingner berichtete über die Auswertung der Untersuchung über das Senftenberger Gebiet, die in Verbindung mit der Kippenkommission erfolgen wird, dann über die Fortführung der Landschaftsdiagnose; gegenwärtig wird eine Zusammenstellung des gesamten Mitarbeiterkreises durchgeführt als Unterlage für die Genehmigung der Mitarbeiter durch das Ministerium des Innern." 4.10.1951: Hinweis auf Fertigstellung der Landschaftsdiagnose; zu den Ergebnissen der Überprüfung vgl. BA, DC 1, 433

159 zum Schicksal des Materials der Landschaftsdiagnose mündlich Frau Dr. Hoffmann in einem Gespräch mit dem Autor am 11.11.1996 in Berlin und auf der Tagung am 15.11.1996

und kartierten Unterlagen aggregiert und mit einem Textband versehen später teilweise herausgegeben und auf einer Tagung vorgestellt werden konnten, wenngleich die Veröffentlichung dann einer eingeschränkten Benutzbarkeit („Nur für den Dienstgebrauch") unterlag.

Eine unmittelbar praktische Wirkung hatte die „Landschaftsdiagnose" nicht, d.h. sie führte nicht zu den erhofften großräumigen Sanierungsarbeiten, obwohl in einem Ministerrats-Beschluß die Staatliche Plankommission verpflichtet wurde, „ausgehend von einer wissenschaftlichen Landschaftsdiagnose bis zum 1.September 1954 einen Plan über den Umfang und Zeitpunkt der erforderlichen landeskulturellen Maßnahmen auszuarbeiten".[160] 1957 hieß es allerdings dazu in einem Bericht, der sich in den Unterlagen des Instituts für Städtebau der DBA im Bundesarchiv fand: „Das Institut hat auch weiterhin von sich aus alle Voraussetzungen geschaffen, um den Ministerratsbeschluß verwirklichen zu helfen, wonach die Staatliche Plankommission auf der Grundlage der vom Institut erarbeiteten und inzwischen zur Drucklegung gelangten Landschaftsdiagnose der DDR einen Plan der Maßnahmen für die Behebung der dort aufgezeigten Landschaftsschäden auszuarbeiten und eine Anordnung über die Landschaftspflege zur Vermeidung von Landschaftsschäden herauszugeben hat."[161]

Es gab allerdings einige Folge-Forschungsprojekte (Modellvorhaben), z.B. die Untersuchungen im Huy-Hakel-Gebiet im Harzvorland und eingeflossen sind die methodischen Ansätze und Erhebungs-Ergebnisse auch in die Arbeiten zur Wiederherstellung der großräumigen Bergbaufolgelandschaften im „mitteldeutschen Industrierevier" und in der Niederlausitz. Sowohl die Untersuchungen im Huy-Hakel-Gebiet als auch die Bemühungen zur Rekultivierung der Braunkohlenabbaugebiete wurden maßgeblich vom damaligen Institut für Garten- und Landeskultur der Humboldt-Universität zu Berlin aus betrieben.

4.4.2   Die Bedeutung der „Landschaftsdiagnose" für die räumliche Planung

Die Arbeiten an der „Landschaftsdiagnose" und später die Erhebungs-Ergebnisse wurden von Landschaftsplanern und von Vertretern benachbarter Fachgebiete, insbesondere von Landesplanern bzw. Gebietsentwicklungsplanern in den Büros für Gebiets-, Stadt- und Dorfplanung bei den Räten der Bezirke, nachdrücklich begrüßt und z.T. intensiv genutzt. Es muß daran erinnert werden, daß zum einen eine enge Zusammenarbeit zwischen den Landesplanern und Garten- und Landschaftsarchitekten, Geographen usw. bestand und Vertreter aller Fachrichtungen

---

160   Beschluß des Ministerrates über „Maßnahmen zur weiteren Entwicklung der Landwirtschaft" vom 4.2.1954 (Gesetzblatt der DDR, Nr. 20, vom 23.2.1954).
161   BA, DH 2- II/ 02/ 12, S. 3

an den Arbeiten beteiligt waren. Zum andern litt die Landes- und Landschaftsplanung in der DDR damals an außerordentlichem Mangel an Karten und Plänen, vor allem an solchen, die aktuelle Aussagen über größere Gebiete zuließen.

Lehmann schrieb in dem 1956 erschienenen Textband zum veröffentlichten Teil der „Landschaftsdiagnose" das Nachwort. Er sah in der „Landschaftsdiagnose" – obwohl er den Begriff „Diagnose" ablehnte – ein Grundlagenmaterial für alle sachlich berührten Verwaltungen der Wasserwirtschaft, des Bergbaus, der Landwirtschaft, der Forstwirtschaft usw., an dem nicht vorbeigegangen werden könne. Die ernüchternde Realität der Verwendung dieses Materials kommt in Lehmanns Schlußsatz zum Ausdruck: „Selbstverständlich wäre eine größtmögliche Verbreitung wenigstens dieser Unterlagen [gemeint waren die aggregierten Arbeitsergebnisse, H.B.] im Interesse der hier umrissenen Wirkungs- und Auswertungsmöglichkeiten erwünscht. Es war unter diesen Gesichtspunkten notwendig und gerechtfertigt, auch die Textfassung möglichst populär zu halten, um eine weite Streuung der Ergebnisse und des Gedankengutes der Arbeit zu erreichen. Leider schaffen dafür weder die Auflagenhöhe und die Preisgestaltung der Veröffentlichung noch die Einschränkung der Nutzungsmöglichkeiten durch den Vermerk ‚Nur für den Dienstgebrauch' günstige Voraussetzungen. Für die Sicherungsklausel insbesondere sehen wir keinen ausreichenden Grund."[162]

Interessant ist, welchen Wert Lingner selbst der Landschaftsdiagnose beimaß: Zum ersten Mal sei u.a. ein „Gesamtüberblick über den Zustand extremer Entblößung der bedeutendsten landwirtschaftlichen Produktionsflächen von dem notwendigen Gehölzschutz auf dem gesamten Territorium der DDR" geschaffen worden, und die vergleichenden Messungen der Luftverunreinigungen seien „die ersten über ein ganzes Wirtschaftsgebiet [...] in Deutschland" gewesen.[163] Der wissenschaftliche und „naturschutzpolitische" Wert der „Landschaftsdiagnose" bestand laut Bauch darin, daß sie zunächst einen Beitrag zur Entwicklung der Planungskartographie darstellten und insbesondere durch das Herausarbeiten von Schadens-Schwerpunktgebieten Sanierungsmaßnahmen hätten begründen helfen können: „Außerdem werden durch die Charakteristik des Kulturlandschaftszu-

---

162 Lehmann, Hanns: Zu einigen Fragen der Auswertung der Landschaftsdiagnose. – Nachwort zu Lingner, Reinhold/ Carl, F.E.: Landschaftsdiagnose der DDR, Ergebnisse einer zur Ermittlung von Landschaftsschäden in den Jahren 1950 und 1952 durchgeführten Forschungsarbeit/ Zusammenfassung und Schlußfolgerungen/ Mit Erläuterungen zu den Abdrucken aus dem Karten- und Fotomaterial. – Herausgegeben von der Deutschen Bauakademie [Schriften des Forschungsinstituts für Gebiets-, Stadt- und Dorfplanung]. – Leipzig 1956, S. 147

163 Lingner, Reinhold: Kurzreferat in der Kommission zur Förderung der Wasserwirtschaft. 4. Besprechung. c. Landschaftsgestaltung und Landschaftsdiagnose. – Manuskript, o. J. (ca. 1955). – StUG, Nachlaß Bickerich

standes Hinweise für den Grad der Schäden und die regionale Dringlichkeit zur
Gesundung der Landschaft gegeben."[164]

Die „Landschaftsdiagnose" konnte zumindest in „Beispielslandschaften" fortgeführt, methodisch verbessert und mit praktischen Maßnahmen abgeschlossen
werden. Eine dieser „Beispielslandschaften", in der auf den Ergebnissen der „Landschaftsdiagnose" aufgebaut wurde, war das Huy-Hakel-Gebiet im östlichen Harzvorland. Die Landschaftsuntersuchungen, Planungen und praktischen Erprobun-
gen dort sind als wohl wichtigste Folgearbeit der „Landschaftsdiagnose" hervorzuheben. Das Huy-Hakel-Gebiet wurde vom Institut für Garten- und Landeskultur
der HUB bearbeitet, Leiter der Forschungsarbeiten war der Landschaftsarchitekt
Gustav Heinrichsdorff. Ziel der Untersuchungen war, „hier eine Beispiellandschaft
mit optimalen Voraussetzungen für eine nachhaltige Steigerung der landwirtschaftlichen Erträge zu erstellen,"[165] unter maßgeblicher Berücksichtigung landschafts-
pflegerischer, aber auch raumstruktureller Gesichtspunkte. Zu den Teilzielen des
Vorhabens gehörte, auf Grund landschaftsanalytischer Erhebungen „notwendige
Sofortmaßnahmen zur Beseitigung" von „als vordringlich erkannten landschaftlichen Notständen" zu formulieren, einen mehrjährigen Aufbauplan (Perspektivplan) für das ganze Gebiet zu erarbeiten und die Methoden für die Erfassung
solcher Landschaftseinheiten zu verfeinern. Der Aufbauplan sollte komplexe Planvorgaben bis hinunter zur Dorf- bzw. Projektebene formulieren.

Bauch beschrieb die Absichten im Huy-Hakel-Gebiet wie folgt: Die „Landschaftsdiagnose" habe

„1. der allgemeinen Landesforschung die Möglichkeit (gegeben), ihre weitere ver-
    tiefte Analyse methodisch in diesen Landschaftsräumen (gemeint waren die
    Beispielslandschaften, H.B.) anzusetzen. […]. Im östlichen Harzvorland wurde
    ein Gebiet von 110 qkm als ‚Beispielslandschaft' ausgewiesen, in dem die
    laufenden Forschungsergebnisse von 9 Instituten, unter Federführung des
    Institutes für Garten- und Landeskultur der Humboldt-Universität, ausgewer-
    tet und seit Jahren landeskulturell entwickelt werden. Weitere Forschungsräume
    dieser Art sind zur Bearbeitung in Aussicht genommen; sie müssen in ihrer
    Struktur charakteristisch sein für ähnlich gelagerte Landschaften. […]

2. Die Landschaftsplanung erhält ihre staatlich gelenkten Aufträge aus der Über-
   schau dieser landeswirtschaftlichen Notwendigkeiten. Ihre erste Stufe ist in der
   Regel die Perspektivplanung. Sie beginnt heute mit einer meist gutachtlichen

164 BA, DH 2/ II/ 09/ 7
165 Heinrichsdorff, Gustav: Erkenntnisse und Erfahrungen aus den Forschungs- und Entwicklungs-
     arbeiten im Huy-Hakel-Gebiet. – In: Naturschutz und Landschaftsgestaltung im Bezirk Magde-
     burg. – Sonderdruck aus der 3. Folge. – Herausgegeben vom Rat des Bezirkes Magdeburg. –
     Magdeburg 1959, S. 5

komplexen Erarbeitung der regionalen Sachverhalte. Es werden hierbei die besonderen Bedingungen des Gebietes aufgezeigt. Jene Gesichtspunkte der Gestaltung werden anschaulich gemacht, die auf längere Sicht eine optimale landeskulturelle Entwicklung des Planungsraumes zu schaffen vermögen. Bearbeitungsbeispiele hierfür sind gegenwärtig die Landschaften Mecklenburg, Fläming, der Spreewald, das Elbegebiet bei Dresden.

In diesem Sinne wurden als Perspektiv- und Vorplanung im Jahre 1955 rund 3 500 qkm bearbeitet. Im Jahre 1956 werden 4 000 qkm unserer Agrarlandschaft durch Perspektivplanung erfasst. Es sind in erster Linie Gebiete der Bodenerosion, im besonderen die durch Wind-Erosion gefährdeten Landschaften.[...].

Aus diesem Perspektiv-Planungsrahmen wächst das eigentliche Projekt mit allen seinen Detailplänen. Dabei wird versucht, in der Dorfflur-Planung hauptsächlich folgenden vielfältigen Erfordernissen gerecht zu werden:

• Den Aufgaben der Ökonomie und Ökologie.

• Den Problemen der ländlichen Siedlung und des inneren Verkehrs.

• Der Neuordnung des Kulturarten-Verhältnisses und der Korrektur landeswirtschaftlich ungünstiger Flächennutzung.

• Auf Grund einer gut entwickelten forstlichen Standortskartierung ergeben sich Entscheidungen für neue Aufforstungen. So wurden ausserhalb des Waldes in den letzten 5 Jahren unter Wahrung landschaftsgestalterischer Gesichtspunkte 18 Millionen Pappeln zur raschen Holzerzeugung angepflanzt; in den nächsten 5 Jahren werden es etwa 47 Millionen Pappeln sein.

• Vor allem aber wird im Projekt eine Grundlage gegeben zur Verbesserung der Flureinteilung, die besonders in den stark zergliederten Gemarkungen der Hügel- und Bergländer von vordringlicher Bedeutung ist.

• In der dargestellten Weise wurde die Neuordnung der Fluren begonnen." [166]

Angewandt wurden die Untersuchungen der „Landschaftsdiagnose" dann später auch zur Unterstützung von Versuchen, einen grenzübergreifenden Nationalpark „Elbsandsteingebirge" zu schaffen. Initiatoren waren hier vor allem Reimar Gilsenbach, damals Schriftleiter der 1952 begründeten „Natur und Heimat", die zu einem Sprachrohr für Schutzbemühungen werden sollte, Kurt Kretschmann, damals noch bei der Deutschen Akademie der Landwirtschaftswissenschaften tätig und dann erster Leiter der Zentralen Lehrstätte für Naturschutz Müritzhof und in Sachsen vor allem Kurt Wiedemann, ehemaliger Landesplaner und seit 1952 beim Rat des Bezirkes in Dresden, (Entwurfs-)Büro für (Gebiets-,) Stadt- und Dorfplanung. Wiedemann begründete 1955/56 die Nationalparkidee in einem umfang-

---

166   BA, DH 2/ II/ 09/ 7, Prof. Werner Bauch, TH Dresden: Entwicklung der Landschaftsgestaltung in der DDR (1957

reichen Beitrag, der in einem in 3 400 Exemplaren aufgelegten Jahrbuch der
Betriebssportgruppe (BSG) Empor Dresden erschien.[167]

Den Wert der „Landschaftsdiagnose" für seine Arbeit in Sachsen bzw. im Bezirk
Dresden beschrieb Wiedemann dann später in einem Beitrag für die Tagung
„Landschaft und Planung", die aus Anlaß der Herausgabe einer Teilveröffentli-
chung der Forschungsarbeit „Landschaftsdiagnose der DDR" am 27.November
1957 (Tagung der DBA) stattfand: Wiedemann hielt das Referat: „Die Landschaft
als Faktor der Planung" und sagte u.a., daß „wir [...] für die gebietsumfassende
Stadt- und Dorfplanung des Bezirkes Dresden die Ergebnisse der Forschungsarbeit
zur Ermittlung von Landschaftsschäden der Deutschen Demokratischen Republik
für sämtliche Meßtischblätter (in Kopien) zur Verfügung haben und immerzu
planerisch verwerten. Dieses Material ist vornehmlich für die Gebietspläne der
Bezirke und Kreise, besonders für die technisch-gestalterischen Kreisentwicklungs-
pläne von unersetzbarer Bedeutung. Das muß auch aus der systematischen und
methodischen Bedeutung gefolgert werden, die für eine ‚Neuordnung der Landschaft nach sozialistischen Prinzipien' diesem Werke zukommt. [...] Auch für
Flächennutzungs- und Bebauungspläne ist das Ergebnis der ‚Landschaftsdiagnose
der DDR' im Maßstab von 1:25 000 als systematisches Kontrollmittel für ge-
bietsplanerische, vornehmlich für technisch-gestalterische Entscheidungen äußerst
wichtig und wirksam, obwohl wir dafür noch über andere landschafts-planerische
Bearbeitungs-Unterlagen verfügen."[168]

Wiedemann wies in seinem Referat auch auf die Rezeption der „Landschaftsdiagnose" in der Bundesrepublik durch den Raumplaner Gerhard Isbary hin, die
ganz im Zeichen des Kalten Krieges stand: „Ganz besonders interessiert uns die
Einschätzung der Arbeiten der ‚Landschaftsdiagnose der DDR', die Gerhard Isbary
im 2. Heft von Raumforschung und Raumordnung des Jahrganges 1957 gibt. Die
Art der Berichterstattung ist übel: man *wollte* die Kulturflächen ermitteln, die in
extremem oder fortgeschrittenem Ausmaß von Gehölzschutz entblößt sind, man
wollte die Störungen im Wasserhaushalt ermitteln usw.. ‚Im Rahmen der Deutschen Bauakademie ist in Mitteldeutschland (!) seit einigen Jahren ein Arbeitsplan
entstanden, der zwar in Methodik und Systematik großzügig angelegt ist, aber bis

---

167 vgl. Wiedemann, Kurt: Die „Sächsische Schweiz" als künftiger Nationalpark der Deutschen. Eine
    planerische Betrachtung über den Schutz des sächsischen Elbsandsteingebirges und die Steige-
    rung des Erholungswertes dieses einzigartigen Gebietes. In: BSG SV Empor – Bezirk Dresden
    (Sektion Touristik (Hg.): Jahrbuch für Touristik 1955/56. – Dresden 1955, S. 11–28
168 BA, DH 2, II/ 09/ 8 (der Aktenband enthält die Manuskripte und Briefwechsel zum Tagungs-
    band „Landschaft und Planung". Die Tagung fand am 27.November 1957 in Verantwortung
    der Deutschen Bauakademie Berlin im dortigen „Haus der Ministerien" statt/ letzte Ma-
    nuskriptfassung vor Veröffentlichung, Blätter 70–111), Blatt 86f.

zur wirklichen Bewältigung ein enormes Arbeitsmaß erfordern würde und der voll und ganz im Dienste der Schaffung einer neuen räumlichen Gestalt Mitteldeutschlands für die von der Sozialistischen Einheitspartei Deutschlands angestrebte neue Gesellschaft entstehen soll.'

Sehr angetan hat diesen Rezensenten das Bild ,mosaikartiger Einzelparzellen privater Besitzer', um das er bangt. Durch völlig verdrehte Wiedergabe der Meliorationsmaßnahmen wird dadurch die Ablehnung ,dieser vergesellschafteten Landschaft, die durch derartige Pläne zu einer Art Produktionslandschaft domestiziert' werde, begründet.“[169]

Die wenigen Beispiele zeigen, wie sehr die „Landschaftsdiagnose" als eine Planungsgrundlage begrüßt wurde, und sie zeigen, daß es einen engen Arbeitszusammenhang zwischen Landschaftsgestaltern, Naturschützern, Agrarwissenschaftlern, Geographen und Landesplanern gab, der auch in anderen Planungsprojekten an Einzelstandorten (Stalinstadt/ Eisenhüttenstadt, Hoyerswerda), in den Aufbauplänen für den Wiederaufbau der Städte oder in einigen Forschungsprojekten an der Deutschen Bauakademie zum Ausdruck kam.[170]

---

169 BA, DH 2, II/ 09/ 8, Bl. 93

170 Zu nennen ist hier insbesondere das Forschungsthema „Beiträge zur siedlungskundlichen Grundlegung des Städtebaus und zu Fragen der Gebietsplanung", ein in sechs Unterthemen unterteiltes Forschungsvorhaben, das eigentlich von 1956–1960 laufen sollte, aufgrund von Umstrukturierungen in der Bauakademie und in den Bezirken 1958 aber abgebrochen wurde. Bearbeiter waren die (ehemaligen) Landesplaner Lehmann, Kanow, Dr. Günther, die Architektin Schmidt sowie Lingner und Carl. Die beiden Letztgenannten hatten die Aufgabe, „Beiträge zu Fragen der Landschaftsplanung und zur Erarbeitung der gesellschaftlichen Grundlagen und – die Erholungsplanung in der DDR; Bestandsaufnahme und Untersuchungen über Funktion und Eignung alter und die Erschließung neuer Erholungsgebiete" zu bearbeiten. Zu den Ergebnissen gehörte eine Ausarbeitung mit dem Titel „Begründungen und Programmvorschläge für die Erholungsplanung in der DDR" und die Gründung eines Kollektivs für die Erholungsplanung in der Staatlichen Plankommission. Vgl. BA, DH 2, F 2/52

Landschaftsplanung Anfang der 50er Jahre in der DDR

(unvollständig/ einige Angaben zu Personen beziehen sich auf die 60er und 70er Jahre)

Ministerium für Aufbau
- Referat Grünplanung (60er Jahre: u.a. *Karl Thomas*)
- Zent. Entwurfsbüro für Gebiets-, Stadt- und Dorfplanung, Halle (u.a. *Otto Rindt* u. *Friedrich Gloger*/ generelle städtebaul. Vorplanung (AG *Rindt*)

Räte der Bezirke - Abteilungen
Aufbau der Bezirksbauämter
- Entwurfsbüros für Gebiets-, Stadt- und Dorfplanung
- Arbeitsgruppen/ Kommissionen (z.B. AG Bergbau und Energie RgB Cottbus, Kommission Wiederurbarmachung (Vors. *Petzold*))

Deutsche Bauakademie (DBA) (hervorgegangen aus Institut für Bauwesen der DAW und Institut für Städtebau und Hochbau beim Ministerium für Aufbau, Gründung: 1.1.1951)
- Institut für Gebiets-, Stadt- und Dorfplanung (*Reinhold Lingner*/ *Frank-Erich Carl*)
- Modellplanungen/ Meisterwerkstätten (Ltg.: *Lingner*)

Betriebe
- Industriebahnbau Berlin, Abt. Grünplanung (Ltr.: *Walter Funcke*, NI.: *W.Meißner, Ehmke*)
- Projektierungsbetriebe (der Baukombinate)

Staatssekretariat/ Ministerium für Hoch- und Fachschulwesen
Hochschulen
- Humboldt-Universität zu Berlin; Institut für Garten- und Landeskultur (*Georg Béla Pniower*, NI.: *K.-D.Gandert*, Mitarb.: *Krabe, Kurt Illner, Max Kroll, Gustav Heinrichsdorff*; später aufgeteilt: Inst.f.Freiraumgest. (*Lingner*, NI.: *Gandert*), Inst.f.Landschaftspflege (*Illner*)
- Hochschule für Architektur Weimar; Lehrauftrag für Gartenarchitektur (*H.O.Sachs*, NI.: *Hubert Matthes*)
- Technische Hochschule Dresden, Lehrstuhl für Landschaftsgestaltung (*Werner Bauch, Harald Linke*)
- Karl-Marx-Universität Leipzig; Institut für Landschaftsgestaltung (*Gerhard Darmer*, später: *Albrecht Krummsdorf*)

Fachschulen
- Fachschule für Gartenbau Erfurt (*Wuttke*)

Bund Deutscher Architekten
- Zentrale Fachgruppe Gartenarchitektur und Landschaftsgestaltung (Ltr.: *Funcke, Johann Greiner, Helmut Lichey, Gottfried Funek*), mit Arbeitsgruppen, u.a. AG Landschaftsplanung (Ltr.: *Funcke*, NI.: *Horst-Udo Schützer*), AG Ausstellungen, NI.: "AG Red. "Gartenarchitektur"

Freischaffende
- Otto Rindt
- Martin Ehlers
- Werner Bauch
- Hermann Göritz
- Walter Funcke
- Müller (Arch.d.Hochbauten)
- P.Klawitter

und andere

Ministerium für Land- und Forstwirtschaft
- Ref. Naturschutz in Abt. Wasserwirtschaft (*Fritz Wernicke*)

DAL-Deutsche Akademie der Landwirtschaftswissenschaften
- Section Landeskultur und Naturschutz mit Komm./ AG feldschutzende
- Landschaftsgestaltung (Vors.: *Bauch*)
- Section Gartenbau[1]
- Institut für Landesforschung und Naturschutz (Ltr.: *Hermann Meusel*,NF.: *Ludwig Bauer, H.Weinitschke*)

Zentrale Lehrstätte für Naturschutz Müritzhof (*Kurt + Erna Kretschmann*; NI.: *Linke, Martin*)

ständige Ausstellungen
- AGRA Markkleeberg (*Lichey*)

Betriebe
- z.T. Anlage, Planung/ Projektierungen auszuführen, z.B. gärtnerische Produktionsgenossenschaften

[1] aus der aufgelösten DLG übernommen

Amt für Wasserwirtschaft
beim Ministerrat der DDR
- Abt. oder AG "Wasserwirtschaftliche Rahmenplanung" (u.a. Erarbeitung Atlas...)

Kulturbund
zur demokratischen Erneuerung Deutschlands/ Deutscher Kulturbund

Zentrale Kommission Natur- und Heimat/
Zentrale Fachausschlüsse, u.a.
- ZFA Landschaftsgestaltung, Naturschutz und Dendrologie (Vors.: *G.B.Pniower*) ab 1963 aufgeteilt in:
- ZFA Landeskultur und Naturschutz (Vors.:)
- ZFA Dendrologie und Gartenarchitektur (Vors. *Heinrich Bien*)
- ZFA Botanik (Vors.: *Rolf Weber*)

Ministerium für Volksbildung und Kultur
- Hochschule für bildende und angewandte Kunst Berlin-Weißensee; Lehrauftrag (*Johann Greiner*)

Ministerium für Kommunalwirtschaft
Stadtverwaltungen
- (Pflege städtischer Grünflächen/ Bewirtschaftung von Friedhöfen)

Quelle: Hermann Behrens 1997/mit frdl. Unterstützung durch: J. Greiner, L. Bauer, K.-D.Gandert)

Abbildung 6: Institutionen der Grünplanung/ Landschaftsplanung Anfang der 50er Jahre in der DDR

5 Zum Umgang mit dem „Erbe": Leitbilder ohne Übergang in der SBZ/DDR?

5.1 Zur Quellenlage in der DDR

Bei Kriegsende wiesen in der Sowjetischen Besatzungszone Berlin-Brandenburg, Sachsen und Thüringen sowie auch Sachsen-Anhalt eine lange Landesplanungstradition mit langjährigen Organisationserfahrungen und einer Menge einschlägig ausgebildeter Fachleute auf. Zwischen den Landesplanern in Sachsen, Sachsen-Anhalt und Thüringen gab es eine traditionell gute Zusammenarbeit. Es drängt sich die Frage auf, wie in der SBZ/DDR die Planungstradition und die Planungsleitbilder reflektiert und bewertet wurden. [1]

Den Startschuß für eine organisierte Landesplanung gab die Internationale Bauausstellung in Berlin 1910. In der Folge kam es durch preuß. Gesetze zunächst zur Gründung des Zweckverbandes Großraum Berlin im Jahre 1911 und des Zweckverbandes Siedlungsverband Ruhrkohlenbezirk 1920. Landesplanung wurde zunächst auf regionaler und Länderebene betrieben und zwar vorrangig in den Schwerpunktgebieten industrieller Entwicklung (Ruhrgebiet, Mitteldeutschland, Sachsen, Oberschlesien). Einen Institutionalisierungsschub erlebte die Landesplanung in diesen Gebieten mit der Gründung von Landesplanungsorganisationen auf recht unterschiedlicher rechtlicher Grundlage (entweder auf gesetzlicher Grundlage wie beim Siedlungsverband Ruhrkohlenbezirk oder als staatliche Organe wie die sächsischen Landesplanungsstellen, als amtliche Organisationen der Selbstverwaltung wie in der Rheinprovinz oder als eingetragene Vereine wie der Landesplanungsverband Merseburg. Zu erinnern ist an die Gründungen solcher Landesplanungsorganisationen in Mitteldeutschland (1924/25), Chemnitz (1925), Westsachsen (1925), Ostthüringen (1926) oder Merseburg (1925) und an die Gründung der Arbeitsgemeinschaft der Landesplanungsstellen 1929.

Bis zum Ende der Weimarer Republik waren – trotz der Gründung der Arbeitsgemeinschaft der Landesplanungsgemeinschaften 1929 – **weder ein einheitliches Leitbild, noch eine einheitliche Zielbestimmung, noch eine einheitliche Begrifflichkeit, noch einheitliche Arbeitsverfahren** vorhanden.[2]

---

1   Die Landesplanung ging bekanntlich ursprünglich aus dem Städtebau hervor als Antwort auf Ordnungsprobleme, die die stürmische, zunächst meist spontan verlaufende Agglomerationsentwicklung im Zuge der Industrialisierung mit sich brachte und die erhebliche Belastungen für Mensch und Natur mit sich brachte. Vgl. zur frühen Entwicklung z.B. Ernst/ Hoppe, S. 6ff. und vgl. Richter, S. 22.

2   Die **heute allgemein akzeptierten Ziele, Leitbilder, Grundkonzeptionen und Methoden waren**

Robert Schmidt, der erste Verbandsdirektor des Siedlungsverbandes Ruhrkohlenbezirk, unterschied z.b. zwischen allgemeiner und spezieller Landesplanung.
Der Inhalt der allgemeinen Landesplanung war demnach in erster Linie verkehrs-
technischer Natur, die spezielle Landesplanung sollte sich mit der wirtschaftlichen
Erschließung des Raumes, den Ansiedlungen, dem Verkehrsbau, der Landeskultur
und der Energieversorgung befassen. Für die spezielle Landesplanung setzte sich
später der Begriff Wirtschaftsplanung durch. „Über den Inhalt der Landesplanung
gab es anfänglich doch sehr unterschiedliche Meinungen. Einerseits wurde sie als
ausgesprochene Wirtschaftsplanung bezeichnet, gegenüber der alles andere zurück-
zutreten hat, andererseits wurde ihr die Aufgabe zugeschrieben, eine Synthese von
städtischer und ländlicher Siedlung zu schaffen. Als Wunschplanung sollte sie
verschiedenartige Flächenverwendungen und großräumige Nutzungsbeschrän-
kungen festsetzen. [...] An Definitionen für die Landesplanung hat es nicht gefehlt.
Sie unterschieden sich für die Wichtung bestimmter Teilbereiche und waren stark
durch die Entwicklung der Planungsarbeit beeinflußt. [...] Einig war man sich
darin, die Landesplanung vorrangig als elastische Wirtschaftsplanung, als übergemeindliche Planung und als Leitbild nachfolgender fachlicher Einzelplanungen zu
verstehen. Alle Planungen sollten dem Ziel der Harmonisierung der Lebensbedin-

---

seit Beginn der Landesplanung **lange Zeit umstritten.** Gleichwertige Lebensverhältnisse in allen
Teilräumen des Landes herzustellen, ist heute (noch) allgemein anerkanntes **Leitbild** und
gesetzlicher Auftrag der Raumordnung und Landesplanung. Diesem Leitbild liegt u.a. das Ziel
des Abbaus von Disparitäten zugrunde. Dieses Ziel verfolgte generell auch die Territorialplanung
der DDR, wenngleich das Ausgleichspostulat praktisch seit Mitte der 70er Jahre aufgrund
ökonomischer Engpässe aufgegeben werden mußte. Damals gewann aus ökonomischen Gründen
eine Orientierung auf die Nutzung von Agglomerationsvorteilen die Oberhand über das Ausgleichspostulat. Zu den klassischen Aufgaben der Raumordnungs- und Regionalpolitik gehört,
Strukturmerkmale zu definieren und in ihrem Bestand zu erheben, räumliche Entwicklungsfak-
toren zu analysieren, Potentialengpässe und Potentialnutzungskonflikte in der räumlichen Entwicklung aufzuspüren und mit den Beteiligten in den Regionen unter Anwendung geeigneter
Instrumente zu beseitigen (Steuerung regionaler Entwicklung). Bis heute wurden, um dieses Ziel
zu erreichen, folgende **Grundkonzeptionen** entwickelt:
– die Konzeption der Gebietskategorien (Verdichtungsräume und ländliche Räume – heute
differenziert) und die Klassifizierung von Siedlungstypen und -größen; in der DDR und in der
BRD setzten sich ähnliche Kategorien durch;
– die Zentrale-Orte-Konzeption und Achsenkonzeption; auch sie setzte sich in ähnlicher Form
in der DDR und BRD durch;
– das Konzept der ausgeglichenen Funktionsräume/ funktionsräumlichen Arbeitsteilung in der
BRD, das dem DDR-Konzept der ausgewogenen Standortverteilung der Produktivkräfte ähnlich
war und – mehr medial ausgerichtet
– die Vorranggebietskonzeptionen. Auch sie fanden sich in beiden deutschen Staaten.
Als relativ neue (mittlerweile aber kaum noch verfolgte) Grundkonzeption gilt die der „eigenständigen Regionalentwicklung", bei der die Stützung und Weckung „endogener Potentiale" im
Vordergrund steht.

gungen dienen."[3] Zu Beginn der Landesplanung „herrschte die Meinung vor, Planungsgebiete nach geschlossenen Wirtschaftsgebieten abzugrenzen. Dies wurde beispielsweise im Ruhrkohlenbezirk, bei den Landesplanungen Unterelbe und Unterweser und zum größten Teil bei der Landesplanung für den mitteldeutschen Industriebezirk verwirklicht."[4] In der Fachliteratur fand sich eine Vielzahl von Planbezeichnungen. „Da war u.a. die Rede von Aufteilungsplänen, Bodenwirtschaftsplänen, Flächenplänen, Flächenbestimmungsplänen, Flächennutzungsplänen, Flächenwidmungsplänen, Landesnutzungsplänen, Landesflächenaufteilungsplänen, Nutzungsbeschränkungsplänen, Rahmenplänen, Raumwirtschaftsplänen, Richtlinienplänen und Wirtschaftsplänen. In den Leitsätzen des Internationalen Kongresses für Städtebau und Siedlungswesen in Amsterdam 1924 war von ‚Überlandplänen' die Rede."[5]

Die Ausdehnung der Landesplanung von der regionalen und Länderebene auf die des Gesamtstaates erfolgte 1935 mit der neugeschaffenen „Reichsstelle für Raumordnung", womit erstmals auch der Begriff Raumordnung[6] offiziell angewandt wurde. Verbunden war damit zugleich eine praktisch „von oben" verordnete Vereinheitlichung der Leitbilder, der Ziele, der Begrifflichkeit und der Arbeitsverfahren.

Aufgabe dieser Planungsbehörde wurde die zusammenfassende übergeordnete Planung und Orientierung für das gesamte deutsche Reichsgebiet. Dabei ist hervorzuheben, daß die Reichsstelle für Raumordnung in engem Zusammenhang mit dem Übergang des NS-Staates zur offenen Aufrüstung entstanden ist und nicht als bloße Fortschreibung, als logischer Abschluß einer vorherigen Entwicklung der Landesplanung dargestellt werden kann.

Wie die Raumplanung und Raumforschung bis Mai 1945 und insbesondere ihre Tätigkeit zur Zeit des Faschismus zu bewerten war, dies blieb, wie sich zeigen sollte, in der SBZ und in der DDR letztlich eine nur fragmentarisch beantwortete Frage. Außer in wenigen Veröffentlichungen finden sich Hinweise auf die Bewertung der Raumplanung im Faschismus in der Einführung zum Findbuch 51.01 „Reichsstelle für Raumordnung" im ehemaligen Zentralen Staatsarchiv der DDR in Potsdam, heute Abt. Potsdam im Bundesarchiv. Interessant ist, was in diesem Archiv überhaupt vorhanden war. In dem 1963 bearbeiteten und 1968 zugänglich gemachten Findbuch heißt es zum Bestand über die Reichsstelle für Raumordnung: „Im DZA (Deutschen Zentralarchiv, H.B.) ist lediglich ein Teil der Zeitungs-

3   Richter, S. 21
4   Richter, S. 23
5   Richter, S. 27
6   Richter schreibt die Erfindung des Begriffs Raumordnung dem damaligen Leiter des Instituts für wirtschaftliche Raumforschung an der Universität Rostock, Weigmann, zu; vgl. Richter, S. 34

ausschnittsammlung vorhanden, der im Februar 1957 vom Landeshauptarchiv
Magdeburg und im Juni 1963 vom Rat des Kreises Wittenberg abgegeben wurde.
Die zu Informationszwecken angelegte Sammlung enthält im wesentlichen nur
Zeitungsausschnitte sowie gedruckte Denkschriften und Geschäftsberichte, kaum
jedoch interne Unterlagen oder Quellen über laufende Planungen. Die Sammlung
erstreckt sich größtenteils auf die Jahre 1935 bis 1938 und geht nur vereinzelt
darüber hinaus. Der Schwerpunkt liegt auf der Entwicklung der Landwirtschaft,
des Verkehrs sowie des Wohnungs- und Siedlungswesens, daneben auch auf den
anfänglichen Rivalitäten mit einer Paralleleinrichtung der NSDAP (Ludowici).
Der Verbleib der Akten sowie der Karten und Pläne ist nicht bekannt." (Hervorhebung durch H.B.)[7]

Im folgenden soll die weitere Einführung zu diesem Findbuch dokumentiert
werden, weil darin ausführlicher als in irgendeiner Veröffentlichung (bis Mitte der
60er Jahre) die Raumplanung im Faschismus und die Tätigkeit und Stellung der
RfR dargestellt wird und diese Darstellung insofern als „offiziell" gelten kann, als
angenommen werden kann, daß das Findbuch auf höchster Ebene „abgesegnet"
wurde:

Abschrift aus Findbuch BA, 51.01: „Reichsstelle für Raumordnung"

a)   Errichtung und behördliche Stellung

Die Reichsstelle für Raumordnung ist in engem Zusammenhang mit dem
Übergang des deutschen Faschismus zur offenen Aufrüstung entstanden.
Der hohe staatliche Bedarf an Land, das jetzt für die Errichtung militärischer
Anlagen (…), von Verkehrswegen und Rüstungsbetrieben benötigt wurde,
führte schon im März 1935 zur Errichtung entsprechender zentraler Koor-
dinierungs- und Entscheidungsorgane. Die Reichsstelle für Landbeschaf-
fung (im Reichskriegsministerium, später im Oberkommando der Wehrmacht oder des Heeres) sicherte den Landbedarf der Wehrmacht; die Reichsstelle für Umsiedlung (im Reichsministerium für Ernährung und Landwirtschaft) hatte, sofern Landentschädigungen vorgenommen wurden, die betroffenen Siedlungen und Bauernhöfe ‚umzusiedeln'; und die Reichsstelle
zur Regelung des Landbedarfs der öffentlichen Hand sollte eine allgemeine
Koordinierung gewährleisten.

Die Reichsstelle zur Regelung des Landbedarfs der öffentlichen Hand
wurde als eigenständige Behörde errichtet und als interministerielles Koori-
nierungsorgan Hitler direkt unterstellt. Ihre Leitung übernahm Reichsminister Kerrl, ein Altnazi, vorher preußischer Justizminister, der seit Auflösung

7   BA, Findbuch 51.01: Reichsstelle für Raumordnung

dieses Ministeriums (Dez. 1934) nach einem neuen Ministersessel Ausschau gehalten hatte. Nachdem Kerrl im Juli 1935 zusätzlich zum Chef des neuen Reichsministeriums für die kirchlichen Angelegenheiten ernannt worden war, baute er die Reichsstelle – die seit Ende Juni die Bezeichnung Reichsstelle für Raumordnung trug – in sein Ministerium ein. Das Reichsministerium Kerrl, wie nun die offiziöse Bezeichnung lautete, gliederte sich in eine Zentralabteilung und mehrere Fachabteilungen (Evangelische Abteilung, Katholische Abteilung, Reichsstelle für Raumordnung).

b)   Funktionen der Reichsstelle

Aufgabe der Reichsstelle war es, ‚darüber zu wachen, daß der deutsche Raum in einer den Notwendigkeiten von Volk und Staat entsprechenden Weise gestaltet wird' [FN 1: §3 des Ges. üb. d. Regelung d. Landbedarfs d. öff. Hand vom 29.3.1935], Ihre tatsächlichen Aufgaben und Möglichkeiten waren jedoch gering und wesentlich schwächer, als diese im hochtrabenden Nazijargon gehaltene Gesetzesformulierung erwarten läßt.

In Bezug auf den Landerwerb für staatliche Zwecke hatte die Reichsstelle nur geringen Einfluß. Die obersten Reichsbehörden hatten der Reichsstelle ihre Planungen für Landerwerb nicht etwa automatisch, sondern nur ‚auf Anfordern' zu melden und ihr dann Auskunft zu geben. Die Reichsstelle suchte der Gefahr, zu spät benachrichtigt und eingeschaltet zu werden, durch ‚Meldevereinbarungen' mit einzelnen obersten Reichsbehörden zu begegnen, allerdings ohne größeren spürbaren Erfolg. Das lag vor allen daran, daß die Reichsstelle praktisch keine Entscheidungsbefugnisse besaß: sie konnte im Einzelfall ein bloßes Veto einlegen, das ihr die – auf dem Papier stehende – Anrufung Hitlers ermöglichte. Praktisch wurde die Reichsstelle von den anderen Ministerien in allen entscheidenden Fragen kaum beachtet, überspielt oder übergangen.

Im Juni 1935 war der Reichsstelle auch die Gesamtleitung der Territorialplanung und Standortverteilung (‚Raumordnung und Landesplanung') übertragen worden. Aber auch auf diesem Gebiet verfügte sie über keine durchgreifenden Befugnisse. Die entscheidenden Planungen blieben in der Hand der zentralen Fachorgane (Wehrmacht, Vierjahresplan, Reichswirtschaftsministerium, SS usw.) [FN 2: ‚Die Sonderplanung in den einzelnen Arbeitsgebieten bleibt weiterhin Aufgabe der zuständigen Ressorts. Diese haben die Verpflichtung, ihre Planungsvorhaben der Reichsstelle für Raumordnung bekanntzugeben'. (2. Erlaß über die Reichsstelle für Raumordnung vom 18.12.1935)] Und von den Planungen für den gesamten annektierten und okkupierten ‚Großraum' blieb sie völlig ausgeschlossen. [In Fußnote 3 heißt es dazu: Die Zuständigkeit der Reichsstelle wurde lediglich auf Österreich und Sudetenland (1938), Memelland und Danzig (1939) und die eingegliederten Ostgebiete (1940) ausgedehnt. Sie hatte hier – insbesondere für die ‚eingegliederten Ostgebiete‘ – rein formellen Charakter.]

Die Tätigkeit der Reichsstelle beschränkte sich daher auf die Verwaltungsaufsicht über die regionalen Planungsbehörden, die Landesplanungsgemeinschaften und die Reichsarbeitsgemeinschaft für Raumforschung, wobei sie jedoch weitgehend an das ‚Einvernehmen‘ des Reichsarbeitsministeriums (Planungsbehörden, Landesplanungsgemeinschaften), des Reichsministeriums des Innern (Planungsbehörden) und des Reichserziehungsministeriums (Reichsarbeitsgemeinschaft) gebunden war:

(1) Planungsbehörden:

Planungsbehörden waren die Reichsstatthalter, in Preußen die Oberpräsidenten, in Berlin der Stadtpräsident. Die Reichsstatthalter und Oberpräsidenten hatten, besonders seit Kriegsbeginn, die Routineaufgaben weitgehend auf die Regierungspräsidenten übertragen.

(2) Landesplanungsgemeinschaften:

Die Landesplanungsgemeinschaften waren wissenschaftlich-technische Forschungseinrichtungen, die die Entscheidungen der Planungsbehörden vorzubereiten hatten. Sie waren Körperschaften des öffentlichen Rechts und wurden meist von den Ländern bzw. preußischen Provinzen getragen. Ihr ‚Planungsgebiet‘ deckte sich nicht immer mit dem ‚Planungsraum‘ der Planungsbehörden. Der Landesplaner, d.h. der Gechäftsführer der Landesplanungsgemeinschaft, war in der Regel zugleich Referent in der Planungsbehörde. [8]

(3) Reichsarbeitsgemeinschaft für Raumforschung

Die 1935 errichtete Reichsarbeitsgemeinschaft sollte die Forschungen, die an den deutschen Universitäten und Hochschulen zu Fragen der Territori-

---

8   vgl. zur Organisation der Raumordnung und Landesplanung bzw. der Landesplanungsgemeinschaften zur Zeit des Faschismus auch Richter, S. 33–38. Die Einteilung in Planungsräume und die Planungszuständigkeiten wurden – in Ergänzung zu der Darstellung im Findbuch – wie folgt geregelt: Die Länder bzw. Provinzen (Reichsstatthalterbezirke) wurden zu Planungsräumen mit entsprechender Planungshoheit. Planungsbehörden (Aufsichtsbehörden) waren die Reichsstatthalter, in Preußen die Oberpräsidenten, in Berlin der Stadtpräsident. Die Reichsstatthalter und Oberpräsidenten hatten, besonders seit Kriegsbeginn, die Routineaufgaben weitgehend auf die Regierungspräsidenten übertragen. Die Landesplanungsgemeinschaften, in denen Vertreter der

alplanung betrieben wurden, aktivieren, lenken und koordinieren. Sie wurde gemeinsam von der Reichsstelle und dem Reichserziehungsministerium getragen und – spätestens 1942 – dem Reichsforchungsrat zugeordnet.

c)   Das Ende

Hitlers während des Krieges erlassenes Verbot aller Nachkriegsplanungen hat die Reichsstelle für Raumordnung in starkem Maße betroffen. Ihr Personal wurde zunehmend eingechränkt, im Februar 1943 mußte sie ihre Aufgaben völlig einstellen. Sie verwaltete seither nur noch ihre Unterlagen und erteilte Auskünfte auf Anfrage. 1943 oder 1944 war sie mit dem Reichsministerium Kerrl nach Wittenberg (Elbe) ausgelagert worden. Schließlich wurden zu Jahresende 1944 auch die bedeutungslos gewordenen Landesplanungsgemeinschaften ‚für die Dauer des Krieges' stillgelegt.

Die Reichsarbeitsgemeinschaft wurde 1944 von Wittenberg nach Hannover verlegt und gab nach dem Kriege den personellen und institutionellen Rahmen ab, aus dem sich die Raumplanungsorgane der Bundesrepublik entwickelten."[9]

Soweit die „neutral" gehaltene Darstellung im Findbuch „Reichsstelle für Raumordnung". Wie wurde nun in Veröffentlichungen die Geschichte der räumlichen Planung und der Institutionen bewertet?

Selbstverwaltungsorgane (nicht jedoch der Gemeinden!), der zuständigen Behörden, der berufsständischen Organisationen sowie der Wissenschaft saßen, waren Körperschaften des öffentlichen Rechts und wurden meist von den Ländern bzw. preußischen Provinzen getragen. Unterhalb dieser Landesplanungsgemeinschaften waren Bezirksstellen mit einem Bezirksplaner angesiedelt. Die Planungsräume der Landesplanungsgemeinschaften waren nur in wenigen Fällen identisch mit den bis 1935 „von unten" gewachsenen Regionalplanungen (z.B. in Sachsen). Das gilt auch für die Arbeitsräume der Bezirksstellen, die ebenfalls nur in wenigen Fällen der gewachsenen Verwaltungsorganisation entsprachen (z.B. ebenfalls Sachsen). Das Schwergewicht der eigentlichen Aufgaben lag beim Landesplaner, d.h. dem Geschäftsführer der Landesplanungsgemeinschaft, der in der Regel zugleich Referent in der Planungsbehörde war.

9   vgl. BA, Abt. Potsdam, Findbuch 51.01 Reichsstelle für Raumordnung

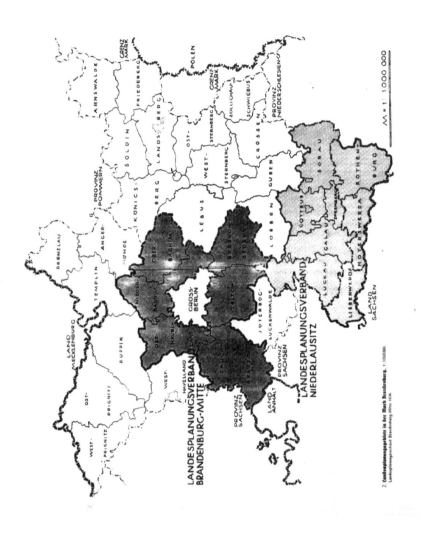

Abbildung 7: Landesplanungsgebiete in der Mark Brandenburg 1936 (1:1 000 000)

Quelle: Sieben Jahre Landesplanungsverband Brandenburg-Mitte. Haupttätigkeitsbericht 1929–1937 von der Gründung bis zur Überleitung in die Landesplanungsgemeinschaft Brandenburg. – Heidelberg – Berlin 1937, Anhang, Karte Nr. 2

5.2   Zum Umgang mit dem „Erbe" in Veröffentlichungen

Wie Werner richtig anmerkte, wurde in einschlägigen Veröffentlichungen in der
DDR bis auf Ausnahmen nicht auf die historischen Traditionen oder Wurzeln der
räumlichen Planung bis 1945 eingegangen, und eine wirkliche Auseinandersetzung
mit der Raumforschung und Raumordnung in der Zeit des Faschismus spiegeln
auch diese Ausnahmen nicht wider.[10]

In einem 1981 in der Wissenschaftlichen Zeitschrift der Universität Rostock
veröffentlichten Aufsatz von Bothe und Ladwig wird mit einigen Zitaten versucht,
die Unterstützung der Kriegsvorbereitungen der Nazis durch die Reichsstelle für
Raumordnung zu belegen.[11] Raumforschung und Raumordnung seien „von vornherein auf die Vorbereitung des zweiten Weltkrieges ausgerichtet (gewesen) [...]
Aus den Aufgaben geht hervor, daß die Raumforschung besonders dazu beitragen
sollte, die Herrschaft des deutschen Imperialismus in den zu erobernden Gebieten
vorzubereiten, nach der Okkupation auszubauen und auch nach dem Krieg
abzusichern, wobei im Mittelpunkt der Interessen vielfach die Rohstoffversorgung
stand. [...] Wir können damit feststellen, daß unabhängig von den subjektiven
Motiven alle diejenigen Wissenschaftler, die unter den Bedingungen des Faschismus die Probleme der Raumforschung und Raumordnung in den Mittelpunkt
ihrer Forschungsarbeit stellten, objektiv mitbeteiligt und mitschuldig sind an der
faschistischen Kriegsvorbereitung und an den Folgen dieser verbrecherischen
Politik. Aus der Untersuchung der Verhältnisse an der Rostocker Universität geht
hervor, daß fast alle Professoren, die nach 1933 Inhaber eines ökonomischen
Lehrstuhls waren, auch aktiv in der Raumforschung wirksam wurden. Besondere
Aktivitäten entfaltete Prof. H. Weigmann, auf dessen Initiativen [1934, H.B.] auch
die Bildung eines ‚Instituts für wirtschaftliche Raumforschung' erfolgte [...]"[12]
Weigmann, dem die Erfindung des Begriffes „Raumforschung" zugeschrieben
wird, habe sich in den 30er Jahren immer mehr „das faschistische Vokabular von

---

10   vgl. auch die Stellungnahme von Gerhard Kehrer, seit Anfang der 50er Jahre in der Territorial-
     planung aktiv: „Mir sind keine Arbeiten von DDR-Wissenschaftlern bekannt, die sich mit ‚der
     älteren Landesplanung' (vor 1945) befaßt haben!" (schriftliche Anmerkung zum Manuskript der
     vorliegenden Arbeit, Berlin, 14.1.1997)
11   vgl. Bothe/, Maria/ Ladwig, Roland: Zur Unterstützung der faschistischen Ideologie und Politik
     durch bürgerliche Ökonomen am Beispiel der Raumforschung. In: Wissenschaftliche Zeitschrift
     der Universität Rostock, Gesellschafts- und sprachwissenschaftliche Reihe 30. Jg. (1981), Heft
     2, S. 53–55; Werner nennt neben dieser auch die Arbeit von Hönsch, F.: Konzeptionelle
     Vorstellungen zur komplexen territorialen Entwicklung unter besonderer Berücksichtigung von
     Erfahrungen der sowjetischen Geographie. – Dissertation B. – Berlin 1980 (vgl. Werner, Frank:
     Die Raumordnungspolitik der DDR,...., S. 119, Kap. II, FN 33)
12   Bothe/ Ladwig, S. 54

der ‚drohenden Vermassung‘, von der ‚Notwendigkeit der Erweiterung des Lebens-
raumes‘ zu eigen" gemacht „und wurde zu einem aktiven Wegbereiter und Propa-
gandisten der aggressiven faschistischen Politik und Ideologie."[13] Weigmann war
ab 1942 NS-Führungsoffizier. Als weiteres Beispiel für die Verstrickung von
Raumplanern wird Erich Preiser, 1938–1940 Direktor des Instituts für wirtschaftliche Raumforschung an der Universität Rostock, genannt, allerdings ohne weitere
Belege. Zu Preiser wird lediglich vermerkt, er sei seit 1934 „als Leiter des Instituts
für Württembergische Wirtschaft in Tübingen in Verbindung mit dem Institut für
ostdeutsche Wirtschaft in Königsberg an der Erarbeitung des sog. Ostpreußenpla-
nes beteiligt" gewesen. Unter seiner Leitung seien Beiträge für den „Gauatlas
Mecklenburg" erarbeitet worden, „der angeregt und finanziert von der Gauleitung
der NSDAP dem Gauleiter Hildebrandt zum 40. Geburtstag als Festgabe über-
reicht wurde."[14] Da weder der „Ostpreußenplan" noch der „Gauatlas" näher
dargestellt werden und insgesamt in dem Aufsatz aufgrund des Mangels an Belegen
nicht nachvollziehbar ist, inwiefern Weigmann und Preiser verstrickt waren, kann
von einer ernsthaften Auseinandersetzung nicht gesprochen werden.

In beiden Arbeiten kann aber von einer wirklichen Auseinandersetzung mit der
räumlichen Planung im Faschismus auch keine Rede sein.

Zu nennen sind unter den wenigen historisch orientierten veröffentlichten
Arbeiten auch die aus der Frühzeit der DDR von Lehmann[15] und Roos.[16] Beide
erschienen gegen Ende der Diskussion um „Landesplanung oder Territorialplanung" im Jahre 1955 und unterstützten theoretisch die Neuorganisation und
Neubegründung der Landesplanung als einer in die zentrale Wirtschaftsplanung
integrierten räumlichen Planung, die selbst mehrere Phasen, von einer in einem
engen Sinne als zweigorientierte Standort- und Investitionsplanung verstandenen
territorialen Planung bis hin zur komplexen Territorialplanung (seit dem Ende der
70er/ frühen 80er Jahre), die sich in den sogenannten „Komplexberatungen"
ausdrückte, durchlief. Auf Lehmann und/ oder Roos (sowie Werner) beziehen sich
auch Autoren, die in den noch wenigen „Nachwende"-Veröffentlichungen die
Geschichte der räumlichen Planung in der SBZ/ DDR darstellen und deren
Begründungszusammenhang untersuchen.[17]

In beiden Arbeiten kann aber von einer wirklichen Auseinandersetzung mit der
räumlichen Planung im Faschismus auch keine Rede sein.

Roos sprach der Landesplanung schlicht jegliche Existenzberechtigung ab, da
sie „vom Bestehen großer Monopolverbände abhängig ist und überdies ein Instru-

---

13   ebenda
14   ebenda, S. 55, FN 28
15   vgl. Lehmann, Hanns: Städtebau und Gebietsplanung. Über die räumlichen Aufgaben der
      Planung in Siedlung und Wirtschaft. Hrsg von der Deutschen Bauakademie. – Berlin 1955
16   vgl. Roos, Hans: Die Regionalplanung in der DDR. – Dissertation (Hochschule für Ökonomie).
      – Berlin 1955
17   vgl. Richter, a.a.O.

ment des faschistischen deutschen Staates zur Vorbereitung des zweiten Weltkrieges war."[18]

Anders als Roos ging Lehmann noch einmal ausführlicher auf die „alte" Landesplanung ein: „Ein dem Verständnis der gegenwärtigen Situation dienender Rückblick muß bei der sogenannten Landesplanung beginnen, für die damit gleichzeitig eine abschließende Einschätzung gefunden werden soll. Nur so kann auch die Möglichkeit unterbunden werden, der Kritik über bestimmte Unterlassungssünden mit Fehlurteilen über Arbeitsinstitutionen zu begegnen, die unter gänzlich anderen Bedingungen entstanden sind, in den kapitalistischen Ländern unter politischen und ökonomischen Voraussetzungen arbeiten, die eine echte Planung gar nicht zulassen, [...]. Trotzdem ist es wenig ergiebig, die Rolle der Landesplanung in der Verwaltungsgeschichte der letzten dreißig Jahre mit den lapidaren Urteilen ‚überholt und reaktionär' abzutun, ohne zu sagen, wie man objektiv gegebene konkrete Aufgaben, die uns ähnlich wie den westlichen Ländern gestellt sind, unter unseren Bedingungen richtig und erfolgreich lösen will. Uns scheint, man versäumt dabei, einen lehrreichen geschichtlichen Prozeß zu studieren, die tatsächlichen wissenschaftlichen Ergebnisse dieses Arbeitsgebietes kritisch auszuwerten, sich das Brauchbare anzueignen und für die notwendigen positiven Beiträge zu der Entwicklung unserer Planungsaufgaben nutzbar zu machen."[19]

Lehmann beschrieb die Wurzeln der Landesplanung und verwies auf historische Auseinandersetzungen um Stellenwert, behördliche Einbindung und Befugnisse der Raumordnung. Im „Hitlerstaat" sei die Raumordnung „sehr bald im größten Ausmaß für die Zwecke der Kriegsvorbereitungen mißbraucht" worden. Es folgt dann eine kurze Darstellung des damaligen institutionellen Aufbaus der Raumordnung und Landesplanung in der BRD, ihrer Aufgaben und einiger Diskussionsbeiträge, die sich mit dem dortigen Stellenwert und den Befugnissen der Landesplanung befassen. Insgesamt spricht er der Landesplanung durchaus fortschrittliche Elemente zu, weil sie bestrebt sei, die dem Kapitalismus innewohnenden anarchischen Kräfte durch übergeordnete Prinzipien einer räumlichen Ordnung zu binden und zu lenken, „bei allem grundsätzlichen Unvermögen." Die Landesplanung könne durchaus wertvolle theoretische Erkenntnisse und praktische Arbeitsergebnisse aufweisen. Letztlich diene sie jedoch den (Standort- und Investitions-) Interessen der „herrschenden Kräfte des Monopolkapitals".[20] Letztlich seien planwirtschaftliche Prinzipien, die der Landesplanung innewohnten, mit einer

---

18 Roos, S. 50
19 Lehmann, S. 11
20 Lehmann, S. 15

kapitalistischen Umwelt, in der sie angewendet werden sollten, zum Scheitern verurteilt.[21]

In der sozialistischen Gesellschaft seien die Wege und Methoden, „die in einer geplanten Wirtschaft auch in der Gebietsplanung zur Anwendung kommen müssen, gänzlich andere". [...] Die materiellen Voraussetzungen dafür sind dadurch gegeben, daß alle wesentlichen Produktivkräfte in der Hand des Volkes sind. Nur unter diesen Voraussetzungen ist auch eine regionale Planung, wie immer man die Aufgabe nennen will, überhaupt möglich, [...]. Eine besondere Landesplanungsorganisation gibt es in der Deutschen Demokratischen Republik nicht mehr. [...] Im Grunde genommen ist es schon seit 1947 völlig klar, daß es zwei Planungsinstitutionen mit gleichen oder zumindest ähnlichen übergeordneten Arbeitszielen oder gar Vollmachten – Wirtschaftsplanung und Landesplanung – nebeneinander nicht geben kann."[22]

Lehmann ging bereits von einer in die (übergordnete) zentrale Wirtschaftsplanung integrierten räumlichen Planung aus. 1955 war der Grundkonflikt, die Konkurrenz zwischen Wirtschaftsplanung und Landesplanung, längst entschieden. Lehmann hatte zu dieser Zeit fast 10 Jahre (fruchtlose) Auseinandersetzung um das Verhältnis beider hinter sich und einen eigenen Sinneswandel mitgemacht, von einem Verfechter der „alten" Landesplanung zu einem Miterbauer der „neuen" Territorialplanung, wobei er sich für die Nutzung der Errungenschaften der „alten" Landesplanung einsetzte und deren Leistung anerkannte, allerdings die Leistungen der Landesplanung bis zur Zeit *vor* dem Faschismus.[23]

5.3   Zum Umgang mit dem „Erbe" in unveröffentlichten Dokumenten

Spätestens 1955 erlischt in der DDR das ohnehin kaum vorhandene Interesse an einer ernsthaften Auseinandersetzung mit dem „Erbe" der räumlichen Planung, vor allem mit dem „Erbteil": „Räumliche Planung im Faschismus". Wirkliche

---

21   An dieser Stelle verwies er auf das bereits im Kapitel 4 genannte Beispiel Tennesse-Tal-Projekt, „dem während der Roosevelt-Ära in den USA unternommenen Versuch, die wirtschaftliche Entwicklung eines sich durch sieben Staaten erstreckenden Flußgebietes in die Hände einer Art landesplanerischer Sonderbehörde mit Regierungsgewalt (Tennessee Valley Authority (TVA); Gesetz vom 18.Mai 1933) zu legen." Lehmann hielt das TVA-Projekt für gescheitert: „Es ist bekannt, unter welchen unsäglichen Schwierigkeiten das Tennessee-Tal-Projekt durchexerziert wurde, wie den führenden Männern dieses zweifellos imponierenden Projektes ein förmlicher Rattenschwanz von Prozessen an die Beine gehängt wurde'." Mittlerweile sei durch zahllose Ausnahmeregelungen die Intention des Projektes ad absurdum geführt. (Lehmann, S. 16, FN 1)
22   Lehmann, S. 16 und 17
23   vgl. Lehmann, S. 17

Auseinandersetzungen waren auch die späteren Beiträge von Bothe/ Ladwig und Hönsch nicht. Es gab allerdings unmittelbar nach Kriegsende einige unveröffentlichte Versuche einer Selbstverständigung zu den Traditionen der Landesplanung und zu ihren Zielen und Aufgaben in der Nachkriegsgesellschaft. Zu diesen Versuchen gehörten

- ein Gutachten zur Entwicklung von Raumforschung und Raumordnung, das der sächsische Landesplaner Kurt Wiedemann mit Datum vom 21.11.1947 (wahrscheinlich für die DWK oder für die Landesregierung Sachsen) anfertigte;[24] und eine Stellungnahme zu diesem Gutachten;[25]
- ein Protokoll eines Tagung an der Universität Leipzig zum Problem der „Zentralen Orte" aus dem Jahre 1948;[26]
- eine Stellungnahme des Leiters der Hauptabteilung I Landesplanung im Ministerium für Aufbau der DDR Leo Stegmann aus dem Jahre 1951 zur Gebietsplanung in der DDR.[27]

Wiedemann ging in seinem Gutachten zunächst auf die politische und ökonomische Situation im Nachkriegsdeutschland ein, die Bestandsaufnahme und Planung erfordere: „Das Katastrophenende des nazistischen imperialistischen Weltkrieges hat für Deutschlands Zukunft besonders drei hervorstehende Ergebnisse: 1.) Das verkleinerte Deutschland der Gegenwart ist in Besatzungszonen aufgeteilt, wobei die Staatsmacht nach völkerrechtlichen Grundsätzen beim Kontrollrat der Vereinigten Nationen und bei den Besatzungmächten liegt. 2.) Die einzelnen Zonen weisen heute eine ganz andere Verteilung und Gesamtgröße der Menschenbelastung, der Lebensalter und der Geschlechterzahlenverhältnisse auf, als sie vor dem nazistischen Kriege in diesen geographischen Räumen angetroffen wurden. 3.) Produktionsstätten, Wohnungen und Kultureinrichtungen sind durch kriegerische Ereignisse oder deren Folgeerscheinungen besonders in den Verstädterungsräumen in einer bisher unvorstellbaren Weise totalzerstört oder teilbeschädigt bzw. leistungsunfähig geworden. In diesen drei Tatsachen offenbart sich die gesamtökonomische Strukturveränderung des politisch-geographischen Restraumes von Deutschland."[28]

Die Raumplanung sei keine Erfindung der Nazis gewesen sei: „Aus der Tatsache, daß auch während des Nazireiches Raumforschung und Raumordnung versucht

24 Baurat Dr. Wiedemann: Raumforschung und Raumordnung, Abschrift Stz. 21.11.47 (von Wiedemann abgezeichnet), BA, DC 15, 173, Bl. 15–29

25 Betrifft: Stellungnahme zum Gutachten Wiedemann über Raumforschung und Raumordnung, Aktenzeichen I/W/Wi, Unterzeichner unleserlich, wahrscheinlich Wiecke, Berlin, den 27.11.1947, BA, DC 15, 173, Bl. 30–34

26 BA, DE 1, 17559, insb. Bl. 68ff.

27 vgl. BA, DE 1, 28411, Bl. 11–16

28 BA, DC 15, 173, Bl. 15

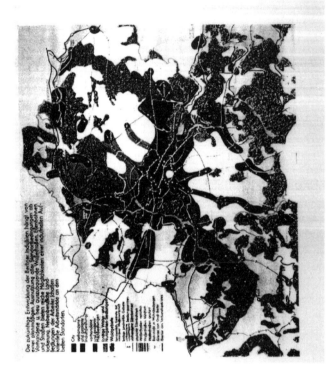

Abbildung 8: Ideenskizze der Siedlungsentwicklung in der Umgebung von Berlin/
b) Schema eines Gesamtsiedlungsplanes von Martin Pfannschmidt 1932
(1:1 000 000)

Quelle: Sieben Jahre Landesplanungsverband Brandenburg-Mitte. Haupttätig-
keitsbericht 1929–1937 von der Gründung bis zur Überleitung in die
Landesplanungsgemeinschaft Brandenburg. – Heidelberg – Berlin 1937,
Anhang, Karte Nr. 23

wurde, darf nicht gefolgert werden, daß wir Sozialisten diese Probleme für unsere
Zeit unbeachtet lassen sollen. Zudem hat das Nazireich hierin nur übernommen,
was etwa der Ruhrsiedlungsverband seit 1920 mit gesetzlicher Grundlage schon in
ähnlicher Weise erreichen wollte. Dabei hatte der Ruhrsiedlungsverband zur
Aufgabe, *nachträglich* Schäden auszugleichen, die eine freie (also liberalistische)
Entwicklung des Kapitalismus in immer stärkerem Maße in den Industriegegenden
für die kapitalistische Klasse selbst hervorrief. Der *nazistische* Raumordnungsver-
such erwuchs aus dem sogenannten Landbedarf der öffentlichen Hand (Gesetz
vom März 1933) und hatte somit seine Wurzel in der Vorbereitung des zweiten
imperialistischen Weltkrieges. Dies führte zu einer relativ straffen Organisation"[29],
deren Aufbau (s.o.) er dann beschrieb, ehe er folgerte: „Wir wundern uns nicht,
daß für die Entwicklung eines Planungsraumes im Nazireich Wehrwirtschaft an
erster Stelle stand. Übrigens verfielen diese Raumordnungsversuche bereits während des imperialistischen Nazikrieges bis zur Arbeitsunfähigkeit der Landesplanungen und der völligen Auflösung der Bezirksplanungsstellen."[30]
    Wiedemann wies einerseits auf die objektive, vom jeweiligen Gesellschaftssy-
stem unabhängige Notwendigkeit räumlicher Planung hin und versuchte andererseits eine formationsspezifische Abgrenzung wie auch eine Erklärung für die
Indienstnahme der Landesplanung für faschistische Ziele: Die Landesplanung
habe sich bereits vor dem Nazireich sowohl in Deutschland als auch in anderen
kapitalistischen Ländern und als Teil der Volkswirtschaftsplanung auch in der
Sowjetunion entwickelt. In den kapitalistischen Ländern sei Planung ein Kennzei-
chen des Übergangs vom Individualkapitalismus zum Monopolkapitalismus: „Dadurch wird zwar der Liberalismus alter Prägung überwunden, nicht aber eine
sozialistische Wirtschaftsordnung herbeigeführt. Kapitalistische Ordnungsmaß-
nahmen wollen gar nicht den Charakter der Profitwirtschaft antasten, [...] zugleich
tragen aber alle diese gesamtwirtschaftlich wesentlichen Veranstaltungen einen
nicht gewollten, anderen Bedeutungskern in sich: sie stellen nach Marxens be-
rühmtem Wort die Elemente einer werdenden neuen Ordnung dar, mit der die
alte Ordnung schwanger geht. Die Geburtshelferrolle [...] verpflichtet ganz besonders die Arbeiterpartei (SED), jetzt sehr aufmerksam zu prüfen, was für eine
kommende sozialistische Neuordnung an brauchbaren Elementen im Schoße der
untergehenden alten Gesellschaft bereits heranreift. [...] Die alten Ordnungsin-
strumente erfahren bei solchem Wollen oft einen grundsätzlichen Bedeutungswandel. Nun dürfen wir uns hierbei nicht etwa abschrecken lassen von einer gründlichen Brauchbarkeitsprüfung des überkommenden technischen Apparates der Ge-

---

29   ebenda. Die kursiv gesetzten Wörter sind im Original gesperrt.
30   ebenda, Bl. 15f.

sellschaft (im weitesten Sinne), weil es dafür bisher auch kapitalistische, monopolistische, imperialistische und nazistische Verwendungen gab."[31]

Die Landesplanung sollte sich zwei Aufgaben stellen: Mit Blick auf die unterschiedlichsten raumwirksamen Planungen und Maßnahmen eine Koordinierungsaufgabe und mit Blick auf die geänderte politisch-ökonomische und soziale Situation in Deutschland die „Gesamtstruktur-Planungsaufgabe". Als Planungsziele nannte er u.a. eine umfassende Bestandsaufnahme, die Effektivierung von Flächennutzungen, um Verschwendung zu verhindern und die Harmonisierung unterschiedlicher, konkurrierender Raumansprüche (dazu nannte er Beispiele aus Sachsen). Als klassische Stufen des Planungsverfahrens nannte er die Bestandsaufnahme, fortschreitende Raumbeobachtung und Prognose, Raumgestaltung mit Blick auf Tagesaufgaben unter Berücksichtigung übergeordneter, langfristiger Planungsziele und schließlich die eigentliche Raumplanung „mit dem Herausarbeiten der tragenden Fernziele und wünschenswerten Entwicklungsrichtungen." Als Arbeitsgrundsätze forderte er die Bündelung der vorhandenen Fachkräfte, Vermeidung von Doppelarbeit, Akteneinsicht und Quellenbenutzung. Einem Überblick über die zuständigen Fachministerien in den Ländern der SBZ und der Westzonen folgte die Einschätzung, daß derzeit „das neue Deutschland zur Zeit in den Fragen der Raumforschung und der darauf begründeten Raumordnung leider weniger (leistet) als das nazistische Deutschland. Aber die Aufbauarbeit, die in vielen Gebieten als völlige Neubauarbeiten zu leisten ist, erfordert einen technischen Apparat, der sehr viel leistungsfähiger sein muß als die frühere Organisation der Reichsstelle für Raumordnung und der Landesplanungen und die umfassender wissenschaftliche Vorarbeiten hierfür organisieren muß, als es die ehemalige Reichsarbeitsgemeinschaft für Raumforschung vermochte."[32]

Die Landesplanung habe auch ein politisches Ziel: Da die bisherige Landesplanung vornehmlich den Interessen kapitalistischer Unternehmen gedient habe, sollte sie nunmehr zur „Vorbereitung ökonomischer Wohlordnung im Sinne einer krisenlosen, ausbeutungsbefreiten, brüderlich gesinnten Gesellschaft der Zukunft, also einer antikapitalistischen, einer sozialistischen Gesellschaft" arbeiten.[33]

Zur Institutionalisierung der Raumordnung schlug er vor, sowohl eine Abteilung Raumordnung (ergänzt durch ein „Raumforschungsinstrument") als auch eine Abteilung Planung/Bauen (für das Bauwesen) bei den Länderregierungen und

---

31   ebenda, Bl. 16
32   ebenda, Bl. 26f.
33   ebenda, Bl. 22; hier zeigt sich eine Auffassung, die damals weit verbreitet war: Die Überzeugung,
     daß Kapitalismus, Faschismus und Krieg einen Ursachenzusammenhang bilden und daher eine
     sozialistische Perspektive vonnöten sei. Zu erinnern ist daran, daß auch in den Westzonen der
     sozialistische Gesellschaftsentwurf bis hin in konservative, christliche Kreise Unterstützung fand.

bei der Zentralverwaltung in Berlin einzurichten, wobei die Raumordnung die planerischen Voraussetzungen für die Abteilung Planung/Bauen liefern sollte. Als Rahmen für die Aufgaben der Planungsstellen auf zentraler, Länder, regionaler, Kreis- und kommunaler Ebene sei eine gesetzliche Grundlage, „ein neues Raumordnungsrecht" nötig. Der Zweiklang Raumforschung – Raumordnung sei darüberhinaus unabdingbar, die Forschung liefere den Bestand für die „Wunschbilder" der Planung, wobei das planungsrelevante Fachwissen anderer Wissenschaftsdisziplinen organisiert werden müsse. „Von den praktischen Raumordnungsaufgaben, die unsere Zeit hervorbringt, vermag eine ganze Gelehrtengeneration zu leben."

Er begegnete schließlich einigen Einwänden gegen „Raumordnung und Landesplanung in unserer Zeit": Die aufgrund des Besatzungsstatuts fehlende Selbstbestimmung spreche nicht gegen die Formulierung möglicher Neuordnungsmaßnahmen, denn sonst „wäre auch die – für sachliche Teilbereiche bereits angelaufen[e] – Wirtschaftsplanung unmöglich." Sparsamkeitsgründe griffen am Problem vorbei, weil Planung Verschwendung verhindere und damit Sparsamkeit fördere. Gegen den Einwand, es seien bereits spezielle Fachbehörden mit Planungsaufgaben befaßt, führte er die Vorarbeiten in Sachsen ins Feld, die für die Raumordnung und Raumforschung als Sonderaufgabe sprächen. „Sie wäre auch dann zu lösen, wenn es keinen zweiten Weltkrieg gegeben hätte."

Abschließend versuchte Wiedemann, seiner Forderung nach Wiederaufbau der Raumordnung und Landesplanung durch Verweis auf zustimmende Äußerungen seitens führender Genossen der SED Dresden Nachdruck zu verleihen. Und er bemühte sich, Raumforschung als ein dem Marxismus inhärentes Erkenntnisinteresse darzustellen: „Vor allem aber entspringt der Gedanke der Raumforschung echtestem Geiste Marxens! Karl Marx hat in seiner gesamten wissenschaftlichen Arbeit und besonders in der Methode des historischen Materialismus die richtige Problemstellung für alle moderne Raumforschungsarbeit geschaffen, wie hauptsächlich in neuerer Zeit Karl August Wittfogel im ausführlichen Vorwort zu seiner Chinesischen Wirtschaftsgeschichte und in der praktischen Durchführung nach Marxens Methode dort bewiesen hat. Dafür lassen sich außerordentlich viele Belege beibringen. So auch Marxens Beurteilung der ökonomischen Entwicklung in China und Indien (...). Raumforschung ist eigenstes Wissenschaftsgebiet marxistischen Denkens."[34]

In der Stellungnahme zu Wiedemanns Gutachten hieß es, daß das bisherige Fehlen der Landesplanung darauf beruhe, daß „der Gedanke der Raumplanung [...] in seiner Zielsetzung auf die Zwecke des imperialistischen Krieges ausgerichtet

---

34 ebenda, Bl. 28

und dadurch diskreditiert worden" sei und „Versuche nach dem Zusammenbruch
1945, eine Landesplanung sowohl in den einzelnen Ländern wie auch in der
sowjetischen Zone aufzuziehen, vor allem von Architekten und Baufachleuten
sowie ehemaligen Angehörigen der Landesplanungsgemeinschaften gemacht (wurden), in enger Anlehnung an die alten Ziele einer Raumordnung und des Städtebaus. Diese Kreise beanspruchten ein Führungsrecht der Landesplanung, dem sich
alle anderen Planungen unterordnen sollten, ohne daß dieser Führungsanspruch
durch konkrete Vorstellungen über die praktischen Aufgaben und Zielsetzungen
der Landesplanung klar fundamentiert war."[35]

Hier wird die Ablehnung der „alten" Landesplanung mit ihrer Verstickung in
den Faschismus begründet und außerdem wurde hier in Gestalt eines Kompetenz-
problem sehr früh ein Grundkonflikt deutlich, der das Verhältnis zwischen Landesplanung und Wirtschaftsplanung dann in den Folgejahren kennzeichnete – die
Konkurrenz darum, wem der Anspruch der übergeordneten Planung gebührt. Der
Autor der Stellungnahme, dessen Name nicht entzifferbar war, beschrieb hier
bereits die Rolle der Landesplanung als eine in die zentrale Wirtschaftsplanung
integrierte räumliche Planung: „Die Landesplanung, die ja im wesentlichen eine
Raumplanung ist, kann [..] nicht isoliert, sondern nur im Rahmen einer volkswirtschaftlichen Planung gesehen werden. In diesem Zusammenhang allerdings ist die
Raumplanung ein wesentlicher Bestandteil der Gesamtplanung."[36]

Bei der Aufgabenzuweisung jedoch zeigte sich, daß eine Abgrenzung der
Wirtschaftsplanung von der Raumplanung nicht ganz so einfach war. Einerseits
wurden der Landesplanung im Rahmen der Gesamtplanung deutlich reduzierte
Aufgaben zugewiesen. Die Erhebung der Bevölkerungsstruktur und ihrer regionalen Verteilung sowie Strukturuntersuchungen zu Konsum und Lebensgewohnhei-
ten wurden z.B. zu Aufgaben einer „sozialen Planung" erklärt und zu Aufgaben der
„Wirtschaftsplanung" die Feststellung des Bedarfs und der Entwicklungsmöglichkeiten an Produktionsgütern „unter Berücksichtigung der Verflechtung mit anderen Wirtschaftsräumen" sowie die Erhebung der Produktionsstätten, der Produk-
tionsmittelausrüstungen und der nutzbaren Rohstoffquellen. Eine „Leistungspla-
nung" sollte Produktionskennziffern bzw. Planvorgaben sowie den Stand von
Wissenschaft und Technik ermitteln und der „Raumplanung" verblieb lediglich
die Beantwortung folgender Fragen: „Wie groß ist die Rohstoffkapazität (Landwirtschaft und Bergbau) des Raumes? Wie ist die Verteilung der Standorte der
Erzeugung und des Verbrauchs? Wie verhalten sich die Standorte in der Wohnung
zu denen der Arbeit? Welche Gestaltungsmöglichkeiten ergeben sich?"[37] Mit dieser

---

35   ebenda, Bl. 30
36   ebenda, Bl. 30f.

Aufgabenbestimmung sei „eine Landesplanung im alten Sinn mit ihrer verschwommenen Zielsetzung, ihren Führungsansprüchen sowie ihrer teilweise philosophierenden Eigenbrötlerei abzulehnen. Im Rahmen einer Gesamtwirtschaftsplanung jedoch erhält die Raumplanung ihre klare und konkrete Aufgabenstellung." Andererseits sollte die Raumplanung jedoch weiterhin übergeordnete Planung sein: „Bei der Größe und der Dringlichkeit der zu lösenden Aufgaben ist daher im Rahmen der Gesamtplanung unverzüglich eine Raumplanung zu entwickeln und als Nahziel auf die Lösung dringender Aufgaben, wie z.b. Ausweisung von Neubauernstellen, Industrieverlagerung, Bau- und Verkehrsplanung, anzusetzen. Als Fernziel sind Raumordnungspläne auszuarbeiten, die u.a. eine bestmögliche Nutzung aller Flächen, die optimale Zuordnung von Industriestandorten mit Abgrenzung ihrer Rohstoffeinzugs- und Produktionsabsatzgebiete, die ökonomische Zuordnung von Arbeits-, Wohn- und Erholungsstätten sowie eine Vereinheitlichung der Grenzen der Verwaltung, Wirtschaft und des Verkehrs gewährleisten. Weitere Aufgaben für die Raumplanung ergeben sich aus der Aufgliederung größerer politischer Räume in Verwaltungs-, Wirtschafts- und Verkehrsräume kleinen Umfanges, die teils sich selbsttragende Versorgungsräume, teils Glieder eines größeren einheitlichen Wirtschaftsraumes sind. […]." Das Dilemma schien dem Stellungnehmer selbst aufzufallen, so daß er betonen mußte: „Auf keinen Fall aber ist die Frage der ‚Koordinierung' oder der ‚Gesamtstrukturpläne' eine Aufgabe der Raumplanung, sondern kann nur Aufgabe der Gesamtwirtschaftsplanung sein."38

Wer die Konkurrenz um die übergeordnete Stellung gewann und welche neue Rolle der Landesplanung zugedacht wurde, ist in den vorausgegangenen Kapiteln hinreichend dargestellt worden. Das Dilemma, daß die Landesplanung von ihrem Erkenntniszusammenhang und ihren Aufgaben her – Koordinierungsaufgabe und „Gesamtstruktur-Planungsaufgabe" (Wiedemann) – immer übergeordnete Planung ist, blieb bestehen. Aus diesem Dilemma hätte nur ein Weg führen können, auf dem beide „Fachplanungen" gleichberechtigt mit im vornherein abgestimmten Raumnutzungszielen in einem engen Informations- und Kommunikationszusammenhang hätten gehen müssen, so wie Lehmann diesen Zusammenhang in einer Schrittfolge zu beschreiben versuchte:

1. „Plankommission fragt, in welchem Raum fehlen Produktivkräfte?
2. Landesplanung gibt den Raum an und fragt ihrerseits, was können wir für dieses Gebiet bekommen?

---

37   ebenda, Bl. 32
38   ebenda, Bl. 33

3. Die Plankommission antwortet: Diese oder jene Produktionsstätten und fragt,
   wo soll der Standort liegen?
4. Die Landesplanung schlägt den endgültigen Standort vor."[39]
Weitere Abstimmungsschritte hätten natürlich folgen müssen. Auch war damit
nicht das Demokratieproblem gelöst: Wie sollten Kommunen, Kreise usw. beteiligt
werden? Die Chance zu einem wie auch immer gearteten koordinierten Vorgehen
bestand jedoch nicht. Sie hätte ein ernsthafteres Interesse an einer Auseinandersetzung mit der „alten" Landesplanung vorausgesetzt. Ein solches Interesse be- und
entstand jedoch aufgrund der geschilderten Umstände in jener Zeit nicht.

Mit einem Teilproblem, das in der Geschichte der räumlichen Planung allerdings eine wichtige Rolle spielt(e), setzten sich einige Autoren intensiver auseinander: Mit dem Problem der Zentralen Orte. Aus der Zentrale-Orte-Theorie Christallers entwickelte sich immerhin in den 30er Jahren eine der Grundkonzeptionen
räumlicher Planung.

5.4   Frühe Auseinandersetzungen mit Grundkonzeptionen der räumlichen Planung: Beispiel Zentrale-Orte-Modell

Die Zentrale-Orte-Theorie wurde für die räumliche Planung in der DDR zur
theoretischen Basis der Siedlungsstrukturplanung.[40] „Zentrale Orte" tauchten als
Begriff bereits im § 1 des Gesetzes über den 1. Fünfjahrplan auf.[41]

Die nach Zentrumsfunktionen unterteilten Siedlungstypen sollten später (laut
Kind) sogar das stabilste Element der räumlichen Planung in der DDR werden.
Die Siedlungskategorien wurden 1974 und 1977 in „Grundsätzen der staatlichen
Siedlungspolitik der DDR" zusammengestellt und als Arbeitsgrundlage bestätigt.
Sie stellten eine Kombination von Bestands- und Entwicklungstypen dar. Eine
längere Diskussion gab es um die Kleinstsiedlungen, die zunächst aufgegeben
werden sollten; aufgrund der politischen Brisanz und des ökonomischen Aufwan-
des wurden solche Vorstellungen allerdings nicht in die Tat umgesetzt. Später galten
Kleinstsiedlungen sogar als nationales Kulturerbe. (*vgl. Übersicht 12*)[42]
Über den Stellenwert der Zentrale-Orte-Theorie wurde in den ersten Jahren nach
dem II. Weltkrieg intensiv diskutiert. Dabei wurde generell die Existenz zentraler
Orte als bestimmendes Element der Struktur von Räumen anerkannt. Umstritten
war die Definition dessen, was ein zentraler Ort sein und nach welchen Kriterien

---

39   BA, DH 2, DBA/ A/ 28. 0 61. Leitung/ 29.3.1951; Protokoll über die Landesplanertagung am
      14.Juni 1956 im Ministerium für Aufbau; Niederschrift vom 19.6.1951
40   vgl. Kind, S. 781
41   vgl. Klitzsch, S. 45
42   Vgl. hierzu Kind, S. 781

bzw. mit welchen Methoden die Zentralität von Orten bestimmt oder analysiert werden sollte. Generell wurde hervorgehoben, daß Christaller das Verdienst zukomme, überhaupt das Zentrale-Orte-Problem und den Begriff in die Diskussion eingeführt zu

Übersicht 12: Siedlungskategorien in der Territorialplanung der DDR

1	Hauptstadt Berlin (komplette Ausstattung)
2	Großstädte (komplette Ausstattung)
3	Mittelstädte (komplexe Ausstattung)
4	Kleinstädte und ausgewählte größere Dörfer (erweiterte Grundausstattung)
	darunter
4 a	Kleinstädte mit Zentrumsfunktion (z.T. komplette Ausstattung)
4 b	Kleinstädte ohne Zentrumsfunktion (erweiterte Grundausstattung)
4 c	große Dörfer mit Zentrumsfunktion (erweiterte Grundausstattung)
5	große Dörfer (Grundausstattung b)
	darunter
5 a	große Dörfer mit ausgeprägter Umlandfunktion (z.T. erw. Grundausst.)
5 b	große Dörfer ohne ausgeprägte Umlandfunktion (Grundausstattung b)
6	kleine Dörfer und Wohnplätze
	darunter
6a	kleine Dörfer mit stabilen gesellschaftlichen Funktionen (z.T. Grundausst. b)
6 b	kleine Dörfer mit rückläufigen gesellschaftlichen Funktionen (Grundausstattung a)
6 c	Kleinstsiedlungen (Grundausstattung a)
7	Kleinstsiedlungen mit unzureichenden Lebensbedingungen

Quelle: Kind, Gerold: Raumplanung in der DDR. In: ARL (Hg.): Handwörterbuch der Raumordnung, Hannover 1995, S.781

haben. Er habe „mit diesem Ausdruck einen knappen Begriff für eine Erscheinung
gefunden, die sonst nur umständlich und auch nur ungenau zu umschreiben
war".[43] Der Begriff habe sich seit Erscheinen von Christallers „Die zentralen Orte
in Süddeutschland" im Jahre 1933 allgemein eingebürgert. Das sei, so schrieb Neef,
„vor allem … der fortschreitenden Hinwendung der Wissenschaft zur funktionellen Betrachtungsweise" zuzuschreiben. „In der Tat ist ja der zentrale Ort definiert
als Standort von Funktionen, die für ein weiteres Gebiet ausgeübt werden. Der
zentrale Ort ist also gekennzeichnet durch seine funktionellen Beziehungen über
den Raum hin, und man muß dies wohl unterscheiden von anderen Beziehungen
eines Ortes, die man als zentral bezeichnen könnte, wie z.B. von reinen Lagebezie-
hungen." [44]

Am 23.11.1949 ging es auf dem I. wissenschaftlichen Kolloquium der Abt. für
Kulturlandschaftsforschung und Landesplanung – einer von Ernst Neef an der
Universität Leipzig geleiteten Abteilung, die eine Schöpfung des sächsischen
Landesplaners Kurt Wiedemann war – u.a. um das Problem der „zentralen Orte
in Sachsen". Im Protokoll der Diskussion des Vortrags von Neef zu diesem Thema
wird festgehalten, daß nach Auffassung einiger Teilnehmer die Theorie Christallers
für Thüringen und Sachsen nicht stimme (Prof. Schultze, Jena). Untersuchungen
von Schultze[45] in Thüringen und Neef in Sachsen[46] hätten gezeigt, daß „praktisch
keines der von der Christallerschen Theorie behaupteten Kriterien gültig blieb."[47]
Der mecklenburgische Landesplaner Giese aus Schwerin entgegnete dem allerdings, daß in Mecklenburg die Zentrale-Orte-Theorie hilfreich sein könne: „Durch
die Bodenreform sind eine ganze Reihe von Orten entstanden, doch fehlen typische
Hauptdörfer in diesem Neubauerngebiet. Um sie entwickeln zu können, muß man
versuchen, mit der Methode der zentralen Orte weiterzukommen." Dabei verwies
er unwidersprochen und unkommentiert auf Erfahrungen aus dem „Warthegau":
„Der Versuch einer Raumforschungsstelle vor 10 Jahren, das Christaller'sche
System im ehemaligen Warthegau auf die Wirklichkeit zu übertragen, ließ sich von
der kleinsten Einheit aufsteigend bis zur Kreisstadt sehr gut anwenden. Weiter

---

43   Neef, Ernst: Das Problem der zentralen Orte. – In: Petermanns Geographische Mitteilungen,
      94. Jg. (1950), Heft 1, S. 6
44   Neef, Das Problem…, S. 6
45   vgl. Schultze, Joachim H.: Der ideale Landkreis und seine Grenzen. – In: Petermanns Geogra-
      phische Mitteilungen, Bd. 93 (1949), H. 4 und Schultze, Joachim H.: Zur Anwendbarkeit der
      Theorie der zentralen Orte. Ergebnisse einer regionalen empirischen Erfassung der zentralen
      Ortsbereiche. In: Petermanns Geographische Mitteilungen, 95. Jg. (1951), Heft 2, S. 6–10
46   vgl. auch das in Teilen abweichende Manuskript der genannten Veröffentlichung, BA, DE 1,
      4696; Text Prof. Dr. Ernst Neef, Untersuchungen über die zentralen Orte in Sachsen; abge-
      schlossen: März 1949; die Akte enthält 64 Blätter (Blätter 1–56+jeweils RS (56 Textseiten, Blätter
      31–64: Tabellen zum Text).
47   BA, DE1, 17559, Bl. 69

versagte die Methode völlig. In unserem Agrargebiet müssen wir uns weiter mit der Methode befassen. Es scheint nicht, als ob sie hier unbedingt zu Fehlschlägen führte."[48]

Die Zentrale-Orte-Theorie wurde auf der o.g. Tagung nur mit Bezug auf ihre wissenschaftliche und planungspraktische Bedeutung diskutiert. Um mit den Worten Kehrers zu sprechen, zeigte sich schnell die „technokratische Konvergenz" der Zentrale- Orte- Theorie: Sie behielt ihre Bedeutung, weil sie unabhängig vom jeweiligen Gesellschaftssystem als Erklärungsmodell für die Siedlungsstruktur und ihre Entwicklung herangezogen werden konnte. Was undiskutiert blieb, war der Zusammenhang zwischen „technokratischer Konvergenz" und „ideologisch-praktischer Divergenz". Möglicherweise wußte Giese kaum etwas über die Anwendungszusammenhänge der Christallerschen Theorie im Warthegau, der zu den sog. „eingegliederten Ostgebieten" gehörte und in den „Generalplan Ost" der Planungsgruppe um Konrad Meyer, Erhard Mäding, Josef Umlauf, Walter Christaller, Herbert Morgen und Heinrich Wiebking-Jürgensmann einbezogen war. Und auch die anderen Anwesenden wußten entweder nichts oder wollten den Anwendungszusammenhang nicht problematisieren. Lediglich Hans Mucke, zu dieser Zeit Referent für Landesplanung in der Deutschen Wirtschaftskommission, nahm mit dem nicht näher kommentierten Hinweis, daß diese Theorie im Faschismus anerkannt gewesen sei, eine ablehnende Haltung ein.

Neef hatte in seiner Untersuchung versucht, die zentralen Orte und ihre Verteilung in Sachsen nach Christallers Telefonmethode zu ermitteln. Christaller hatte bekanntlich in seiner Untersuchung in Süddeutschland ausgehend von der Betrachtung von Versorgungsfunktionen zentraler Orte[49] die Zahl der Telefonanschlüsse als Vergleichsmaßstab genommen und das Merkmal „Zentraler Ort" aus der überdurchschnittlichen Zahl der Telefonanschlüsse abgeleitet. Als Ergebnis gewann Christaller ein Verteilungsschema zentraler Orte verschiedenen Ranges in der geometrischen Form eines Sechseckverbandes. Nach Neefs Untersuchung bestand nun in Sachsen „weder eine klare Rangordnung der zentralen Orte nach ihrer Verteilung noch läßt sich in irgendeiner Weise allgemein eine Sechseckordnung erkennen. Die zentralen Orte folgen offenbar völlig anderen Verteilungsprinzipien, als es dem von Christaller angewandten und als ökonomisch bezeichneten entspricht."[50]

Eine wesentliche Ursache dafür sah er darin, daß Christaller sich auf funktionale Kriterien (Versorgungsfunktion zentraler Dienste) beschränkte, in Wirklichkeit

48   BA, DE 1, 17559, Bl. 70
49   Versorgung mit wirtschaftlichen, kulturellen und gesundheitlichen Gütern und Dienstleistungen, Verwaltungsfunktionen, Verkehrsanbindung
50   Neef, Ernst: Das Problem..., S. 7f.

aber neben dem funktionellen Prinzip auch das chorologische (differenzierende Wirkung landschaftlicher Gegebenheiten) und das Gesetz der Beharrung (Verlust von zentralen Funktionen ohne Bedeutungswandel des Ortes im Laufe der historischen Entwicklung)[51] die Zentralität von Orten beeinflusse und das funktionelle Prinzip ohnehin abhängig sei von sozialen Einflüssen. Danach differiere die Bedeutung zentraler Dienste je nach Bevölkerungsgruppe und deren unterschiedlichen Bedürfnissen.

Neef suchte nun nach einem anderen Merkmal, um die Zentralität der Orte zu ermitteln und definierte folgende Auswahlkriterien:

1. „Um ein Element repräsentativ verwenden zu können, muß es folgende Voraussetzungen erfüllen:

2. Es muß allgemein verbreitet sein [...] Alle Elemente, die keine allgemeine Verbreitung haben, sondern an örtliche oder regionale Voraussetzungen gebunden sind, [...], sind für die repräsentative Methode unbrauchbar.

3. Es muß dem Prinzip der funktionellen Vertretung unterliegen, d.h. das gewählte Element übt von einem gewissen Standort aus die ihm übertragene Funktion für einen größeren Raum aus, der von dieser Funktion als Ergänzungsgebiet leer bleibt.

4. Der Standort muß in unmittelbarer Verbindung mit seinem Ergänzungsgebiet stehen. Seine Funktion muß aus dem Bedürfnis ‚seiner‘ Landschaft heraus erwachsen. Das Ergänzungsgebiet muß ein geschlossenes Areal darstellen. [...]

5. Zwischen dem repräsentativen Element und den übrigen zentralen Diensten müssen enge positive Korrelationen bestehen. D.h. jede Steigerung der zentralen Dienste muß sich in einem Bedeutungszuwachse des repräsentativen Elements widerspiegeln.

---

51 „Infolge des Beharrungsgesetzes wirken längst überholte Zustände heute noch im räumlichen Gefüge der zentralen Orte nach. Die Faktoren, die besonders bedeutsam für die Ausbildung des Netzes zentraler Orte gewesen sind, sind die folgenden:
a) die alten Stadtrechte, die die Städte zu privilegierten Sitzen des Handwerks und zu Marktorten machten.
b) die Marktrechte, die einzelnen Landgemeinden (Marktflecken) mehrmals im Jahr die Abhaltung allgemeiner oder spezieller Märkte zusicherten,
c) die alten Verkehrswege, an denen sich die im alten Verkehrssystem eingebundenen Orte aufreihten,
d) Amts- und Gerichtssitze ehemaliger Territorialherrschaften und Ämter.
Hingegen sind für die Umgestaltung in jüngerer Zeit wichtig geworden:
1. die neuen Verkehrswege, Verkehrsmittel und Verkehrsgeschwindigkeiten,
2. die Bevölkerungsballungen, die sich mit der industriellen Entwicklung bildeten und eine Differenzierung der Lebensformen herbeiführten, so daß das einfache ökonomische Prinzip aufgespalten und in seiner Allgemeingültigkeit außer Kraft gesetzt wurde." (BA, DE 1, 4696, Bl. 52f.)

6. Zu nicht zentralen Funktionen muß eine negative Korrelation oder eine neu-
trale Beziehung bestehen, damit nicht andere als zentrale Dienste die Größenordnung des repräsentativen Elements beeinflussen können."[52]
Verwaltungsfunktionen, Industrie und Handwerk, Handel und Verkehr erfüllten
zwar sämtlich zentrale Dienste, und der Verkehr sowie der Großhandel spielten für
die Standortsbildung der zentralen Orte eine grundlegende Rolle, jedoch erfülle
von allen bisher statistisch erfaßbaren zentralen Diensten der Einzelhandel am
besten die oben aufgestellten Bedingungen für eine repräsentative Vertretung der
zentralen Orte überhaupt.[53] Alternativ zu Christallers Telefonmethode untersuchte Neef nun das Problem der zentralen Orte in Sachsen als Erscheinung der
zentralen Einkaufsorte. Ihm war bewußt, daß auch damit keine allgcmeingültige
Erklärung für die Entstehung und Verteilung zentraler Orte gegeben war: „Selbst
wenn man die Schlußfolgerung ablehnt, daß der zentrale Einkaufsort repräsentativ
für den ganzen zentralen Ort genommen werden könne, hat man den Vorteil, daß
man immer einen konkreten, in der geographischen Wirklichkeit verwurzelten
Erscheinungskreis der Untersuchung zu Grunde legt. Wenn man also die Ergebnisse nicht für die zentralen Orte als solche anerkennen will, so muß man sie doch
für die zentralen Einkaufsorte als bindend anerkennen und kommt auf jeden Fall
zu einem geographischen Ergebnis, während die Argumentierung mit dem geo-
graphisch bedeutungslosen Telefonanschluß im Falle eines Mißerfolges nur den
Schluß zuläßt, daß die von Christaller vorgeschlagene Methode im besonderen Fall
versagt.

Es soll nicht verschwiegen werden, daß auch die zentralen Einkaufsorte über
den besonderen funktionellen Charakter eines zentralen Ortes keine Auskunft
geben können."[54]

Aus seiner Darstellung der zentralen Einkaufsorte schlußfolgerte er, daß weder
das von Christaller ermittelte geometrische Anordnungsschema noch eine geregelte
Rangordnung der zentralen (Einkaufs-) Orte in Sachsen existierte. „Nur in einigen
Landesteilen bestehen noch Relikte davon. Die Gegenwart weist vielmehr ausgesprochene Häufungsgebiete (zentraler Orte) aus, neben denen fast leere Räume
bestehen. Die Erklärung dieses Bildes ergibt erstens, daß die von Christaller
angenommene ‚Reichweite' der einzelnen zentralen Güter und Dienste in Wirklichkeit nicht existiert, sondern nach Sozialgruppen aufgespalten ist."[55] Die Ursa-

---

52 Neef, Das Problem ..., S. 9
53 vgl. Neef, Das Problem ..., S. 11; „Industrie und Handwerk (sind) nicht ursprünglich städtebil-
    dende Faktoren. Sie schaffen nicht zentrale Orte, sondern sie verursachen Bevölkerungsagglome-
    rationen." (S. 10)
54 Neef, Das Problem der zentralen Orte, S. 11
55 „Die Bewertung von Zeit und Geld ist bei den verschiedenen Sozialgruppen verschieden, und

che für die Zerstörung des Systems zentraler Orte sah Neef in der Industrialisierung mit der ihr folgenden Bevölkerungsagglomeration und Verstädterung. „Da die der Industrialisierung zugrundeliegenden Lokalisationsvorgänge nicht auf eine Ausbildung eines regelmäßigen Netzes industrieller Standorte zielen, sondern zu Industrieballung und Schwerpunktbildung führen, wurde zwischen den ‚zentralen‘ Verteilungsfunktionen und ‚singulären‘, die besondere Vorteile einzelner Standorte nutzenden Funktionen unterschieden, die sich in den kulturlandschaftsbildenden Prozessen verschieden auswirken. Zwischen dem überlieferten Netz zentraler Orte und den übermächtigen singulären Zentren entwickeln sich Interferenzerscheinungen. Wo sich zentrale und singuläre Funktionen decken, entstehen die heute bedeutenden zentralen Orte, wo sie sich nicht decken, kommt es zur Verlagerung zentraler Orte, mindestens aber zu einer Überwucherung des Systems zentraler Orte bis zur Unkenntlichkeit." Christaller bleibe jedoch das Verdienst, „das Problem als erster angepackt zu haben. Auf seinen Erfahrungen muß die Forschung aufbauen [...]."[56]

Neefs 1950 veröffentlichten Forschungsergebnisse waren laut Schultze bereits 1939 entstanden.[57] Sie unterstrichen die landes- und standortplanerische Bedeutung modifizierender Bedingungen (historische, geographische, soziale) für die Entwicklung zentraler Orte. Deutlich werden in der Auseinandersetzung mit der Christallerschen Theorie auch die damaligen Vorstellungen davon, welche Probleme, Ziele und Aufgaben die räumliche Planung lösen (helfen) sollte. Dabei stand für Neef der Abbau der Entwicklungsunterschiede zwischen Agglomerationen und Agrarräumen im Vordergrund:

1. „Das Problem der großen Agglomerationen. Es schließt in sich ein die Auflokkerung der Großstädte, Citybildung und Entwicklung von Nebenzentren und Trabantenstädten, die Zuordnung von Arbeits- und Wohngebieten, die schwierigen Fragen der Verkehrsbewältigung, speziell des Berufsverkehrs, sowie zahlreiche hygienische und technische Probleme.

2. Das Problem der Agrarräume: „Zweifellos aber befinden sich die Agrarräume in einem inneren Gleichgewicht. Die Notwendigkeit einer allgemeinen Intensivierung unseres Wirtschaftslebens führt immer wieder zu der Frage, wie gerade die Agrarräume einer intensiveren wirtschaftlichen Nutzung zugeführt werden können. Das ist nur möglich, wenn die bisher vorhandene Struktur und die in diesen Räumen bisher vorhandenen Maßstäbe geändert werden."[58]

---

schon innerhalb der großstädtischen Gesellschaft zeigen sich erhebliche Unterschiede." (Neef, Ernst: Landesplanung und geographische Forschung. – In: Berichte zur deutschen Landeskunde, Bd. 8/9, Stuttgart 1950/51, S. 326)
56   Neef, Das Problem der zentralen Orte, S. 17
57   Schultze, Joachim H.: Zur Anwendbarkeit..., S. 108, FN 19

3. Das Problem, „gesund gemischte Räume" zu schaffen. „Es umfaßt die Frage der
richtigen Typenbildung, der richtigen Standortsbildung, der infolge der Wei-
träumigkeit eine größere Bedeutung zukommt als in den engen räumlichen
Großzentren. Es schließt ein das Problem der Verwaltungsgliederung und der
kulturellen Aufschließung des flachen Landes. Diesen Problemen kommt des-
wegen eine so große Bedeutung zu, weil der Abbau der hypertrophischen
Großzentren sowie der Aufbau der Defiziträume auf die Entwicklung gesund
gemischter Räume abzielen muß."

Entscheidend für die Struktur Sachsens seien die Schwerpunktsgebiete geworden:
„Ihr Übergewicht ist so groß, daß sie das normale, auf dem allgemeinen ökonomischen Prinzip beruhende System der Verteilung der zentralen Orte fast völlig
zerstört haben. Diese Entwicklung ist nicht mehr rückgängig zu machen. Die
Regionalplanung kann daher nichts anderes tun, als bei der Aufstellung der
Raumordnungspläne von den Schwerpunkten auszugehen. Die Abstände zwischen
den Bevölkerungsschwerpunkten sind so gering geworden, daß sich mit Ausnahme
des nordsächsischen Flachlandes nirgends eine zentrale Ordnung aus dem Raum
heraus entwickeln ließe. Man kann nur die vermutlich geringen Gebiete feststellen,
die von zentralen Diensten noch nicht hinreichend versorgt sind und hier örtliche
Abhilfe schaffen. Es handelt sich hierbei voraussichtlich um geringfügige Korrek-
turen. Die Hauptaufgabe besteht darin, die einzelnen Schwerpunktsgebiete selbst
einer günstigeren räumlichen Struktur zuzuführen als sie die Vergangenheit uns
hinterlassen hat."[59]

Neef kam auf das Problem der zentralen Orte auch in einer weiteren Veröffent-
lichung zu sprechen. Darin bewertet er nochmals Christallers Bedeutung für die
Landesplanung: Sie „beruht vor allem auf seinem Bestreben, allgemeingültige
Regeln für die Streuung und Größenordnung der zentralen Orte zu gewinnen.
Dieses einfach erscheinende, in die unübersichtlich und so schwer zu beschreiben-
den Tatbestände Klarheit bringende System der zentralen Orte übt eine ungeheure
Anziehungskraft auf den aus, der die ganze Vielfältigkeit der kulturlandschaftlichen
Erscheinungen und Beziehungen nicht überschauen kann. Daher besteht auch die
Gefahr, daß das, was Christaller in vielleicht schon unzulässiger Weise vereinfacht
und abstrahiert, nochmals einer Vereinfachung unterworfen und damit einem
gefährlichen gleichmacherischen und wirklichkeitsfremden Schematismus zugeführt wird. Hier liegt einer der kritischsten Gefahrenpunkte für die Planung
überhaupt. Begegnen kann man dieser Gefahr nur durch eine bessere und wirk-
lichkeitsnahe Klärung des Problems. Daher erheben einsichtige Planer immer

---

58 BA, DE 1, 4696, Bl. 55
59 ebenda, Bl. 55f.

wieder die Forderung nach einer umfassenden Bearbeitung des Problems der zentralen Orte.“[60]

Neef forderte,

*   die Definition des zentralen Ortes zu klären;
*   den Kreis zentraler Funktionen klar zu umreißen und zur Diskussion zu stellen;
*   die regionale Bindung (Reichweite) zentraler Funktionen zu klären (örtliche Funktionen, Regionalfunktionen, überregionale Funktionen);
*   das Problem der Überlagerung regionaler Zentren durch (weltmarktorientierte, raumungebundene) singuläre Zentren zu klären.

Letzteres stelle das ganze historisch gewachsene System zentraler Orte in Frage: „Wie das von Thünen aufgestellte System der räumlichen Ordnung der Urproduktion um ein Absatzzentrum im Laufe des vergangenen Jahrhunderts zerbricht und ein ‚Thünenscher Ring‘ nach dem anderen zusammenbricht, bis schließlich nur noch wenige Reste in der Gegenwart davon übrig geblieben sind, wie die regional gebundene Urproduktion durch die regional ungebundene Weltmarktversorgung ersetzt wird, so wird die alte regional gebundene Arbeitsteilung mit ihrem klaren System von zentralen Orten verschiedenen Ranges zerstört und ersetzt durch eine überregionale Arbeitsteilung, die die singulären Punkte emporwuchern läßt, damit die alte regionale Ordnung der zentralen Orte durchsetzt und zum Teil bis zur Unkenntlichkeit verstümmelt. Wie der Zusammenbruch des Thünenschen Systems eine schärfere Betonung der geographischen Gunst zur Folge hatte, so differenziert sich die weltmarktgebundene Produktion ebenfalls stark nach den geographischen Gegebenheiten.“[61] Gerade diese kulturlandschaftliche Entwicklung, die zur Herausbildung, aber auch zu Bedeutungsminderung und -verlust zentraler Orte führe, werde von Christaller vernachlässigt. Dies sei der „bedeutendste Mangel der Christallerschen Deduktion“.[62]

Schultze beschäftigte sich auch mit neueren Arbeiten Christallers zum Zentrale-Orte-Problem[63], insbesondere mit dessen Versuchen einer mehrfach modifizierten Staffelung der Größenordnung von zentralen Orten und ihren Einzugsbereichen nach Versorgungsprinzipien, Verwaltungsfunktionen und Verkehrsanbindung. Anhand einer Untersuchung von 40 zuvor nach bestimmten Kriterien empirisch ermittelten zentralen Orten in Thüringen habe sich ergeben:

60   Neef, Ernst: Landesplanung und geographische Forschung. – In: Berichte zur deutschen Landeskunde, Bd. 8/9, Stuttgart 1950/51, S. 323
61   ebenda, S. 326
62   ebenda, S. 326
63   Schultze zitiert Christaller, W.: Raumtheorie und Raumordnung. – Archiv für Wirtschaftsplanung, 1.Jg. (1941) und Christaller, W.: Das Grundgerüst der räumlichen Ordnung in Europa. Die Systeme der europäischen zentralen Orte. In: Frankfurter Geographische Hefte, 24. Jg. (1950), Heft 1. – Frankfurt a.M. 1950

1. „Um die wirklichen Einflußgebiete der zentralen Orte zu ermitteln, ließ sich die Christallersche Theorie nicht anwenden [...].
2. eine direkte Proportionalität zwischen der Größe des zentralen Ortes und der Fläche seines Ortsbereiches, wie sie die Christallersche Theorie behauptet, besteht nur in so grober Form, daß die Fülle der Ausnahmen die Regel überwiegt.
3. Ebenso entfällt praktisch die von der Theorie abgeleitete Proportionalität zwischen der zentralen Ortsgröße und der Einwohnerzahl des Bereiches.
4. Die zentralen Ortsbereiche (Zustand 1939 und 1946) und ihre Einwohnerzahl (1946) bleiben in unserem Gebiet wesentlich kleiner, als sie die Theorie für Süddeutschland (1930–33) aufstellte.
5. Die Einwohnerzahl des Ortsbereiches macht bei kleinen zentralen Städten einen hohen, bei großen Städten einen kleinen Prozentsatz der Stadteinwohnerschaft aus. Auch diese Beziehung gilt nur mit vielen Ausnahmen.
6. Jedoch steht der Prozentsatz der Zentraltätigen und die Flächengröße des Ortsbereiches in einem wenn auch nur losen Zusammenhang."[64]

Arnhold versuchte, im Raum Chemnitz anhand historischer Karten auf der Grundlage der Bevölkerungszahl, die Christallersche Idealform der Verteilung der zentralen Orte (Sechseck) zu rekonstruieren. Er stellte fest, daß sie, auch wenn für den historischen Zustand eine solche Idealform angenommen werden konnte, zum Untersuchungszeitpunkt (1950) nicht mehr vorhanden war. Im mitteldeutschen Raum untersuchte er, ob sich nach dem Kriterium „zentrale Überschußbevölkerung" (Anteil von Beschäftigten in „zentralen Diensten", hier: Hauptwirtschaftsabteilungen Handel und Verkehr sowie Öffentlicher Dienst) eine solche Sechseck-Verteilung zeigen würde: „Wir finden im Raum Mitteldeutschland 9 Systeme verschiedener Struktur (Berlin, Magdeburg, Cottbus, Erfurt, Leipzig, Plauen, Chemnitz, Dresden, Görlitz). Diese verschiedene Struktur ist durch die Sozialstruktur dieser Hauptorte einerseits und des sie umgebenden Gebietes andererseits bedingt. Aufgebaut hat sich dieses System auf dem idealen System der zentralen Orte, soweit sich dieses durch die reliefbedingten Abweichungen und die historischen Gegebenheiten entwickeln konnte. Dieser Umwandlungsprozeß ist noch nicht zum Abschluß gelangt. Wir können also bei dem heutigen Stand der Entwicklung nicht von einem System der zentralen Orte sprechen, sondern müssen vielmehr von einem Netz von Einzelsystemen sprechen. Hervorgerufen wurde diese Spaltung des alten Systems durch die Bevölkerungsagglomeration, die vor allen Dingen in den Hauptorten zu einem Anwachsen der Bevölkerung auf mehr als das Zehnfache in den letzten hundert Jahren geführt hat. Dadurch haben diese

---

64 Schultze, Zur Anwendung..., S. 110

Hauptorte eine derartige Bedeutung erlangt, daß sie infolge ihrer Intensität eigene Systeme zu entwickeln bestrebt sind. Die Orte niederer Rangordnung haben diese Entwicklung nur zum Teil und in wesentlich geringerem Ausmaße mitgemacht. Dadurch sind die Größen der zentralen Orte außerordentlich verschieden geworden, so daß es oft schwer fällt, das alte System auch jetzt noch zu erkennen."[65]

Klitzsch forderte, daß über den Inhalt des Begriffes Zentraler Ort „völlige wissenschaftliche Klarheit" bestehen sollte. Das sei aber nicht der Fall. Die scharfe Kritik von Neef und Schultze an der Zentrale-Orte-Theorie hätte den wissenschaft-

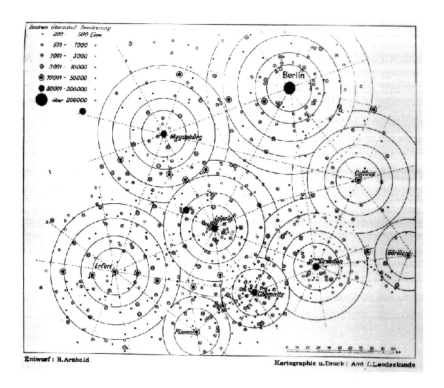

Abbildung 9: Das System der zentralen Orte in Mitteldeutschland 1946

Quelle: Arnhold, Helmut: Das System der zentralen Orte in Mitteldeutschland. In: Berichte zur deutschen Landeskunde, Bd. 9, Stuttgart 1951, S. 356

---

65   Arnhold, Helmut: Das System der zentralen Orte in Mitteldeutschland. – In: Berichte zur deutschen Landeskunde, Bd. 9, Stuttgart 1951, S. 358 f.

lichen „Wert der Untersuchungen Christallers, dem unstreitig das Verdienst gebührt, als erster das Problem der zentralen Orte einer wissenschaftlichen Betrachtung unterzogen zu haben," nicht geschmälert, „aber umso dringender erhebt sich
die Notwendigkeit, zu einer realistischen Theorie der zentralen Orte zu gelangen."
Neef, Schultze und Arnhold hätten dazu wesentliche Teile beigesteuert. Die
Streuung der zentralen Orte sei ein Umstand, der bei der administrativen Neugliederung der DDR Beachtung verdiene. „Dabei ist zu berücksichtigen, daß diese
Streuung nicht nur ein Produkt der geschichtlichen Entwicklung ist, also, um sie
zu verstehen, der genetischen Betrachtung bedarf, wie Neef mit Recht fordert,
sondern in Fortsetzung des historischen Prozesses sich selbstverständlich auch
weiter entwickelt. Damit soll gesagt werden, daß die Kenntnis der zentralisierenden
Faktoren die planmäßige Anlage zentraler Orte ermöglicht, wodurch die sinnvol-
lere Verteilung der Produktivkräfte auch von der rein administrativen Seite her
gefördert werden kann. Es sei hier nur an die politischen, wirtschaftlichen und
kulturellen Auswirkungen eines engen Kontaktes der Bevölkerung bestimmter
Gebiete mit ihren jeweiligen zentralen Orten erinnert, die natürlich mehr sein
müssen als bloße Verwaltungsmittelpunkte. Anders ausgedrückt: die Erhebung
eines Ortes zum Verwaltungsmittelpunkt allein begründet noch keinen zentralen
Ort. Das ist eine Tatsache, die bei der Untergliederung der Verwaltungsbezirke in
Verwaltungskreise zu beachten ist."[66] Die Verwaltungsreform 1952 sei zwar ein
wichtiger und richtiger Schritt zu einer produktiven Anwendung der Zentrale-
Orte-Theorie gewesen, berge aber auch Probleme. So sei bei der Neueinteilung der
Kreise zwar meistens zutreffend von Orten mit historisch gewachsenen Zentral-
funktionen ausgegangen worden, und bei der Bezirkseinteilung seien „deren
Mittelpunkt in der Terminologie Christallers durchweg ‚zentrale Orte höherer
Ordnung'."[67] Dies treffe besonders auf Sachsen zu (Dresden, Leipzig und Karl-
Marx-Stadt), auf den Bezirk Erfurt, auf Halle und Magdeburg in Sachsen-Anhalt;
dagegen müßten die anderen Bezirksstädte z.T. erhebliche Schwierigkeiten überwinden: Gera und Suhl aufgrund der Grenznähe zu Bayern, Potsdam wegen der
politischen „Zerreißung" Berlins, Neubrandenburg aufgrund des unterentwick-
kelten Standes einiger zentraler Funktionen und vor allem Rostock aufgrund des
Zuschnittes der Bezirksgrenzen. (vgl. *Abbildung 10*)

Das Problem der zentralen Orte bedürfe „dringend weiterer Bearbeitung, da
seine Verknüpfung mit den Aufgaben der Standortplanung nicht zu übersehen
ist."[68]

---

66   Klitzsch, S. 45
67   Klitzsch, S. 46
68   Klitzsch, S. 48

Abbildung 10:   Die Verwaltungsbezirke der DDR

Quelle: Klitzsch, S.47

Lehmann schließlich bezog die Zentrale-Orte-Theorie in seine Arbeit „Die Siedlungstypen" ein. Diese Arbeit war Teil des 1953 an der DBA durchgeführten Forschungsvorhabens „Gebiets- und Stadtplanung, Beiträge zur methodischen und organisatorischen Grundlegung".[69] Lehmann unterbreitete in dieser Arbeit einen Vorschlag zur Klassifizierung der Gemeinden in der DDR auf der Grundlage einer Auseinandersetzung mit vorhandenen Klassifizierungsansätzen und Gliederungsmerkmalen, darunter der Zentrale-Orte-Theorie als Beispiel für die Klassifizierung von Gemeinden nach dem Zentralitätsgrad.

Die bis dahin diskutierten Gliederungsmerkmale unterteilte er in fünf Gruppen und stellte dar, welche einzelnen Merkmale nach Auffassung ausgewählter Autoren (die von Lehmann zitierten sind in der folgenden Tabelle aufgeführt) diesen Gruppen zuzuordnen waren und welche Fortschritte die Klassifizierung von Gemeinden nahm.

Zu den Fortschritten rechnete er die Einbeziehung von Städten gegenüber den anfangs auf ländliche Gemeinden und Probleme des Agrarraumes konzentrierten Ansätzen, die Differenzierung von Industriestädten und die Überwindung von „jedem Typisierungsformalismus" durch Ausrichtung auf die Bedürfnisse der Volkswirtschaftsplanung und Verwaltung. Hier hob er insbesondere die Arbeit des polnischen Geographen Kostrowicki hervor.

Er hielt es für unmöglich, eine der vorliegenden Klassifizierungen für die Verhältnisse in der DDR zu übernehmen und entwickelte vorrangig unter funktionalen Gesichtspunkten unter Verwendung der Merkmale Berufszugehörigkeit, Pendleranteile, industrielle Standortverhältnisse, Produktions- und Besitzverhältnisse in der Landwirtschaft, städtebildende Faktoren Verwaltung und Kultur sowie Siedlungsformen einen Klassifizierungsvorschlag, der drei große Gruppen in einer Entwicklungsreihe vom Dorf zur Stadt mit 21 Haupt- und Untertypen enthielt. Zusätzliche Angaben sollten die individuelle Einzelerscheinung der jeweiligen Gemeinde vergleichbar machen. Diese zusätzlichen Angaben ergaben sich nach den Merkmalen Zentralität, Produktion, Bauzustand und Bauformen, städtebildende Funktionen (außer Industrie) und kommunale Verfassung (vgl. *Übersicht 14*).

Zum Zentralitätsproblem schrieb er: „Industrielle Mittel- und Großstädte haben meist auch zentrale Funktionen. Das Fehlen der eigentlichen industriellen Basis kennzeichnet jedoch die lokalen und regionalen Zentren, die als Klein- und

---

69   vgl. Deutsche Bauakademie, Forschungsinstitut für Städtebau: Gebiets- und Stadtplanung, Beiträge zur methodischen und organisatorischen Grundlegung, Teilaufgabe 3: Die Siedlungstypen – Versuch einer Klassifizierung der Gemeinden auf funktioneller Grundlage. – Bearbeiter: Hanns Lehmann. – Forschungsbericht. – BA, DH 2, F 2/3, Bd. 2

Übersicht 13: Gliederungsmerkmale für die Klassifizierung von Gemeinden (Lehmann 1953)

Gliederungsmerkmale	Autoren
1. statistische (Grössen-) und administrative Merkmale	amtliche Statistik
2. Berufsstruktur der Bewohner (Wirtschaftstypen)	Hettner, Gradmann[*]
3. Sozialstruktur der Bewohner (Sozialtypen)	Schwind[†]
4. Zentralitätsgrad (Hierarchie der zentralen Orte)	Christaller, Kostrowicki[‡]
5. gemeindliche Gesamtfunktion (Funktionstypen)	Horstmann, Brüning, Huttenlocher[§]

Quelle: nach Lehmann, in: BA, DH 2, F 2/3

---

[*]   vgl. Hettner, A.: Die wirtschaftlichen Typen der Ansiedlungen. In: Geographische Zeitschrift, 1902 und Gradmann, R.: Siedlungsgeographie des Königreiches Württemberg. In: Württembergisches Jahrbuch für Statistik und Landeskunde, Jg. 1912

[†]   vgl. Schwind, M: Zur Darstellung der Soziallandschaften auf der Grundlage einer Gemeindetypisierung. In: Informationen des Instituts für Raumforschung, Nr. 42/43. – Bonn 1951; Finke, H.A.: Soziale Gemeindetypen. In: Geographisches Taschenbuch. – Stuttgart 1953, S. 509–512

[‡]   vgl. für die Ansätze in Polen Kostrowicki, C.: Über die städtebildenden Funktionen und über die durch diese Funktionen gebildeten Städtetypen. In: Geographische Rundschau, Band 24 (1952), Nr. 1/2 (Übersetzung durch die Hochschule für Ökonomie und Planung, Berlin); in Hinsicht auf Christaller bezog sich Lehmann auf folgende Arbeiten: Christaller, W.: Die ländliche Siedlungsweise im deutschen Reich und ihre Beziehungen zur Gemeindeorganisation. – Stuttgart 1937 und Christaller, W.: Wesen und Arten sozialräumlicher Landschaftseinheiten und ihre Darstellung. In: Berichte zur deutschen Landeskunde, Band 7, Heft 2, Stuttgart 1950, S. 357–367

[§]   vgl. Horstmann, K.: Die Vergewerblichung. Ein Hilfsmittel zur Unterscheidung von Stadt und Land. In: Raumforschung und Raumordnung, 1938, S. 110–119; Brüning/ Kraus/ Zill: Raumordnungsplan für den Kreis Grafschaft Diepholz. – Oldenburg 1944; Huttenlocher, Fr.: Funktionale Siedlungstypen. In: Berichte zur deutschen Landeskunde, Band 7, Heft 1. – Stuttgart 1949, S. 76–86; Hesse, P.: Grundproblem der Agrarverfassung. – Stuttgart 1949; Hesse, P.: Über die Typologie des Raumes. In: Berichte zur deutschen Landeskunde, Band 9, Heft 1. – Stuttgart 1950, S. 1950, S. 37–44; Hesse, P.: Darstellung der funktionalen Siedlungstypen. In: Geographisches Taschenbuch. – Stuttgart 1950, S. 243–245

Landstädte vielfach noch ein Leben am Rande der Entwicklung führen, dagegen mehr oder weniger bedeutende Versorgungsfunktionen für einen Nebenbereich ausüben oder aber als reine Verwaltungszentren auf der Kreisebene regionale Bedeutung haben. Die zahlenmäßig nicht unbeträchtliche Verbreitung der lokalen und regionalen Zentren beinhaltet eine Fülle latenter siedlungspolitischer Einzelprobleme. Dabei denken wir an das Kleinstadtproblem an sich oder auch an Fragen, die sich z.b. aus dem vielfach zu beobachtenden engen Nachbarschaftsverhältnis von lokalen Zentren und Zentraldörfern ergeben. […] Die Kennzeichung der Zentralität soll sich über die lokalen und regionalen Zentren hinaus, die aus gesonderten Typen ausgewiesen werden, auf die zentralen Funktionen der Verwaltung beschränken, da hier die Abgrenzungsschwierigkeiten für die zentralörtlichen Einzugsbereiche weitgehend ausgeschaltet werden können."[70]

Die Klassifizierung sollte der Erarbeitung einer Gemeindetypenkarte dienen und der Darstellung der Siedlungsstruktur sowie der zwischengemeindlichen und übergemeindlichen Beziehungen dienen. Eine solche Gemeindetypenkarte sei eine Grundlage der Siedlungsplanung (Dorfplanung, Regionalplanung und „gebietsumfassende Stadtplanung"). „Sie ermöglicht die Abgrenzung von Agrargebieten und bildet eine erste Grundlage für die Festlegung und Charakterisierung der zentralen Orte und ihrer Einzugsbereiche." In der Dorfplanung werde „durch die Einbeziehung des Zentralitätsproblems die Frage der Zentraldörfer im richtigen gebietsmässigen Zusammenhang dargestellt." Die Klassifizierung leiste auch einen Beitrag zur übergeordneten ökonomischen Gebietsentwicklungsplanung. „Die planmässige und proportionale Entwicklung der Wirtschaftsgebiete spielt sich ja nicht im leeren Raum ab und auch nur in den allerwenigsten Fällen ‚auf der grünen Wiese'. […] Eine Ordnung der Gemeinden nach Funktionstypen […] bildet .. standorttheoretisch und für praktische Standortentscheidungen eine Arbeitsgrundlage, ohne die das notwendige regionale Denken nur schwer vorstellbar ist. […] denn bei jeder Planaufstellung geht es neben dem ‚Wieviel' sofort auch um das ‚Wo'."[71]

5.5   Kontinuität und Wandel: Eine vorläufige Bewertung

Eine öffentliche Auseinandersetzung mit der Geschichte der Raumordnung und Landesplanung bis 1945 fand in der SBZ/ DDR nicht statt. Insgesamt lassen zumindest die für die vorliegende Arbeit gesichteten Veröffentlichungen, die nichtveröffentlichen Quellen und die Auseinandersetzung mit der Zentrale-Orte-

70   BA, DH 2, F 2/3, Bd. 2, S. 20f. und 23
71   BA, DH 2, F 2/3, Bd. 2, S. 36 und 38f.

Übersicht 14: Die Siedlungstypen (Klassifizierungsvorschlag Lehmann)

A. Typen

I. Dörfer
1. Bauerngemeinden
2. Großbauern-
   Gemeinden
3. Bauern-Arbeiter-
   Gemeinden
4. Arbeiter-Bauern-
   Gemeinden
5. Fischerdörfer

II. Verstädterte Gemeinden
6. Arbeiter-
   Wohngemeinden

a) Arbeiter-Dorf
b) Waldarbeiter-Dorf
c) Werksiedlung
7. Wohnsatelliten
8. Ackerbürger-Städte

III. Städte
9. Lokale Zentren
10. Regionale Zentren
11. Industriegemeinden
   a) Industriedorf
   b) industrielle Kleinstädte
   c) industrielle Mittelstädte

d) industrielle Großstädte
12. Handelsverkehrs-
    Gemeinden
13. Erholungs-
    Gemeinden
   a) Kurorte
   b) Sport- und
      Wanderorte
   c) Seebäder
   d) Sommer- und
      Wochenendsiedlungen

B. Individuelle Charakteristik

I. Zentralität
1. Zentraldörfer
2. Kreiszentren
3. Bezirkszentren
4. überbezirkliche Zentren

II. Produktion (1–7: für dörfliche Typen;
   8–12: für städtische Typen)
1. vorherrschende Ackerwirtschaft
2. vorherrschende Grünlandwirtschaft
3. ausgewogene Acker-Grünlandwirtschaften
4. Spezialkulturen
5. Produktionsgenossenschaften (P)
6. Volksgut (über 100 ha) (G)
7. Handwerk (H)
8. Kleinindustrie (KI)
9. Einzelstandorte der Industrie, auch
   landwirtschaftliche Veredelungsindustrie
   in bäuerlichen Gemeinden (I)
10. Spezialgewerbe
11. Einzelstandorte des Fernhandels, Messe
    und Märkte (M)
12. Ausflugsziel (A)

III. Bauzustand und Bauformen
1. ländliche Bauweise
2. verstädterte ländliche Bauweise
3. städtische Bauweise
   a) Einzelhäuser und 1–2 geschossig
   b) 2–4 geschossig
   c) großstädtisch
4. bauliche Einzeldenkmale
5. historische Kerne
6. getrennte Ortslage (Ortsteile)

IV. Städtebildende Funktionen (außer
   Industrie) (in der Reihenfolge ihrer
   Bedeutung)
1. Verwaltung (V)
2. Kultur (K)
3. Hoch- und Fachschulen (Sch)
4. Fremdenverkehr (F)

V. Kommunale Verfassung (im Sinne der DGO)
1. Dorf
2. Stadt

Quelle: Lehmann, in: BA, DH 2, F 2/3, Bd. 2, S.18f.(A.) und 24f. (B.)

Theorie Christallers den Schluß zu, daß in der SBZ/ DDR von einem Neubeginn mit dem Versuch der Abgrenzung vom „Erbe" ohne sachliche Begründung dieser Abgrenzung gesprochen werden kann. Letztlich gelang eine „Selbstreinigung durch Aufarbeitung" nicht.

Dafür gab es nicht nur subjektive Gründe (Nichtwollen oder Nichtdürfen), sondern auch objektive (Nichtkönnen) Hemmnisse für eine Selbstreinigung, denn denen, die das gewollt hätten, stellte sich für eine empirisch fundierte Aufarbeitung ein Quellenproblem: Es scheint, als ob, sofern sie vorhanden war, die Nazi-Vergangenheit von Raumordnern/ Landesplanern, die in der Reichsstelle für Raumordnung, in den Landesplanungsgemeinschaften oder der Reichsarbeitsgemeinschaft für Raumforschung arbeiteten, in der SBZ/ DDR nicht hinreichend bekannt war und – bekannt werden konnte. Darauf deutet die Darstellung im Findbuch „Reichsstelle für Raumordnung" des ehemaligen Zentralen Staatsarchivs der DDR (heute BAK, Abteilungen Potsdam) hin. So war es DDR-Forschern und Forscherinnen zwar möglich, Strukturen der ehemaligen Reichsstelle für Raumordnung, ihrer Hochschularbeitsgemeinschaften und der Landesplanungsstellen nachzuzeichnen, jedoch war es aufgrund der Quellenlage im Staatsarchiv der DDR offenbar nicht so einfach, den „Karrierewegen" und der fachlichen wie persönlichen Verstrickung von Planern in die faschistische Ideologie und Politik und dem Zusammenhang von Planungen, beispielsweise für den „Generalplan Ost", auf die Spur zu kommen.

In der SBZ und der frühen DDR wurde die ablehnende Haltung gegenüber der „alten" Landesplanung nicht durch entsprechende Analysen untermauert, die ihren wirklichen Anteil bzw. den ihrer Fach-Vertreter an der Entwicklung und Stützung von Ideologie und Politik des faschistischen Regimes hätten zutage führen und die die Bedeutung einer „aufgearbeiteten" Landesplanung für die zentrale Wirtschaftsplanung in der DDR hätten klären können.

Zum Teil wurde die „alte" Landesplanung unhinterfragt verworfen, zum Teil auf einen bleibenden Nutzen der landesplanerischen Bestandserhebungen, Strukturuntersuchungen und Methoden hingewiesen. Es wurde unterschieden zwischen weiter anwendbaren „neutralen" Methoden und ihrem „Mißbrauch" im Faschismus. Die Unterscheidung selbst wurde empirisch nicht „untermauert", sie hatte somit keine Grundlage.

Am einfachsten schien es, die Jahre des Faschismus auszublenden und an die Traditionen bis 1932 anzuknüpfen (das Jahr wurde von sächsischen Landesplanern wohl gewählt, weil in ihm die Verabschiedung des als fortschrittlich empfundenen Sächsischen Baugesetzes erfolgte).

Intensiver als die Auseinandersetzung mit der allgemeinen Geschichte räumlicher Planung war die mit der Zentrale-Orte-Theorie Christallers, einer der Grundkonzeptionen der Raumordnung. Diese Auseinandersetzung wurde pragmatisch geführt. Besonders hier zeigte sich, daß der politisch-ideologische Anwendungszusammenhang des Modells im Faschismus keine Rolle spielte. Es erwies sich lediglich als „technokratisch konvergent". Die Existenz zentraler Orte und ihre erkenntnistheoretische sowie planungspraktische Bedeutung wurden anerkannt. In der Formulierung des Problems der zentralen Orte und in dem Versuch, sie anhand eines Vergleichskriteriums zu ermitteln, wurde das bleibende Verdienst Christallers gesehen. Kritisiert wurde dessen Methode, d.h. die Wahl und Ableitung der Kriterien zur Analyse der Entstehung und Verteilung zentraler Orte sowie der Anspruch auf Allgemeingültigkeit des von Christaller angenommenen geometrischen Verteilungsschemas. Die Allgemeingültigkeit wurde durch empirische Analysen in Sachsen, Thüringen und im mitteldeutschen Industriegebiet widerlegt.

Das Fehlen einer Aufarbeitung der Geschichte der räumlichen Planung und hier insbesondere ihres Anwendungszusammenhangs wurde später, vor allem nach 1952, zementiert durch zwei Entwicklungen: Erstens erschütterten die neuen politisch-ökonomischen Bedingungen, hier insbesondere die zentrale Wirtschaftsplanung und -lenkung das vom Anspruch her übergeordnete Gestaltungsziel der „alten" Landesplanung. Diesen Anspruch erhob nunmehr die zentrale Volkswirtschaftsplanung und setzte ihn auch schrittweise (theoretisch und praktisch) durch. Das „Neue" setzte sich gegen das „Alte" ohne Begründungszwang durch und behauptete gleichzeitig, das Gestaltungsziel erst wirklich verfolgen zu können. Das „Neue", die zentrale Volkswirtschaftsplanung, konnte gewichtige Argumente nennen: Standort- und Investitionsentscheidungen waren nun planbar, das Privateigentum an Produktionsmitteln war keine entscheidende Barriere für die räumliche Planung mehr.

Gleichzeitig griffen – zweitens – zunehmend Planungsvorstellungen und -erfahrungen aus den sozialistischen und/ oder volksdemokratischen Ländern Raum. Die Landesplanung erhielt im Entstehungs- und Begründungszusammenhang von Aufgaben und Arbeitsgebieten innerhalb der Staatlichen Plankommission (Arbeitsgebiet Regionalplanung bzw. Gebietsentwicklungsplanung) und in der Deutschen Bauakademie (Institut für Städtebau und Landesplanung, später: Gebiets-, Stadt- und Dorfentwicklung) bzw. im Ministerium für Aufbau (später: für Bauwesen) Schritt für Schritt neue Leitbilder im Sinne sowjetischer Planungsvorstellungen und Organisationsstrukturen mit einem neuen, eigenständigen Begriffsapparat. Die alte Landesplanung wurde ohne große Umstände zu den Akten gelegt, was aus Sicht der in der DDR noch tätigen „alten" Landesplaner im nachhinein durchaus als befreiendes Moment empfunden werden konnte, hörte doch mit der Begründung der „neuen" Territorialplanung der stete Begründungszwang für die „alte" Forderung nach einer übergeordneten oder zumindest gleichberechtigten Landesplanung und für die Beibehaltung „alter" Begriffe und Arbeitsmethoden auf. Gewohntes konnte nun, ergänzt durch Erfahrungen, die in den jahrelangen Auseinandersetzungen zwischen Landesplanung und mühsam entstehender zentraler Wirtschaftsplanung in der SBZ/DDR gewonnen werden konnten sowie ergänzt durch neue Erfahrungen aus nunmehr sozialistischen oder volksdemokratischen Ländern, deren Ziele und Arbeitsmethoden zuvor kaum positiv wahrgenommen wurden, in einem neuen Gewand fortgeführt werden, ohne daß sich die Landesplaner „verbiegen" mußten. Im Gegenteil: Sie konnten sich aktiv einbringen.

Die Auseinandersetzung mit der Geschichte bzw. mit der Zentrale-Orte-Theorie, so wenig sie auch insgesamt stattfand, trug doch zur Entwicklung theoretischer und methodischer Grundlagen der Territorialplanung der DDR erheblich bei, z.B. zur Organisationsstruktur, zur Erklärung der Siedlungsentwicklung, zur Ableitung von Ordnungskriterien (z.B. städtebauliche Faktoren), zu Planungsleitbildern (proportional gleichmäßige Entwicklung der Territorialstruktur, Anwendung der Zentrale-Orte-Theorie usw.). Die Geschichte der räumlichen Planung in Deutschland und anderen kapitalistischen Ländern wurde oder blieb neben der sowjetischen Planungstradition wesentliche Quelle der Territorialplanung der DDR.

6 Zusammenfassung

Der Neuanfang in der SBZ und dabei die Diskussionen über Stellenwert und Aufgaben der räumlichen Planung waren in weitaus höherem Maße unmittelbar beeinflußt von den Folgen des Krieges als in den Westzonen, nicht nur in Form eines höheren Zerstörungsgrades von Bauten, Anlagen und Verkehrsinfrastruktur, sondern vor allem auch in Form der Demontagen und Reparationen. Sie führten z.b. zu einem permanenten Sparzwang, der die eigentlich geplanten Ausstattungen der Landesplanungsstellen von vornherein spürbar reduzierte. Bezirksplanungs-stellen entstanden nicht wieder. Eigentlich geplante Arbeitsvorhaben konnten aus finanziellen/ ökonomischen und nicht vordergründig politischen Gründen nicht durchgeführt werden.

Die *Landesplanung* war *auf zentraler Ebene* zum einen in einer Abteilung in der Deutschen Wirtschaftskommission (DWK, 1947/48 bis 1949) verankert. Auf *Länderebene* wurde Landesplanung, verstanden als ressortübergreifende Planung anfangs entweder als eigenständige Abteilung neben der Wirtschaftsplanung den Ministerpräsidenten direkt unterstellt (Amt für Wirtschaftsplanung Thüringen, Landesplanungsamt Sachsen, Amt für Wirtschaftsplanung Sachsen-Anhalt) oder – in Brandenburg – in die Abteilung Wiederaufbau beim Finanzministerium eingegliedert oder zunächst gar nicht als solche institutionalisiert (Mecklenburg). Seit Dezember 1948 wurde sie in allen Ländern einheitlich gemäß Verfügung der DWK als Abteilungen den Hauptabteilungen Wirtschaftsplanung und damit direkt den Ministerpräsidenten zugeordnet.

Mit Gründung der DDR wurde eine zentrale Abteilung Landesplanung bzw. später Regionalplanung im Ministerium für Planung (MfPl) und dann in der Staatlichen Plankommission (SPK) belassen, zugleich aber seit Oktober 1949 bis August 1951 im Ministerium für Aufbau (MfA) eine Hauptabteilung Landespla-nung geschaffen. Im Zusammenhang mit den Wiederaufbauproblemen in den Städten und den Diskussionen um das Aufbaugesetz der DDR (1950) gewann die technisch-gestalterische Planung mittels Flächennutzungspläne, Bebauungspläne und Aufbaupläne zeitweise ein Übergewicht über die räumliche Gesamtplanung (bzw. die ökonomische Form der Territorialplanung). Auf Länderebene wurden die Abteilungen Landesplanung wieder aus den Hauptabteilungen Wirtschaftspla-nung ausgegliedert und in die Hauptabteilungen Aufbau bei den Wirtschaftsmi-nisterien integriert.

Teilaufgaben der Landesplanung, nämlich das Bau-, Wohnungs- und Siedlungs-wesen, wurden schon vor Gründung der DDR den *Landesbauverwaltungen* zugeordnet, z.T. unter dem Dach der Ministerien für Arbeit und Sozialfürsorge, z.T. unter dem der Wirtschaftsministerien, z.T. dem der Innenministerien. 1948 erfolgte eine Strukturneuordnung, in deren Folge die Landesbauverwaltungen zunächst den Ministerien für Arbeit und Sozialfürsorge (Nov. 1948), dann (Dez. 1948) als Hauptabteilung Bauwesen den Wirtschaftsministerien (in Brandenburg dem Ministerium für Wirtschaftsplanung) unterstellt wurden.

Mit Gründung des Ministeriums für Aufbau und der Aufbauministerien der Länder ging eine Institutionalisierung der Forschung auf zentraler Ebene einher. Zunächst wurde das Forschungsinstitut für Städtebau und Landesplanung im Ministerium für Aufbau der DDR geschaffen, später (1951) die Deutsche Bauakademie mit einem kurze Zeit so genannten „Forschungsinstitut für Städtebau und Landesplanung", aus dem später die Forschungsinstitute für Städtebau (und Architektur) und Gebiets-, Stadt- und Dorfplanung hervorgingen.

Im Zuge der Staatsgründung der DDR trat an die Stelle des bisherigen Ministeriums für Planung nach den Wahlen vom 15. Oktober 1950 und der Konstituierung der Provisorischen Regierung der DDR am 8. November 1950 die Staatliche Plankommission (SPK) als Organ des Ministerrates für die Ausarbeitung und Kontrolle der Volkswirtschaftspläne. In der SPK, die praktisch ein Ministerium über den Fachministerien darstellte, wurde eine Abteilung Regionalplanung geschaffen. Die Hauptabteilung Landesplanung des Ministeriums für Aufbau wurde im August 1951 aufgelöst und ein Teil ihrer Mitarbeiter und Mitarbeiterinnen von der Staatlichen Plankommission übernommen. Teilaufgaben der Landesplanung, insbesondere Aufgaben im Zusammenhang mit dem Neuaufbau oder Wiederaufbau der Städte auf der Grundlage des Aufbaugesetzes (1950), verblieben jedoch beim Ministerium für Aufbau. Forschungen zur Landesplanung wurden ferner an der Deutschen Bauakademie und an einigen Hochschulen weiterbetrieben.

Es gab bis 1952 z.T. intensive Versuche seitens der „alten" Landesplaner in den Ländern und später im Ministerium für Aufbau, gemeinsam auch mit Verantwortlichen in der DWK bzw. dem Ministerium für Planung, für die Landesplanung einen Aufgabenzuschnitt, eine gesetzliche Grundlage und eine politische Legitimation unter den sich mühsam entwickelnden neuen Verhälnissen zu finden. Dabei wurde versucht, an Planungsvorstellungen und -methoden *vor* 1933 anzuknüpfen. Zu dem Neu- oder Wiederanfang gehören Versuche, als positiv empfundene überlieferte Organisationsstrukturen zu neuem Leben zu erwecken, unter Bezugnahme auf ihre Vorgeschichte bis zum Ende der Weimarer Republik. Ein Beispiel waren die „Landesplanungsgemeinschaften" in Sachsen. Diese Versuche gelangen 1946-1949 in Sachsen, weil es dort eine längere, populär gewordene und bei den verschiedenen Akteuren der Planung (Gebietskörperschaften, Planer) akzeptierte Planungstradition gab. In Berlin-Brandenburg gelangen entsprechende Versuche nicht. Die Landesplanungsgemeinschaften wurden jedoch mit Gründung der DDR aufgelöst.

Nach der Gebiets- und Verwaltungsreform 1952 bestand auf zentraler Ebene (SPK) zwar noch eine mit wenigen Stellen ausgestattete Abteilung Gebietsentwicklungsplanung/Regionalplanung und bei den Räten der Bezirke (formal) zunächst jeweils ein Referat Regionalplanung bei den Abteilungen Aufbau. Diese Referate waren aber nur vereinzelt mit Stellen ausgestattet, so daß de facto für die Ebene der räumlichen Gesamtplanung (die ökonomische Form der Territorialplanung) ein „Verwaltungsvakuum" herrschte.

Von einer gezielten, bewußt herbeigeführten Abschaffung der Landesplanung zugunsten einer in die zentrale Wirtschaftsplanung integrierten Territorialplanung kann bis zur Neuorganisation der „Regionalplanung", zunächst als „Gebietsentwicklungsplanung", in der aus DWK und Ministerium für Planung hervorgegangenen Staatlichen Plankommission 1950/51 nicht gesprochen werden. Zwischen 1945 und 1950 bestand eine „offene" Situation und zwar offen im Hinblick auf die Zielbestimmung der Landesplanung, auf ihre Stellung und ihr Verhältnis zur zentralen Wirtschaftsplanung, offen im Hinblick auf das Verhältnis zwischen räumlicher Planung auf zentraler und Landesebene und offen im Sinne von: Bereitschaft der Akteure, sich in die Neugestaltung der gesellschaftlichen Verhältnisse aktiv einzubringen. Die Strukturentwicklung in der SBZ widerspiegelte ernsthafte Versuche, die Landesplanung und die neue Form der zentralen Wirtschaftsplanung und -lenkung theoretisch wie praktisch „unter einen Hut zu bekommen" und die Landesplanung als Instrument der Wirtschaftsplanung und die Wirtschaftsplanung als Chance für die Landesplanung zu begreifen. Das entsprach einer damals weit verbreiteten Auffassung, daß der Kapitalismus, d.h. eine auf zentralisiertem und konzentriertem Eigentum an den wichtigsten Produktionsmitteln und damit verbundener politischer Macht gegründete Gesellschaft zu Faschismus und Krieg geführt hatte und die Zukunft der Gesellschaft eine antikapitalistische, von Kriegen und Krisen befreite und im Sinne des Gemeinwohls geplante sein sollte. Hierzu sollte die Landesplanung gemeinsam mit der Wirtschaftsplanung beitragen. Es ist daran zu erinnern, daß auch in den Westzonen starke Bewegungen für eine solche Perspektive existierten.

Einige „alte" Landesplaner waren unmittelbar nach Kriegsende und dann bis zur Institutionalisierung der „Territorialplanung" in der DDR in hohem Maße aktiv, so der sächsische Landesplaner Wiedemann, der thüringische Landesplaner Lehmann, der für Landesplanung zuständige Referent in der Deutschen Wirtschaftskommission, Mucke (ein Architekt), aber auch Vertreter angrenzender Fachgebiete wie die Landschaftsarchitekten Lingner und Carl deren engagiertes Projekt einer „Landschaftsdiagnose der DDR" von den an Daten und Karten

notleidenden Landesplanern als Grundlagenmaterial begrüßt wurde, usw.. Nur
wenige der damaligen Akteure konnten sich seinerzeit die staatsrechtliche Entwicklung der Besatzungszonen vorstellen, hin zu zwei selbständigen, vom Gesellschaftssystem gegensätzlichen deutschen Staaten. Insoweit war für die weitaus meisten
unter den Planern die Entwicklung offen, und das eigene Mittun brauchte nicht
von weltanschaulichen Grundsatzentscheidungen abhängig gemacht zu werden.
Erst mit der Neuorganisation der Deutschen Wirtschaftskommission 1948, mit
der Gründung der DDR 1949, mit der Institutionalisierung der „Provisorischen
Regierung der DDR" und dann 1952 mit der Ablösung der Parole „antifaschistisch-demokratische Neuordnung" durch die vom „Aufbau des Sozialismus", mit
der eine Verschlechterung und Polarisierung des innenpolitischen Klimas und
allgemein des gesellschaftlichen Lebens in der DDR einherging sowie dann mit der
Abschaffung der Länder wurden Grundsatzentscheidungen gefällt, die auch eine
(administrative und personelle) Neuorganisation der räumlichen Planung zur
Folge hatten.

Der Zwang, dann Grundsatzentscheidungen zu treffen, kommt auch darin zum
Ausdruck, daß sich etliche der Planer in den 50er Jahren in der BRD wiederfinden
sollten, so der thüringische Landesplaner Arke, der sachsen-anhaltinische Landesplaner Dr. Klemt, Prof. Boesler, die Landschaftsarchitekt Ungewitter (der später
beim Ruhrsiedlungsverband arbeitete), Ehlers u.a.

Eine Abbruch der „Traditionen" der Landesplanung erfolgte schließlich seit
Anfang der 50er Jahre mit Bildung der SPK und der Bezirke in der DDR, mit der
Auflösung der HA Landesplanung des Aufbauministeriums und der Übernahme
eines Teils der Mitarbeiter und Mitarbeiterinnen in die SPK bzw. auf Landesebene
mit der Übernahme der räumlichen Planung durch die Bezirke und den damit
verbundenen umfassenden Personalveränderungen. Mancher der „Alten", die
ehemaligen Landesplaner, landeten wie Wiedemann (Sachsen) in Entwurfsbüros
für Stadt- und Dorfplanung (später Gebiets-, Stadt- und Dorfplanung) bei den
Räten der Bezirke oder wie Giese (Meckl.), Lehmann (Thür.), Günther, Kanow
(Brandenburg) und Mucke (Berlin) als Gutachter oder Mitarbeiter bei der Deutschen Bauakademie oder wie Neef (Dresden) als Wissenschaftler an anderen
Forschungseinrichtungen. Neue Namen tauchen auf (Schmidt-Renner, Roos),
Namen von Ökonomen, Geographen, Wirtschaftsplanern mit einem überwiegend
anderen Traditionsbezug (auf die Sowjetunion): In diese Zeit fällt die intensive
Auseinandersetzung mit sowjetischen Planungsansätzen (Sanke, Küttner, Lehmann, Schmidt-Renner) sowie mit Erfahrungen aus anderen sozialistischen Ländern, insbesondere der VR Polen (Küttner). Die erste Hälfte der 50er Jahre war
von Anstrengungen begleitet, ein neues „sozialistisches" Raumplanungsverständnis
zu entwickeln. Die Diskussion um räumliche Planung wird von den „Neuen"

beherrscht, wenngleich einige „Alte" auch wichtige Stellen besetzen (Lehmann, Neef, Stegmann). Die Traditionen der Landesplanung erhielten hinsichtlich ihres Stellenwertes eine Umgewichtung: Das „Alte" wird zwar als beachtenswertes Erbe betrachtet (Lehmann), z.T. aber auch ohne Auseinandersetzung verworfen (Roos). In der theoretischen und praktischen Ausformung der Diskussion gewinnt die sowjetische Planungstradition, z.T. angereichert durch Erfahrungen aus den USA, England und der VR Polen sowie aus der CSR, das Übergewicht. Zu der Übernahme sowjetischer Methoden der Wirtschaftslenkung gab es keine Alternative (Schürer). Die Übernahme sowjetischer Planungsmethoden und -theorien in der Volkswirtschaftsplanung der DDR hatte zwangsläufig eine Übernahme sowjetischer Raumordnungs- und -planungsvorstellungen sowie der Begrifflichkeit zur Folge. Dies gilt nicht nur für die DDR, sondern in ähnlicher Weise für die CSR und die VR Polen. Dennoch blieb die deutsche Planungstradition neben der sowjetischen die zweite Quelle der räumlichen Planung in der DDR. Das wird insbesondere anhand der „Karriere" des Zentrale-Orte-Modells Christallers deutlich.

Von einer *Bedeutungslosigkeit* (vgl. z.B. Werner 1985) der Landesplanung 1945–1951/52 kann bei allen Schwierigkeiten keine Rede sein. Wer dies behauptet, mißt die Tätigkeit nicht an den politischen und ökonomischen Zuständen und an der personellen wie materiellen Ausstattung der zuständigen Einrichtungen in den ersten Jahren nach dem II. Weltkrieg und überbewertet die tatsächliche Bedeutung der Landesplanung vor 1945. Insbesondere Richter (1994) zeigt am Beispiel Sachsens, daß es enorme landesplanerische Anstrengungen gab, einen geordneten und koordinierten Wiederaufbau zu unterstützen. Allerdings sind die Leistungen der Landesplanung zu relativieren. Bemerkenswerten konzeptionellen, planerischen und kartographischen Arbeiten stand eine praktisch geringe Bedeutung gegenüber. Die praktische Wirkung blieb auf Einzelvorhaben beschränkt.

Mit der Auflösung der HA Landesplanung des Ministeriums für Aufbau und der Übernahme eines Teils ihrer Mitarbeiter und Mitarbeiterinnen in die SPK und mit der Gebiets- und Verwaltungsreform 1952 endet in der Planungspraxis offiziell die „alte" Form der Landesplanung. Eine Rekonstruktion der räumlichen Planung leiteten erst die Beschlüsse des IV. Parteitages der SED 1954 ein, wo die Forderung nach Erarbeitung von Perspektivplänen für die komplexe Planung und Projektierung ganzer Gebiete (Bezirke) und Anlagen sowie von Städten und Orten erhoben wurde, ferner die Baukonferenz der DDR vom 3. bis 6.4.1955 und der Beschluß des Ministerrates über die wichtigsten Aufgaben im Bauwesen vom 21.4.1955, Beschlüsse, die mit der Maßgabe an die Bezirke verbunden waren, Bezirksentwicklungspläne auszuarbeiten und an die SPK, dafür Grundlagen und Verfahren auszuarbeiten.

Es sollte aber noch Jahre dauern, bis sich die „Territorialplanung" der DDR institutionalisiert hatte, denn bis Anfang der sechziger Jahre herrschte die „vorhabenbezogene selektive Planung" (Inselplanung) vor (u.a. für das Eisenhüttenkombinat Ost und den Aufbau von Stalinstadt/ Eisenhüttenstadt).

Bemerkenswert sind auch für die Zeit ab 1952 bis zur Reorganisation der räumlichen Planung in der DDR die konzeptionellen Vorschläge für die Rekonstruktion der räumlichen Planung, für die Raumplanungstheorie und -praxis unter Bedingungen einer zentralen Planwirtschaft. Letztlich wurden in dieser Zeit die Grundlagen der Territorialplanung der DDR als einer alle gesellschaftlichen Bereiche erfassenden und in die Volkswirtschaftsplanung integrierten räumlichen Planung gelegt.

Hier sind als Akteure oder Einrichtungen insbesondere zu nennen: Schmidt-Renner (Hochschule für Ökonomie und Planung, Berlin), Lehmann (DBA), Klitzsch (TH Chemnitz/ Karl-Marx-Stadt), Küttner (Hochschule Weimar), Wiedemann (RdB Dresden) und Wissenschaftler der Deutschen Akademie der Landwirtschaftswissenschaften (DAL). Die Bezugnahme auf Vorbilder aus sozialistischen Ländern, insbesondere der Sowjetunion, aber auch der VR Polen und der ČSR, war bei diesen Versuchen eine wichtige Argumentationshilfe.

Heute gehört die Territorialplanung zum „Erbe" der Raumplanung in der Bundesrepublik Deutschland. Ob und inwiefern die Aufarbeitung der Geschichte der Territorialplanung als einer Raumplanung unter Bedingungen einer zentralen Planwirtschaft mit (überwiegend) staatlichem Eigentum an Produktionsmitteln dazu beitragen kann, Theorie und Praxis der Raumordnung und Landesplanung in der heutigen Bundesrepublik kritisch zu überprüfen, das bleibt eine Aufgabe, die erst ansatzweise begonnen wurde.

Nachtrag: *Zur Quellenlage*

Die Archivbestände, die Auskunft zum Beginn der räumlichen Planung in der SBZ/DDR geben können, sind umfangreich. Sie liegen, gemäß der steten Veränderung der Organisationsstrukturen in der Konstitutionsphase der DDR, verstreut in etlichen Archiven bzw. Teilbeständen.

Entsprechend dieser Organisationsentwicklung müßten vor allem folgende Primärquellen gesichtet werden, um einen vollständigen Überblick zu erhalten:
* für den Zeitraum 1945-1955: im Bundesarchiv – Abteilungen Potsdam, das seit Oktober 1996 eingegliedert ist in das Bundesarchiv in Berlin-Lichterfelde die Akten der Deutschen Wirtschaftskommission, des Ministeriums für Planung, der Staatlichen Plankommission,[1] des Ministeriums für Bauwesen und Vorläufer sowie der Deutschen Bauakademie (z.T. in der Außenstelle Coswig

des Bundesarchivs) und ihrer Forschungsinstitute[2]; ferner im Archiv und in der Bibliothek des IRS (Institut für Regionalentwicklung und Strukturplanung e.v., Erkner b. Berlin) verbliebene Akten und Gutachten der Deutschen Bauakademie/ Bauakademie der DDR);

- Forschungsarbeiten und Lehrprogramme einzelner Hochschulen, insbesondere der Geographischen Institute, darunter Humboldt-Universität zu Berlin, FHTW Berlin (ehem. Hochschule für Ökonomie „Bruno Leuschner"), Hochschule für Architektur Weimar, Universitäten Leipzig, Halle, Potsdam und Greifswald, PH Potsdam, Verkehrshochschule Potsdam, TU Dresden;
- in den Landeshauptarchiven die Akten zur Landesplanung in den Länderregierungen bzw. -ministerien);
- Akten der SED im Archiv „SAPMO – Stiftung Archive der Parteien und Massenorganisationen der DDR";
- Quellen zur Landesplanung bis 1952, die als Grundlagenmaterial für die Arbeit der ehemaligen Entwurfsbüros für Gebiets-, Stadt- und Dorfplanung bei den Räten der Bezirke in der DDR bzw. ab 1965 der Büros für Territorialplanung der Bezirke genutzt wurden, könnten sich auch in den nach 1990 geschaffenen und z.T. aus den ehemaligen Büros für Territorialplanung hervorgegangenen Ämtern für Raumordnung und Landesplanung befinden;
- vor Mai 1945: Um den Werdegang der in SBZ bzw. Frühzeit der DDR tätigen Landesplaner zurückverfolgen zu können, müßten ferner im Bundesarchiv Koblenz die Akten der Reichsstelle für Raumordnung, der Reichsarbeitsgemeinschaft für Raumforschung, der Deutschen Akademie für Städtebau, Reichs- und Landesplanung[3] sowie Akten des ehemaligen Berlin Document Centers (Nachweise zur Tätigkeit in den Nazi-Organisationen) gesichtet werden.

Für die vorliegende Arbeit konnten aus Zeitgründen nicht alle verfügbaren Quellen ausgewertet werden. Nicht ausgewertet wurden

- die Bestände des ehemaligen Document Center, die näheren Aufschluß über Dauer, Art und „Intensität" der Mitgliedschaft von Raumordnern und Landesplanern in den faschistischen Organisationen geben können;
- die Bestände in den Landeshauptarchiven bzw. Staatsarchiven der Länder (Die Bestände des sächsischen Staatsarchivs wurden über die Darstellung Richters einbezogen). Sie hätten zusätzlichen Aufschluß geben können über die Leistun-

1   Zur Landesplanung unter dem Dach von DWK, SPK und Ministerium für Planung finden sich die entsprechenden Quellen in den Beständen: BA, DC 15 und DE 1
2   Bestände Ministerium für Bauwesen: BA, DH 1; Bestände Deutsche Bauakademie: BA, DH 2
3   Quellen zu allen genannten Einrichtungen im Aktenbestand BA, R 113

gen der Landesplaner und die Diskussionen und Auseinandersetzungen um die
Landesplanung bis 1952;

• die SAPMO-Bestände; sie könnten Aufschluß geben über die Hintergründe
von Beschlüssen, z.b. des Ministerrates, zur Entwicklung von Struktur, Organisation und Aufgaben der Landesplanung.

• Nicht ausgewertet wurden ferner die noch verfügbaren Bestände der ehemaligen Büros für Territorialplanung in den ehemaligen Bezirken. Sie enthalten
möglicherweise Quellen und Dokumente vor allem für die Zeit nach 1952, d.h.
den Entstehungs- und Begründungszusammenhang einer eigenständigen Territorialplanung in der DDR, wenngleich erste Recherchen im ehemaligen
Bezirk Neubrandnburg dürftige Ergebnisse brachten.

• Schließlich konnten natürlich nicht die Quellen und Dokumente ausgewertet
werden, die mit der Evaluierung der fachrelevanten Lehr- und Forschungsinstitute an den Universitäten und Hochschulen der DDR verlorengingen.

7 Literatur, Quellen, Personenregister

ARL (Hg.): 50 Jahre ARL in Fakten. – Hannover 1996

ARL (Hg.): ARL-Nachrichten, Heft 2/96 (mit Berichten von der Festveranstaltung zum 50. Gründungstag

ARL (Hg.): Handwörterbuch der Raumordnung und Raumforschung, 2. Aufl. – Hannover 1970

Arnhold, Helmut: Das System der zentralen Orte in Mitteldeutschland. In: Berichte zur deutschen Landeskunde, Bd. 9. – Stuttgart 1951

Auster, Regine: Landschaftstage – Kooperative Planungsverfahren in der Landschaftsentwicklung. Erfahrungen aus der DDR. Umweltgeschichte und Umweltzukunft IV – Herausgegeben vom Institut für Umweltgeschichte und Regionalentwicklung. – [Forum Wissenschaft Studien, Band 38]. – Marburg 1996

Baburow, W.W.: „Über den Stand der städtebaulichen Generalplanung und die Maßnahmen zu ihrer Verbesserung" (Referat zur Unionskonferenz der Bauschaffenden Moskau 1954). – Berlin 1955

Baranski, N.N.: Die ökonomische Geographie der UdSSR. – Berlin 1954

Bauch, Werner: Entwicklung der Landschaftsgestaltung in der DDR (1957); BA, DH 2/ II/ 09/ 7

Beschluß der II. Parteikonferenz der Sozialistischen Einheitspartei Deutschlands zur gegenwärtigen Lage und zu den Aufgaben im Kampf für Frieden, Einheit, Demokratie und Sozialismus. In: Einheit, 7. Jg., Heft 8, August 1952, S. 720

Billstein, Reinhold: Neubeginn ohne Neuordnung. Dokumente und Materialien zur politischen Weichenstellung in den Westzonen nach 1945. – Köln 1984

Bönisch, Rolf: Zur Entwicklung der sozialistischen Territorialökonomie und -planung – eine historische Studie. In: Hochschule für Ökonomie Berlin „Bruno Leuschner", Wissenschaftsbereich Territorialökonomie (Hg.): Wissenschaftliches Kolloquium – Beiträge: 30 Jahre territorialökonomische Lehre und Forschung an der Hochschule für Ökonomie „Bruno Leuschner". – Berlin 1982

Bothe, Maria/ Ladwig, Roland: Zur Unterstützung der faschistischen Ideologie und Politik durch bürgerliche Ökonomen am Beispiel der Raumforschung. In: Wissenschaftliche Zeitschrift der Universität Rostock, Gesellschafts- und sprachwissenschaftliche Reihe, 30. Jg. (1981), Heft 2, S. 53–55

Broszat, Martin (Hg.): SBZ-Handbuch – München 1990

Brüning/ Kraus/ Zill: Raumordnungsplan für den Kreis Grafschaft Diepholz. –
Oldenburg 1944

Bundesarchiv, Abteilungen Potsdam: Findbuch 51.01, Reichsstelle für Raumordnung.

Casper, D./ Kehrer, G./ Menge, W./ Scherf, K./ Winkel, R.: Raumplanung und
Raumforschung in der DDR – Gegensätze und Unterschiede, Analogien und
Gemeinsamkeiten zur Raumplanung und Raumforschung in der BRD. Thesen
zur Arbeitstagung der Fachgruppe Geographie und Raumplanung der Gesellschaft für Deutschlandforschung e.V. am 7.11.1996 in Berlin

Christaller, W.: Das Grundgerüst der räumlichen Ordnung in Europa. Die Systeme
der europäischen zentralen Orte. In:Frankfurter Geographische Hefte, 24. Jg.
(1950), Heft 1. – Frankfurt a.M. 1950

Christaller, W.: Die ländliche Siedlungsweise im deutschen Reich und ihre Beziehungen zur Gemeindeorganisation. – Stuttgart 1937

Christaller, W.: Raumtheorie und Raumordnung. – Archiv für Wirtschaftsplanung, 1. Jg. (1941)

Christaller, W.: Wesen und Arten sozialräumlicher Landschaftseinheiten und ihre
Darstellung. In: Berichte zur deutschen Landeskunde, Band 7, Heft 2. –
Stuttgart 1950, S. 357–367

Christaller, Walter: Die Kultur- und Marktbereiche der zentralen Orte im deutschen Ostraum und die Gliederung der Verwaltung. In: Raumforschung und
Raumordnung, Heft 11/12-1940

Christaller, Walter: Die zentralen Orte in den Ostgebieten und ihre Kultur- und
Marktbereiche (Struktur und Gestaltung der zentralen Orte des deutschen
Ostens). – Leipzig 1941

Christaller, Walter: Die zentralen Orte in Süddeutschland. – Jena 1933

Der Freie Bauer, 8. Jg., Nr. 24, 14.6.1953

Deutsche Bauakademie, Forschungsinstitut für Städtebau: Gebiets- und Stadtplanung, Beiträge zur methodischen und organisatorischen Grundlegung, Teilaufgabe I: Gebietsplanung und Siedlungsforschung. Bemerkungen zur Konkretisierung der 16 Grundsätze des Städtebaus Bearbeiter: Hanns Lehmann. –
Teilaufgabe 3: Die Siedlungstypen – Versuch einer Klassifizierung der Gemeinden auf funktioneller Grundlage. – Bearbeiter: Hanns Lehmann. – Forschungsbericht. – Bearbeiter im Gesamtprojekt: Dr.Hanns Lehmann/ Ernst Kanow/
Werner Giese, alle: Inst. f. Städtebau; o.J. (wahrscheinlich 1954).- BA, DH 2,
F 2/3, Bd. 1 und 2

Ernst, Werner/ Hoppe, Werner: Das öffentliche Bau- und Bodenrecht, Raumplanungsrecht. – München 1981

Feigin, J.G.: Standortverteilung der Produktion im Kapitalismus und Sozialismus. – Berlin 1956

Finke, H.A.: Soziale Gemeindetypen. In:Geographisches Taschenbuch. – Stuttgart 1953, S. 509–512

Fleck, Rudolf: Planmässige Umgestaltung der Landschaft im Dienste grossregionaler Wirtschaftsentwicklung. In: Petermanns Geographische Mitteilungen, 96. Jg. (1952), Heft 1, S. 32–35

Gelbrich, Helmut: Landschaftsplanung in der DDR in den 50er Jahren. In: Natur und Landschaft, 70. Jg. (1995), Heft 11

Gradmann, R.: Siedlungsgeographie des Königreichs Württemberg. – Stuttgart 1914

Gradmann, R.: Siedlungskarte des Königreichs Württemberg. In: Württembergisches Jahrbuch für Statistik und Landeskunde, Jg. 1912

Gröning, Gert und Wolschke-Bulmahn, Joachim: DGGL. Deutsche Gesellschaft für Gartenkunst und Landschaftspflege e.V., 1887–1987 – Ein Rückblick auf 100 Jahre DGGL. – Herausgeber: DGGL e.V. – Berlin 1987

Gröning, Gert und Wolschke-Bulmahn, Joachim: Liebe zur Landschaft: Teil 1: Natur in Bewegung. Zur Bedeutung natur- und freiraumorientierter Bewegungen in der ersten Hälfte des 20. Jahrhunderts für die Entwicklung der Freiraumplanung. – [Arbeiten zur soz.wiss. orientierten Freiraumplanung; 7]. – Münster 1995

Gröning, Gert und Wolschke-Bulmahn, Joachim: Liebe zur Landschaft: Teil 3: Der Drang nach Osten: Zur Entwicklung der Landespflege im Nationalsozialismus und während des 2. Weltkrieges in den "eingegliederten Ostgebieten". – [Arbeiten zur soz.wiss. orientierten Freiraumplanung; 9]. – München 1987

Hauke, M.O.: Die Planung der Stadtrandzone. Studienmaterial der Deutschen Bauakademie, H. 6. – Berlin 1953

Heinrichsdorff, Gustav: Erkenntnisse und Erfahrungen aus den Forchungs- und Entwicklungsarbeiten im Huy-Hakel-Gebiet. In:Naturschutz und Landschaftsgestaltung im Bezirk Magdeburg. – Sonderdruck aus der 3. Folge. – Herausgeben vom Rat des Bezirkes Magdeburg. – Magdeburg 1959

Henkel, Gerhard: Für ein eigenes Leitbild des Dorfes. In: Deutsches Institut für Fernstudien an der Universität Tübingen (Hg.): Dorfentwicklung, STE 1: Grundlagen. – Tübingen 1988

Hesse, P.: Darstellung der funktionalen Siedlungstypen. In: Geographisches Taschenbuch. – Stuttgart 1950, S. 243–245

Hesse, P.: Grundproblem der Agrarverfassung. – Stuttgart 1949

Hesse, P.: Über die Typologie des Raumes. In:Berichte zur deutschen Landeskunde, Band 9, Heft 1. – Stuttgart 1950, S. 37–44

Hettner, A.: Die wirtschaftlichen Typen der Ansiedlungen. In:Geographische Zeitschrift, 1902

Hofmann, Werner: Raumplaner im NS-Staat. In: Forum Wissenschaft 2/93 (hrsg. vom BdWi, Marburg/L.), S. 12–18

Hönsch, F.: Konzeptionelle Vorstellungen zur komplexen territorialen Entwicklung unter besonderer Berücksichtigung von Erfahrungen der sowjetischen Geographie. – Dissertation B. – Berlin 1980

Horstmann, K.: Die Vergewerblichung. Ein Hilfsmittel zur Unterscheidung von Stadt und Land. In: Raumforschung und Raumordnung, 1938, S. 110–119

Hruska, Emanuel: Tschechoslowakei. In: Handwörterbuch der Raumforschung und Raumordnung, I A-H. – Hannover 1970, S. 3415–3426

Huttenlocher, Fr.: Funktionale Siedlungstypen. In:Berichte zur deutschen Landeskunde, Band 7, Heft 1. – Stuttgart 1949, S. 76–86

Institut für Marxismus-Leninismus beim ZK der SED (Hg.): Geschichte der deutschen Arbeiterbewegung, Band 7, Von 1949 bis 1955. – Berlin 1966

IRS -Institut für Regionalentwicklung und Strukturplanung (Hg.): Reise nach Moskau. Dokumente zur Erklärung von Motiven, Entscheidungsstrukturen und Umsetzungskonflikten für den ersten städtebaulichen Paradigmenwechsel in der DDR und zum Umfeld des „Aufbaugesetzes" von 1950. – [Regio doc. Dokumentenreihe des IRS No 1]. – Erkner b. Berlin 1997

Kalisch, Karl-Heinz: Entwicklungslinien der territorialen Planung in der Deutschen Demokratischen Republik. In: Geographische Berichte, Jg. 92, Heft 3/1979

Kanow, Ernst: Probleme der Stadtrandzone – dargestellt am Beispiel einiger Aufbaustädte. In: Deutsche Bauakademie (Hg.): Städtebau und Siedlungswesen, H. 3. – Berlin 1956, S. 44–59

Karlsch, R.: Allein bezahlt? – Berlin 1993

Karuscheit, Heiner: Über das Scheitern des deutschen Kommunismus. (Teil II) In:Weißenseer Blätter, Nr. 4/1996. – Berlin

Kehrer, Gerhard: Schriftliche Anmerkung zum Manuskript, Januar 1997

Kehrer, Gerhard: Zur Entwicklung des Wissenschaftsbereiches Territorialökonomie und seine weiteren Aufgaben. In: Hochschule für Ökonomie „Bruno Leuschner", Wissenschaftsbereich Territorialökonomie (Hg.): Wissenschaftliches Kolloquium – Beiträge: 30 Jahre territorialökonomische Lehre und Forschung an der Hochschule für Ökonomie „Bruno Leuschner". – Berlin 1982, S. 7–17

Kind, Gerold: Raumplanung in der DDR. In: ARL (Hg.): Handwörterbuch der Raumordnung. – Hannover 1995

Klitzsch, Friedrich: Industrielle Standortplanung. Eine Einführung in ihre Probleme. – Berlin 1953

Knoth, Nikola/ Nowak, Kerstin: Eine „grüne" SED? Aus dem Protokoll einer ZK-Sekretariatssitzung. In: Beiträge zur Geschichte der Arbeiterbewegung. – 35. Jg., Heft 4, S. 72–79

Kostrowicki, C.: Über die städtebildenden Funktionen und über die durch diese Funktionen gebildeten Städtetypen. In:Geographische Rundschau, Band 24 (1952), Nr. 1/2 (Übersetzung durch die Hochschule für Ökonomie und Planung, Berlin)

Küttner, Ludwig: „Anregungen zu einer umfassenden gesetzlichen Regelung der räumlichen Planung in der DDR" (33 Blätter), o.O., o.J. (wahrsch. 1955). – BA, DE 1, 4624

Küttner, Ludwig: Regionale Probleme der Städteentwicklung in Westdeutschland und England. In: Diskussionsbeiträge zu Wirtschaftsfragen, Heft 19: Regionale Probleme der Städteplanung. – Berlin 1955

Küttner, Ludwig: Zur Gebiets-, Stadt- und Dorfplanung. – Berlin 1958

Lange, Annemarie: Warum noch keine Landesplanung? In: Wirtschaft im Aufbau, o.O., o.J. (1948)

Lehmann, Hanns und Niemke, Walter: Neue Aufgaben der Dorfplanung. In: Deutsche Bauakademie (Hg.): Städtebau und Siedlungswesen, H. 2. – Berlin 1955, S. 46–62

Lehmann, Hanns: Städtebau und Gebietsplanung. Über die räumlichen Aufgaben der Planung in Siedlung und Wirtschaft. – Herausgegeben von der Deutschen Bauakademie. – Berlin 1955

Lehmann, Hanns: Standortprobleme in der Dorfplanung. In: Deutsche Bauakademie (Hg.): Städtebau und Siedlungswesen, H. 3. – Berlin 1956, S. 32–43

Lehmann, Hanns: Zu einigen Fragen der Auswertung der Landschaftsdiagnose. – Nachwort zu Lingner, Reinhold/ Carl, F.E.: Landschaftsdiagnose der DDR, Ergebnisse einer zur Ermittlung von Landschaftsschäden in den Jahren 1950

und 1952 durchgeführten Forschungsarbeit/ Zusammenfassung und Schluß-
folgerungen/ Mit Erläuterungen zu den Abdrucken aus dem Karten- und
Fotomaterial. - Herausgegeben von der Deutschen Bauakademie [Schriften des
Forschungsinstituts für Gebiets-, Stadt- und Dorfplanung]. – Leipzig 1956

Lehmann, Helmut: Deutsche Demokratische Republik. Territorialplanung. In:
ARL (Hg.): Handwörterbuch der Raumforschung und Raumordnung, I A-H,
2. Aufl. – Hannover 1970, S. 462–478

Lehmann, Helmut: Die räumliche Ordnung der DDR. In: Zwischen Rostock und
Saarbrücken. Städtebau und Raumordnung in beiden deutschen Staaten. –
1973, S. 37–63

Lehmann, Helmut: Grundlagen und Begriffe des räumlichen Denkens in Mitteldeutschland. In: Informationen zur Raumentwicklung (IzR), 1963, 13, S.
319–342

Leucht, Kurt W.: Wissenschaft und Praxis im Städtebau der Deutschen Demokratischen Republik. In: Deutsche Bauakademie (Hg.): Städtebau und Siedlungswesen, H. 1. – Berlin 1955

Lingner, Reinhold: Landschaftsgestaltung. [Wissenschaft und Technik – verständlich dargestellt, H. 3. – Herausgegeben vom Kulturbund zur demokratischen
Erneuerung Deutschlands] – Berlin 1952

Madajczyk, Czeslaw unter Mitarb. von Stanislaw Biernacki (Hg.): Vom Generalplan Ost zum Generalsiedlungsplan: Dokumente. – [Einzelveröff. d. Hist.
Komm. zu Berlin, Bd. 80]. – München; New Providence; London; Paris 1994

Messerschmidt, Rolf: Nationalsozialistische Raumforschung und Raumordnung
aus der Perspektive der „Stunde Null". In: Prinz, Michael/ Zitelmann, Rainer
(Hg.): Nationalsozialismus und Modernisierung. – Darmstadt 1991,
S. 117–138

Ministerium für Aufbau: Deutsche Bauordnung. Entwurf. – Berlin 1956

Mohs, Gerhard: Die Standortverteilung der Industrie im Bezirk Frankfurt/ Oder.
Eine ökonomisch-geographische Analyse. – Berlin 1956

Neef, Ernst: Das Problem der zentralen Orte. In: Petermanns Geographische
Mitteilungen, 94. Jg. (1950), Heft 1

Neef, Ernst: Landesplanung und geographische Forschung. In: Berichte zur deutschen Landeskunde, Bd. 8/9, Stuttgart 1950/51

Neef, Ernst: Untersuchungen über die zentralen Orte in Sachsen, abgeschlossen
im März 1949 (64 Blätter), Bundesarchiv, DE 1, 17559

Niemke, Walter: Planungsrahmen für die Dorfplanung. Planungsrahmen zur Aufstellung von Bebauungsplänen für Dörfer mit landwirtschaftlichen Produktionsgenossenschaften. – Berlin 1954

Nietfeld, Annette: Reichsautobahn und Landschaftspflege. – Diplomarbeit. – [Werkstattberichte des Instituts für Landschaftsökonomie, Heft 13]. – Berlin (TU Berlin) 1985

Nowak, Kerstin: Reinhold Lingner – sein Leben und Werk im Kontext der frühen DDR-Geschichte. – Hamburg 1995

Oehme, Werner: Städtebau in der Volksrepublik Polen. Auswertung einer Studienreise im Januar 1955. – Karl-Marx-Stadt, 1. Juli 1955 (Manuskript); BA, DH 2- II/ 02/ 12

Opitz, Reinhard: Europastrategien des deutschen Kapitals 1900–1945. – Köln 1977, Dok. 137, S. 898

Palotás, Zoltán: Ungarn. In: Handwörterbuch der Raumforschung und Raumordnung, III RE-Z. – Hannover 1970, 3443–3455

Petz, Ursula von: Raumplanung und „Moderne". Ansichten zur Geschichte einer Disziplin. In:RaumPlanung 69, 1995

Protokoll der Verhandlungen der II. Parteikonferenz der Sozialistischen Einheitspartei Deutschlands. – Berlin 1952

Protokoll des IV. Parteitages der Sozialistischen Einheitspartei Deutschlands, Band 1 (1. bis 4. Verhandlungstag). – Berlin 1954

Richter, Gerhard: Entwicklung der Landesplanung und Raumordnung in Sachsen. Von ihren Anfängen bis zur Auflösung der Länderstruktur im Jahr 1952. – [IÖR-Schriften: Heft 07]. – Dresden 1994

Roos, Hans: Die Regionalplanung in der Deutchen Demokratischen Republik. – Berlin 1955

Rössler, Mechthild/ Schleiermacher, Sabine (Hg.): Der „Generalplan Ost": Hauptlinien der nationalsozialistischen Planungs- und Vernichtungspolitik. – [Schriften der Hamburger Stiftung für Sozialgeschichte des 20. Jahrhunderts]. – Berlin 1993

Rytlewski, Ralf: Planung. In: Bundesministerium für Innerdeutsche Beziehungen (Hg.): DDR-Handbuch, Band 2, M-Z, 3. Auflage. – Köln 1985, 986–1003

Sanke, Heinz: Die Lüge vom Lebensraum. In: Zeitschrift für den Erdkundeunterricht, 1955, H. 1

Schirrmacher, Herbert: Geschichte der Landesplanung. In: ARL (Hg.): Handwörterbuch der Raumordnung. – Hannover 1995

Schmerler, Wolfgang: Die Landesplanung in Deutschland. Dissertation. – Berlin 1932

Schmidt-Renner, Gerhard: Elementare Theorie der ökonomischen Geographie nebst Aufriß der Historischen Ökonomischen Geographie. Ein Leitfaden für Lehrer und Studierende – 2. Auflage, Gotha/ Leipzig 1966

Schmidt-Renner, Gerhard: Regionale Probleme der Städteplanung in der Deutschen Demokratischen Republik. Über Zusammenhänge zwischen Städtebau, Stadtplanung, Gebiets- und Volkswirtschaftsplanung. In: Diskussionbeiträge zu Wirtschaftsfragen, Heft 19: Regionale Probleme der Städteplanung. – Berlin 1955, S. 5–42

Schmidt-Renner, Gerhard: Zum Problem der räumlichen Planung in der Deutschen Demokratischen Republik. In: Wirtschaftswissenschaft, 3. Jg., 1955, H. 2. – Berlin 1955

Schultze, Joachim H.: Der ideale Landkreis und seine Grenzen. In:Petermanns Mitteilungen, Bd. 93 (1949), H. 4

Schultze, Joachim H.: Zur Anwendbarkeit der Theorie der zentralen Orte. Ergebnisse einer regionalen empirischen Erfassung der zentralen Ortsbereiche. In:Petermanns Geographische Mitteilungen, 95. Jg. (1951), Heft 2, S. 6–10

Schumacher, Fritz: Wesen und Organisation der Landesplanung im Hamburgisch-Preußischen Planungsgebiet. – Hamburg 1932

Schürer, Gerhard: Gewagt und verloren. Eine deutsche Biografie. – 2. Aufl. Frankfurt/ Oder 1996.

Schwind, M.: Zur Darstellung der Soziallandschaften auf der Grundlage einer Gemeindetypisierung. In: Informationen des Instituts für Raumforschung, Nr. 42/43. – Bonn 1951

Semjonow, Wladimir S.: Von Stalin bis Gorbatschow. Ein halbes Jahrhundert in diplomatischer Mission 1939–1991. – Berlin 1995

Shirmunski, M.M.: Zum Gegenstand der ökonomischen Geographie als Wissenschaft. In: Sowjetwissenschaft, Berlin 1951, Heft 3

Sieben Jahre Landesplanungsverband Brandenburg-Mitte. Haupttätigkeitsbericht 1929–1937 von der Gründung bis zur Überleitung in die Landesplanungsgemeinschaft Brandenburg. – Heidelberg, Berlin 1937

Umlauf, Josef: Stellungnahme zu Gröning, Gert/ Wolschke-Bulmahn: Die Liebe zur Landschaft, Teil III. In: Madajczyk, Czeslaw unter Mitarb. von Stanislaw Biernacki (Hg.): Vom Generalplan Ost zum Generalsiedlungsplan: Dokumente. – [Einzelveröff. d. Hist. Komm. zu Berlin, Bd. 80]. – Anlage Nr. 41. – München; New Providence; London; Paris 1994

Walz, Manfred: Wohnungsbau- und Industrieansiedlungspolitik in Deutschland 1933–1939. – Frankfurt/ New York 1979.

Wasser, Bruno: Die Umsetzung des Generalplans Ost im Distrikt Lublin. In Gröning, Gert (Hg.): Planung in Polen im Nationalsozialismus. – Berlin 1996, S. 15–61

Wasser, Bruno: Himmlers Raumplanung im Osten. Der Generalplan Ost in Polen 1940–1944. – Basel, Berlin, Boston 1993

Werner, Frank: Die Raumordnungspolitik der DDR. – [Veröff. der ARL, Beiträge, Band 82]. – Hannover 1985

Weyl, Heinz: Geschichte der Regionalplanung. In: ARL (Hg.): Handwörterbuch der Raumordnung. – Hannover 1995

Wiedemann, Kurt: Die „Sächsische Schweiz" als künftiger Nationalpark der Deutschen. Eine planerische Betrachtung über den Schutz des sächsischen Elbsandsteingebirges und die Steigerung des Erholungswertes dieses einzigartigen Gebietes. In: BSG SV Empor – Bezirk Dresden/ Sektion Touristik (Hg.): Jahrbuch für Touristik 1955/56. – Dresden 1955, S. 11–28

Wiedemann, Kurt: Die Bevölkerungsentwicklung in der Nordsächsischen Heidelandschaft und im Lande Sachsen seit 100 Jahren. (Dissertation) – Dresden 1943

Wiedemann, Kurt: Raumforschung und Raumordnung, Abschrift Stz. 21.11.47 (von Wiedemann abgezeichnet). – BA, DC 15, 173, Bl. 15–29

Witwer, I.A.: Die ökonomische Geographie des Auslandes. – Berlin 1952

Wolschke, Joachim: Landespflege und Nationalsozialismus – ein Beitrag zur Geschichte der Freiraumplanung. – Diplomarbeit. – Hannover 1980

Wurms, C.: Raumordnung und Territorialplanung in der DDR. – [Dortmunder Beiträge zur Raumplanung, Bd. 2]. – Dortmund 1976

Zank, Wolfgang: Wirtschaftliche Zentralverwaltungen und Deutsche Wirtschaftskommission (DWK). In: Broszat, Martin: SBZ-Handbuch. – München 1990

Bundesarchiv

BA, Koblenz: R 113, Reichsstelle für Raumordnung

BA, Abt. Potsdam: Findbuch 51.01 Reichsstelle für Raumordnung (Zeitungsausschnittsammlung)

BA, Abt. Potsdam: DC 15 und DE 1, Aktenbestände zur Landesplanung unter dem Dach von Deutscher Wirtschaftskommission, Staatlicher Plankommission der DDR und Ministerium für Planung der DDR

BA, Abt. Potsdam: DH 1, Bestände Ministerium für Bauwesen

BA, Abt. Potsdam: DH 2, Bestände Deutsche Bauakademie

Mündliche Auskünfte

Gespräch mit Frau Dr. Ruth Hoffmann am 11.11.1996 in Berlin

Gespräch mit Frau Erna und Herrn Kurt Kretschmann am 8.11.1996 in Bad Freienwalde.

Gespräch mit Herrn Gerhard Schürer am 22.7.1996 in Berlin

Gespräch mit Herrn Prof.Dr.Gerhard Kehrer am 13.1.1997 in Berlin

Namensindex

A

Arnhold, Helmut   191, 192, 193

B

Bauch, Werner   153, 157, 158, 159
Bier, August   149
Bolz, Lothar   74, 77, 78, 79, 81
Bönisch, Fritz   71, 72, 86
Bothe, Maria   171, 175

C

Carl, Frank-Erich   74, 126, 145,
147, 153, 154, 157, 161, 205
Christaller, Walter   24, 25, 26, 183,
184, 185, 187, 188, 189, 190, 200

E

Ehlers, Martin   153, 155, 206

G

Gelbrich, Helmut   150, 154
Giese, Werner   39, 52, 79, 113, 126,
184, 185, 206
Gilsenbach, Reimar   159
Göritz, Hermann   153
Grotewohl, Otto   29, 74, 99
Gruhler, Martin   155
Günther   153

H

Heinrichsdorff, Gustav   158

K

Kanow, Ernst   39, 52, 79, 97, 113,
126, 128, 129, 161, 206
Kastner, Hermann   37
Kehrer, Gerhard   27, 51, 53, 101,
113, 122, 144, 145, 171
Kind, Gerold   54, 100, 139, 144,
145, 182
Klemt, Georg   48, 49, 50, 51, 206
Klitzsch, Friedrich   102, 103, 104,
105, 114, 115, 116, 139, 182, 192,
208
Kretschmann, Kurt   68, 159
Küttner, Ludwig   94, 103, 114, 129,
130, 131, 132, 133, 206, 208

L

Ladwig, Roland   171, 175
Lange, Annemarie   52, 60, 61, 163
Lehmann, Hanns   52, 63, 76, 83, 91,
94, 97, 100, 103, 110, 112, 113, 114,
126, 127, 128, 129, 138, 157, 161,
172, 173, 174, 195, 205, 206, 207,
208
Lenin, Wladimir I.   104, 117
Leucht, Kurt W.   110, 113, 128
Leuschner, Bruno   35, 37, 71, 113,
209
Lingner, Reinhold   74, 126, 145,
147, 148, 149, 150, 153, 154, 155,
157, 161, 205

M

Meyer, Erhard   113
Meyer, Konrad   21, 23, 24, 25, 28,
185
Migge, Leberecht   149
Mohs, Gerhard   103, 113, 120, 139
Morgen, Herbert   185
Mucke, Hans   39, 51, 53, 55, 56, 57,
58, 59, 62, 63, 65, 68, 74, 75, 81,
113, 185, 205, 206

N

Neef, Ernst 51, 70, 71, 139, 184, 185, 186, 187, 188, 189, 190, 192, 193, 206, 207

O

Opitz, Reinhard 21

P

Preiser, Erich 172

R

Rau, Heinrich 37, 74, 78
Richter, Gerhard 21, 22, 24, 47, 50, 54, 80, 100, 163, 165, 168, 172, 207
Rindt, Otto 153
Rohleder, Hans 50
Roos 112
Roos, Hans 103, 112, 113, 120, 121, 122, 123, 124, 140, 143, 172, 173, 206, 207
Roth, Karl-Heinz 28
Rüdiger, Curt 41, 47, 48

S

Sanke, Heinz 103, 114, 137, 138, 206
Schmerler, Wolfgang 129
Schmidt-Renner, Gerhard 77, 94, 103, 112, 113, 114, 117, 118, 119, 120, 142, 206, 208

Schultze, Joachim H. 70, 184, 188, 190, 192, 193
Schürer 91, 92
Schürer, Gerhard 33, 35, 82, 83, 95, 96, 97, 100, 123, 207
Selbmann, Fritz 37
Semjonow, Wladimir I. 93
Stegmann, Leo 52, 74, 78, 79, 80, 81, 82, 83, 85, 155, 175, 207
Steidle, Luitpold 37

U

Ulbricht, Walter 93, 94
Umlauf, Josef 26, 185
Ungewitter, Rudolf 153, 155, 206

W

Wasser, Bruno 22, 24, 26, 83
Weber, Alfred 104, 115
Weigmann, H. 25, 26, 165, 171, 172
Weigmann, Hans 115
Weiße, Werner 48, 50, 52
Wiebking-Jürgensmann, Heinrich 28, 185
Wiedemann, Kurt 39, 50, 51, 54, 55, 56, 57, 61, 62, 63, 64, 65, 66, 67, 70, 71, 79, 82, 83, 84, 97, 114, 159, 160, 175, 177, 179, 181, 184, 205, 206, 208
Wunschik, Alfons 68, 69

8   Anhang

GESETZBLATT

der
Deutschen Demokratischen Republik

| 1950 | Berlin, den 14. September 1950 | Nr. 104 |

Tag	Inhalt	Seite
6. 9. 50	Gesetz über den Aufbau der Städte in der Deutschen Demokratischen Republik und der Hauptstadt Deutschlands, Berlin (Aufbaugesetz)	965
6. 9. 50	Gesetz über die Steuer des Handwerks	967
8. 9. 50	Gesetz über Entschuldung und Kredithilfe für Klein- und Mittelbauern	969
8. 9. 50	Gesetz über die weitere Verbesserung der Lage der ehemaligen Umsiedler in der Deutschen Demokratischen Republik	971
8. 9. 50	Gesetz über Erlaß von Schulden und Auszahlung von Guthaben an alte und arbeitsunfähige Bürger der Deutschen Demokratischen Republik	973
8. 9. 50	Sechste Durchführungsbestimmung zur Anordnung über Tabaksteuer und Biersteuer	974

Gesetz
über den Aufbau der Städte in der Deutschen Demokratischen Republik
und der Hauptstadt Deutschlands, Berlin
(Aufbaugesetz).

Vom 6. September 1950

Durch den verbrecherischen Hitlerkrieg, besonders durch den anglo-amerikanischen Bombenkrieg gegen Wohn- und Kulturstätten, haben viele Städte unseres Vaterlandes schwere Schäden erlitten. Im Gegensatz zur völkerrechtswidrigen Kriegführung der Amerikaner und Engländer hat die Sowjetunion unsere Wohn- und Kulturstätten geschont und hat nach Zerschlagung des Hitlerfaschismus dem deutschen Volke wirksame politische und wirtschaftliche Hilfe für den demokratischen Aufbau geleistet.

Durch die großen Anstrengungen und Leistungen des gesamten werktätigen Volkes, insbesondere der Aktivisten, der Techniker und Ingenieure, sind in der Deutschen Demokratischen Republik mit der vorfristigen Erfüllung des Zweijahrplanes die schlimmsten Kriegsfolgen aus eigener Kraft überwunden worden, während der Westen Deutschlands unter der Herrschaft der anglo-amerikanischen Imperialisten stark verschuldete. Der Fünfjahrplan sieht auch den planmäßigen Aufbau der zerstörten Städte in der Deutschen Demokratischen Republik, insbesondere der Hauptstadt Deutschlands, Berlin, vor. Damit wird nicht nur die Lage der Bevölkerung in der Deutschen Demokratischen Republik und in Berlin weiterhin erleichtert, sondern die Verwirklichung dieses großen Aufbauplanes schafft das Beispiel für ein friedliches Leben in Wohlstand in ganz Deutschland.

Auf der Grundlage des Fünfjahrplanes wird durch die Initiative der Aktivisten, durch die Entfaltung der Wettbewerbsbewegung für die allseitige Verbesserung der Arbeit im Bauwesen, insbesondere zur Anwendung neuer fortschrittlicher Arbeitsmethoden, zur Senkung der Baukosten und der Einsparung von Baumaterial, der Aufbau unserer Städte unter Mithilfe breiter Bevölkerungskreise erfolgreich durchgeführt. Dieser Aufbau der Städte dient der Hebung des Wohlstandes der Bevölkerung und ist ein sichtbarer Ausdruck für den wirtschaftlichen und kulturellen Aufstieg in der Deutschen Demokratischen Republik.

Die Durchführung der Pläne für den Aufbau und die Neugestaltung unserer Städte kann nicht auf der Grundlage der überholten und rückständigen Prinzipien des Städtebaues erfolgen. Unsere antifaschistisch-demokratische Ordnung ermöglicht in der Deutschen Demokratischen Republik und in Berlin die Verwirklichung der fortschrittlichen Erfahrungen im Städtebau zum Wohle der Bevölkerung. So werden künftig die Planung und der Aufbau unserer Städte nach den Grundsätzen des Städtebaues erfolgen, die von der Provisorischen Regierung der Deutschen Demokratischen Republik am 27. Juli 1950 beschlossen wurden.

Um den Aufbau der Städte planmäßig und auf der Grundlage der fortschrittlichen Erfahrungen durchführen zu können, beschließt die Provisorische Volkskammer der Deutschen Demokratischen Republik folgendes Gesetz:

I.
Planmäßiger Aufbau

§ 1

Der planmäßige Aufbau der Städte ist eine der vordringlichsten Aufgaben der Deutschen Demokratischen Republik. Der Aufbau wird im Rahmen des Volkswirtschaftsplanes durchgeführt.

§ 2

Die Regierung der Deutschen Demokratischen Republik wird beauftragt, für den planmäßigen Aufbau der im Volkswirtschaftsplan vorgesehenen zerstörten Städte der Republik, in erster Linie der Hauptstadt Deutschlands, Berlin, und der wichtigsten Industriezentren wie Dresden, Leipzig, Magdeburg, Chemnitz, Dessau, Rostock, Wismar, Nordhausen und weiterer von der Regierung der Deutschen Demokratischen Republik zu bestimmender Städte zu sorgen.

§ 3

(1) Der Aufbau Berlins als der Hauptstadt Deutschlands ist Aufgabe der Deutschen Demokratischen Republik; er erfordert die Anteilnahme der Bevölkerung ganz Deutschlands, insbesondere aller Bauschaffenden.

(2) Das Ministerium für Aufbau wird beauftragt, gemeinsam mit dem Magistrat von Groß-Berlin den Aufbau Berlins zu planen und zu lenken.

§ 4

Das Ministerium für Aufbau hat in Übereinstimmung mit dem Volkswirtschaftsplan und im Zusammenwirken mit den Fachministerien

a) die Planungen der Städte anzuleiten, zu lenken und die Durchführung zu überwachen,

b) die Entwicklung neuer Baustoffe sowie die Anwendung fortschrittlicher Arbeitsweisen und Bauverfahren in Verbindung mit der Bauindustrie zu fördern,

c) für die Beschleunigung, Verbilligung und Verbesserung des Bauens mit das Ministerium Normen und Typen mit dem Ziel fortschreitender Mechanisierung und Industrialisierung in Verbindung mit der Bauindustrie zu entwickeln.

§ 5

Zur Erhöhung der Arbeitsproduktivität und zur Senkung der Selbstkosten hat das Ministerium für Aufbau im Einvernehmen mit dem Ministerium für Industrie die volkseigenen Baubetriebe und den Freien Deutschen Gewerkschaftsbund bei der Auswertung der Erfahrungen und bei der Entwicklung der Aktivisten- und Wettbewerbsbewegung zu unterstützen.

§ 6

(1) Zur Entwicklung und Ausbildung von Bauingenieuren und Architekten hat das Ministerium für Aufbau an den ihm zugeordneten Bauingenieur-

schulen und an der Hochschule für Architektur in Weimar die Ausbildung so zu gestalten, daß die durch den Volkswirtschaftsplan geforderte Bereitstellung von Fachkräften gedeckt wird.

(2) Die Qualifizierung der aus Arbeiter- und Bauernkreisen kommenden Studenten sowie der Aktivisten des Bauwesens ist sicherzustellen. Die bei der Hochschule für Architektur in Weimar gebildete Arbeiter- und Bauernfakultät ist beschleunigt auf- und auszubauen.

II.
Planung und Bestätigung

§ 7

Für die Planung und den Aufbau der Städte sind die vom Ministerrat der Deutschen Demokratischen Republik am 27. Juli 1950 beschlossenen „Grundsätze des Städtebaues"*) zugrunde zu legen.

§ 8

(1) Die städtebildenden Faktoren (Industrie, Verwaltungsorgane und Kulturstätten von überörtlicher Bedeutung) sowie die aus ihnen folgende Bevölkerungszahl und Größe des Stadtgebietes werden auf gemeinsamen Vorschlag der Ministerien für Planung und für Aufbau von der Regierung der Deutschen Demokratischen Republik beschlossen.

(2) Die Ministerien für Planung und für Aufbau haben zuvor die Fachministerien, die Landesregierung und den Rat der Stadt oder des Kreises zu hören und, falls eine Übereinstimmung mit diesen nicht erreicht wird, deren Stellungnahme der Vorlage beizufügen.

§ 9

Nach Festlegung der städtebildenden Faktoren und unter Zugrundelegung der Grundsätze des Städtebaues entwickelt der Rat der Stadt folgende Pläne:

1. den Flächennutzungsplan, der als Perspektivplan in großen Umrissen die Abgrenzung des Stadtzentrums, der historisch gewordenen Bezirke und der städtischen Bebauung, die Verteilung der Wohn- und Industriegebiete und der Grünflächen sowie die allgemeine Anlage des Versorgungs- und Verkehrsnetzes bestimmt;

2. den Stadtbebauungsplan, der auf Grund des Flächennutzungsplanes die wichtigen Plätze und Straßen, die wichtigsten Gebäude und die Versorgungs- und Verkehrsanlagen festlegt;

3. den Aufbauplan, der die einzelnen Bauvorhaben der Volkswirtschaftspläne und jedes Jahresabschnittes enthält;

4. die Teilbebauungspläne.

---
*) Die „Grundsätze des Städtebaues" werden in Nr. 25 des Ministerialblattes der Deutschen Demokratischen Republik bekanntgemacht.

§ 10

Die Aufbaupläne der Städte haben im Einklang mit dem Volkswirtschaftsplan und seinen Jahresabschnitten zu stehen.

§ 11

(1) Flächennutzungspläne und Stadtbebauungspläne werden über die Landesregierung dem Ministerium für Aufbau zur Begutachtung zugeleitet und von ihm der Regierung der Deutschen Demokratischen Republik zur Bestätigung vorgelegt.

(2) Aufbaupläne werden über die Landesregierung dem Ministerium für Aufbau zur Bestätigung vorgelegt.

(3) Teilbebauungspläne werden von den Hauptabteilungen Aufbau der Länder dem Ministerium für Aufbau zur Bestätigung vorgelegt.

§ 12

(1) Für den Aufbau der Städte nach den fortschrittlichen Erkenntnissen der Wissenschaft, Technik und Kunst sind die besten Fachkräfte des Städtebaues und der Architektur heranzuziehen.

(2) Zur Entwicklung des Städtebaues und der Architektur werden das Institut für Städtebau und Hochbau beim Ministerium für Aufbau und das Institut für Bauwesen bei der Deutschen Akademie der Wissenschaften zur „Deutschen Bauakademie" zusammengefaßt. Die Deutsche Bauakademie wird dem Minister für Aufbau unterstellt.

§ 13

Beim Minister für Aufbau werden ein Beirat für Städtebau und ein Beirat für Architektur gebildet, deren Zusammensetzung auf Vorschlag des Ministers für Aufbau von der Regierung der Deutschen Demokratischen Republik beschlossen wird.

III.
Aufbaugebiete

§ 14

(1) Die Regierung der Deutschen Demokratischen Republik kann Städte, Kreise und Gemeinden oder Teile hiervon zu Aufbaugebieten erklären.

(2) Die Erklärung zum Aufbaugebiet bewirkt, daß in diesem Gebiet eine Inanspruchnahme von bebauten und unbebauten Grundstücken für den Aufbau und eine damit verbundene dauernde oder zeitweilige Beschränkung oder Entziehung des Eigentums und anderer Rechte erfolgen kann.

(3) Die Entschädigung erfolgt nach den zu erlassenden gesetzlichen Bestimmungen.

IV.
Schlußbestimmungen

§ 15

Das Ministerium für Aufbau wird beauftragt, im Einvernehmen mit dem Ministerium des Innern eine Verordnung über die staatliche Bauaufsicht und eine Bauordnung für das Gebiet der Deutschen Demokratischen Republik auszuarbeiten und der Regierung zu. Beschlußfassung vorzulegen.

§ 16

Durchführungsbestimmungen erläßt das Ministerium für Aufbau im Einvernehmen mit dem Ministerium für Planung und den zuständigen Fachministerien.

§ 17

Dieses Gesetz tritt mit dem Tage seiner Verkündung in Kraft. Gleichzeitig treten alle diesem Gesetz entgegenstehenden Gesetze und Verordnungen außer Kraft.

Berlin, den 6. September 1950

Das vorstehende vom Präsidenten der Provisorischen Volkskammer unter dem neunten September neunzehnhundertundfünfzig ausgefertigte Gesetz wird hiermit verkündet.

Berlin, den vierzehnten September neunzehnhundertundfünfzig

**Der Präsident
der Deutschen Demokratischen Republik**

W. Pieck

Gesetz über die Steuer des Handwerks.
Vom 6. September 1950

Der planmäßige Wirtschaftsaufbau in der Deutschen Demokratischen Republik stellt auch dem Handwerk größere Aufgaben. Um die Entfaltung der Initiative des Handwerks zu fördern, sind auf steuerlichem Gebiete Verbesserungen durchzuführen.

Die Steuer des Handwerks, die eine bedeutende Vereinfachung der Besteuerung darstellt und die über dem Durchschnitt liegende Mehrleistung besonders anerkennt, wird das Handwerk anregen, mehr und bessere Gebrauchsgüter herzustellen.

Als weitere Maßnahme zur Förderung des Handwerks wird folgendes Gesetz beschlossen:

§ 1
Steuerpflicht

(1) Die Handwerksbetriebe unterliegen der Steuer des Handwerks nach Maßgabe der folgenden Vorschriften.

(2) Die Steuer des Handwerks ist eine Steuer der Deutschen Demokratischen Republik.

153

MINISTERIALBLATT

der

Deutschen Demokratischen Republik

| 1950 | Berlin, den 16. September 1950 | Nr. 25 |

Tag   I n h a l t   Seite

15. 9. 50   B e k a n n t m a c h u n g der G r u n d s ä t z e des S t ä d t e b a u'e s   153

Bekanntmachung der Grundsätze des Städtebaues.

Vom 15. September 1950

Die von der Regierung der Deutschen Demokratischen Republik In Ihrer Sitzung vom 27. Juli 1950 bestätigten „Grundsätze des Städtebaues" werden nachstehend bekanntgegeben.

Berlin, den 15. September 1950

Regierungskanzlei
Dr. G e y e r
Staatssekretär

Grundsätze des Städtebaues

Die Stadtplanung und die architektonische Gestaltung unserer Städte müssen der gesellschaftlichen Ordnung der Deutschen Demokratischen Republik, den fortschrittlichen Traditionen unseres deutschen Volkes sowie den großen Zielen, die dem Aufbau ganz Deutschlands gestellt sind, Ausdruck verleihen.

Dem dienen die folgenden Grundsätze:

1. Die Stadt als Siedlungsform ist nicht zufällig entstanden.

Die Stadt ist die wirtschaftlichste und kulturreichste Siedlungsform für das Gemeinschaftsleben der Menschen, was durch die Erfahrung von Jahrhunderten bewiesen ist.

Die Stadt ist in Struktur und architektonischer Gestaltung Ausdruck des politischen Lebens und des nationalen Bewußtseins des Volkes.

2. Das Ziel des Städtebaues ist die harmonische Befriedigung des menschlichen Anspruches auf Arbeit, Wohnung, Kultur und Erholung.

Die Grundsätze und Methoden des Städtebaues fußen auf den natürlichen Gegebenheiten, auf den sozialen und wirtschaftlichen Grundlagen des Staates, auf den höchsten Errungenschaften von Wissenschaft, Technik und Kunst, auf den Erfordernissen der Wirtschaftlichkeit und auf der Verwendung der fortschrittlichen Elemente des Kulturerbes des Volkes.

3. Städte „an sich" entstehen nicht und existieren nicht. Die Städte werden in bedeutendem Umfange von der Industrie für die Industrie gebaut. Das Wachstum der Stadt, die Einwohnerzahl und die Fläche werden von den stadtbildenden Faktoren bestimmt, d. h. von der Industrie, den Verwaltungsorganen und den Kulturstätten, soweit sie mehr als örtliche Bedeutung haben.

In der Hauptstadt tritt die Bedeutung der Industrie als städtebildenden Faktors hinter der Bedeutung der Verwaltungsorgane und der Kulturstätten zurück.

Die Bestimmung und Bestätigung der städtebildenden Faktoren ist ausschließlich Angelegenheit der Regierung.

4. Das Wachstum der Stadt muß dem Grundsatz der Zweckmäßigkeit untergeordnet werden und sich in bestimmten Grenzen halten.

Ein übermäßiges Wachstum der Stadt, ihrer Bevölkerung und ihrer Fläche führt zu schwer zu beseitigenden Verwicklungen in ihrer Struktur, zu Verwicklungen in der Organisation des Kulturlebens und der täglichen Versorgung der Bevölkerung, und zu betriebstechnischen Verwicklungen sowohl in der Tätigkeit wie in der Weiterentwicklung der Industrie.

5. Der Stadtplanung zugrunde gelegt werden müssen das Prinzip des Organischen und die Berücksichtigung der historisch entstandenen Struktur der Stadt bei Beseitigung ihrer Mängel.

6. Das Zentrum bildet den bestimmenden Kern der Stadt.

Das Zentrum der Stadt ist der politische Mittelpunkt für das Leben seiner Bevölkerung.

Im Zentrum der Stadt liegen die wichtigsten politischen, administrativen und kulturellen

154 Ministerialblatt — Jahrgang 1950

Stätten. Auf den Plätzen im Stadtzentrum finden die politischen Demonstrationen, die Aufmärsche und die Volksfeiern an Festtagen statt.

Das Zentrum der Stadt wird mit den wichtigsten und monumentalsten Gebäuden bebaut, beherrscht die architektonische Komposition des Stadtplanes und bestimmt die architektonische Silhouette der Stadt.

7. Bei Städten, die an einem Fluß liegen, ist eine der Hauptadern und die architektonische Achse der Fluß mit seinen Uferstraßen.

8. Der Verkehr hat der Stadt und ihrer Bevölkerung zu dienen. Er darf die Stadt nicht zerreißen und der Bevölkerung nicht hinderlich sein.

Der Durchgangsverkehr ist aus dem Zentrum und dem zentralen Bezirk zu entfernen und außerhalb seiner Grenzen oder in einem Außenring um die Stadt zu führen.

Anlagen für den Güterverkehr auf Eisenbahn und Wasserwegen sind gleichfalls dem zentralen Bezirk der Stadt fernzuhalten.

Die Bestimmung der Hauptverkehrsstraßen muß die Geschlossenheit und die Ruhe der Wohnbezirke berücksichtigen.

Bei der Bestimmung der Breite der Hauptverkehrsstraßen ist zu berücksichtigen, daß für den städtischen Verkehr nicht die Breite der Hauptverkehrsstraßen die entscheidender Bedeutung ist, sondern eine Lösung der Straßenkreuzungen, die den Anforderungen des Verkehrs gerecht wird.

9. Das Antlitz der Stadt, ihre individuelle künstlerische Gestalt wird von Plätzen, Hauptstraßen und den beherrschenden Gebäuden im Zentrum der Stadt bestimmt (in den größten Städten von Hochhäusern). Die Plätze sind die strukturelle Grundlage der Planung der Stadt und ihrer architektonischen Gesamtkomposition.

10. Die Wohngebiete bestehen aus Wohnbezirken, deren Kern die Bezirkszentren sind. In ihnen liegen alle für die Bevölkerung des Wohnbezirks notwendigen Kultur-, Versorgungs- und Sozialeinrichtungen von bezirklicher Bedeutung.

Das zweite Glied in der Struktur der Wohngebiete ist der Wohnkomplex, der von einer Gruppe von Häuservierteln gebildet wird, die von einem für mehrere Häuserviertel angelegten Garten, von Schulen, Kindergarten, Kinder-

krippen und den täglichen Bedürfnissen der Bevölkerung dienenden Versorgungsanlagen vereinigt werden. Der städtische Verkehr darf innerhalb dieser Wohnkomplexe nicht zugelassen werden, aber weder die Wohnkomplexe noch die Wohnbezirke dürfen in sich abgeschlossene isolierte Gebilde sein. Sie hängen in ihrer Struktur und Planung von der Struktur und den Forderungen der Stadt als eines Ganzen ab.

Die Häuserviertel als drittes Glied haben dabei hauptsächlich die Bedeutung von Komplexen in Planung und Gestaltung.

11. Bestimmend für gesunde und ruhige Lebensverhältnisse und für die Versorgung mit Licht und Luft sind nicht allein die Wohndichte und die Himmelsrichtung, sondern auch die Entwicklung des Verkehrs.

12. Die Stadt in einen Garten zu verwandeln, ist unmöglich. Selbstverständlich muß für ausreichende Begrünung gesorgt werden. Aber der Grundsatz ist nicht umzustoßen: in der Stadt lebt man städtischer; am Stadtrand oder außerhalb der Stadt lebt man ländlicher.

13. Die vielgeschossige Bauweise ist wirtschaftlicher als die ein- oder zweigeschossige. Sie entspricht auch dem Charakter der Großstadt.

14. Die Stadtplanung ist die Grundlage der architektonischen Gestaltung. Die zentrale Frage der Stadtplanung und der architektonischen Gestaltung der Stadt ist die Schaffung eines individuellen einmaligen Antlitzes der Stadt. Die Architektur muß dem Inhalt nach demokratisch und der Form nach national sein. Die Architektur verwendet dabei die in den fortschrittlichen Traditionen der Vergangenheit verkörperte Erfahrung des Volkes.

15. Für die Stadtplanung wie für die architektonische Gestaltung gibt es kein abstraktes Schema. Entscheidend ist die Zusammenfassung der wesentlichsten Faktoren und Forderungen des Lebens.

16. Gleichzeitig mit der Arbeit am Stadtplan und in Übereinstimmung mit ihm sind für die Planung und Bebauung bestimmter Stadtteile sowie von Plätzen und Hauptstraßen mit den anliegenden Häuservierteln Entwürfe fertigzustellen, die in erster Linie durchgeführt werden können.

Herausgegeben von der Beratungskanzlei der Deutschen Demokratischen Republik. — Verlag: Deutscher Zentralverlag GmbH, Berlin O 17, Michaelkirchstr. 17 — Fernsprecher: 67 64 11. Postscheckkonto 11 80 25 — Erscheint nach Bedarf. — Fortlaufender Bezug nur durch die Post — Bezugspreis: Vierteljährlich 2.— DM einschließl. Zustellgebühr. — Einzelnummern je Seite 0.05 DM, auch vom Verlag oder durch den Buchhandel zu beziehen. — Druck: Vorwärts-Druckerei, Bln.-Treptow, Am Treptower Park 28-30